中国特色高水平高职学校项目建设成果

网络直播策划

赵永生◎主　编
孙佳山　何　明　刘雪婷◎副主编

中国铁道出版社有限公司
CHINA RAILWAY PUBLISHING HOUSE CO., LTD.

内 容 简 介

本书为中国特色高水平高职学校项目建设成果，以网络直播为主题，基于相关国家职业技能标准设计基本结构，是融合大量技能点和思政点的新形态教材。采用“项目＋任务”编写模式，将理论与实践有机融合，满足“做中学、做中教”的需要。

本书编写紧扣网络营销企业工作流程，设置直播平台分析与选择、网络直播间搭建、直播团队组建、主播人设建构、直播脚本创作、直播活动策划六个项目，项目包含若干任务，以项目带动任务，以任务充实项目，有机融合企业工作场景，使学生在技能训练的基础上完成相应知识的积累与提升。

本书适合作为高等职业院校网络直播策划课程的教材，也可作为网络直播从业者、爱好者的参考书。

图书在版编目（CIP）数据

网络直播策划 / 赵永生主编 .—北京：中国铁道出版社有限公司，2024.8

中国特色高水平高职学校项目建设成果

ISBN 978-7-113-30921-3

Ⅰ. ①网… Ⅱ. ①赵… Ⅲ. ①网络营销－高等职业教育－教材 Ⅳ. ① F713.365.2

中国国家版本馆 CIP 数据核字（2024）第 049362 号

书　　名：网络直播策划
作　　者：赵永生

策　　划：祁　云　　　　　　　　**编辑部电话：**（010）63551006
责任编辑：祁　云　李学敏
封面设计：刘　颖
责任校对：刘　畅
责任印制：樊启鹏

出版发行：中国铁道出版社有限公司（100054，北京市西城区右安门西街 8 号）
网　　址：https://www.tdpress.com/51eds/
印　　刷：河北宝昌佳彩印刷有限公司
版　　次：2024 年 8 月第 1 版　2024 年 8 月第 1 次印刷
开　　本：850 mm×1 168 mm 1/16　**印张：**14.5　**字数：**337 千
书　　号：ISBN 978-7-113-30921-3
定　　价：46.00 元

编审委员会

编写说明

实施中国特色高水平高职学校和专业建设计划（简称“双高计划”）是教育部、财政部为建设一批引领改革、支撑发展、中国特色、世界水平的高等职业学校和骨干专业（群）而做出的重大决策。哈尔滨职业技术大学（原哈尔滨职业技术学院）入选“双高计划”建设单位，学校对中国特色高水平学校建设进行顶层设计，编制了站位高端、理念领先的建设方案和任务书，并扎实开展了人才培养高地、特色专业群、高水平师资队伍与校企合作等项目建设，借鉴国际先进的教育教学理念，开发中国特色、国际水准的专业标准与规范，深入推动“三教改革”，组建模块化教学创新团队，实施“课程思政”，开展“课堂革命”，校企双元开发活页式、工作手册式、新形态教材。为适应智能时代先进教学手段应用，学校加大优质在线资源的建设，丰富教材的信息化载体，为开发工作过程为导向的优质特色教材奠定基础。

按照教育部印发的《职业院校教材管理办法》要求，教材编写总体思路是：依据学校双高建设方案中教材建设规划、国家相关专业教学标准、专业相关职业标准及职业技能等级标准，服务学生成长成才和就业创业，以立德树人为根本任务，融入课程思政，对接相关产业发展需求，将企业应用的新技术、新工艺和新规范融入教材之中。教材编写遵循技术技能人才成长规律和学生认知特点，适应相关专业人才培养模式创新和课程体系优化的需要，注重以真实生产项目、典型工作任务及典型工作案例等为载体开发教材内容体系，实现理论与实践有机融合，满足“做中学、做中教”的需要。

本系列教材是哈尔滨职业技术大学中国特色高水平高职学校项目建设的重要成果之一，也是哈尔滨职业技术大学教材建设和教法改革成效的集中体现。教材体例新颖，具有以下特色：

第一，教材研发团队组建创新。按照学校教材建设统一要求，遴选教学经验丰富、课程改革成效突出的专业教师担任主编，邀请相关企业作为联合建设单位，形成了一支学校、行业、企业高水平专业人才参与的开发团队，共同参与教材编写。

第二，教材内容整体构建创新。精准对接国家专业教学标准、职业标准、职业技能等级标准确定教材内容体系，参照行业企业标准，有机融入新技术、新工艺、新规范，构建基于职业岗位工作需要的体现真实工作任务、流程的内容体系。

第三，教材编写模式形式创新。与课程改革相配套，按照“工作过程系统化”“项目＋任务式”“任务驱动式”“CDIO 式”四类课程改革需要设计四大教材编写模式，创新新形态、活页式及工作手册式教材三大编写形式。

第四，教材编写实施载体创新。依据本专业教学标准和人才培养方案要求，在深入企业调研、岗位工作任务和职业能力分析基础上，按照“做中学、做中教”的编写思路，以企业典型工作任务为载体进行教学内容设计，将企业真实工作任务、真实业务流程、真实生产过程纳入教材之中。开发了教学内容配套的教学资源①，满足教师线上线下混合式教学的需要，本教材配套资源同时在相关平台上线，可随时下载相应资源，满足学生在线自主学习课程的需要。

第五，教材评价体系构建创新。从培养学生良好的职业道德、综合职业能力与创新创业能力出发，设计并构建评价体系，注重过程考核和学生、教师、企业等参与的多元评价，在学生技能评价上借助社会评价组织的“1+X”考核评价标准和成绩认定结果进行学分认定，每部教材均根据专业特点设计了综合评价标准。

为确保教材质量，哈尔滨职业技术大学组建了中国特色高水平高职学校项目建设系列教材编审委员会，教材编审委员会由职业教育专家和企业技术专家组成。学校组织了专业与课程专题研究组，对教材持续进行培训、指导、回访等跟踪服务，有常态化质量监控机制，能够为修订完善教材提供稳定支持，确保教材的质量。

本系列教材是在学校骨干院校教材建设的基础上，经过几轮修订，融入课程思政内容和课堂革命理念，既具积累之深厚，又具改革之创新，凝聚了校企合作编写团队的集体智慧。本系列教材的出版，充分展示了课程改革成果，为更好地推进中国特色高水平高职学校项目建设做出积极贡献！

哈尔滨职业技术大学中国特色高水平高职
学校项目建设系列教材编审委员会
2024 年 7 月

① 2024 年 6 月，教育部批复同意以哈尔滨职业技术学院为基础设立哈尔滨职业技术大学（教发函〔2024〕119 号）。本书配套教学资源均是在此之前开发的，故署名均为“哈尔滨职业技术学院”。

前言

自媒体时代网络直播行业迅速发展，各大平台直播场次与数量不断增长，网络直播已成为新的重要产业，越来越多的人参与其中，全民直播悄然到来。

要做好网络直播，从业者需要进行系统学习，在对行业全面了解的基础上，充分掌握网络直播的相关理论和实操内容。为更好地帮助企业和院校培养网络直播人才，我们编写了本书，力求将网络直播相关知识、技能系统地呈现给读者。本书具有以下特色：

1. 编写模式新颖

本书按照“项目+任务”编写模式，以项目为载体，以任务为驱动，参照实际工作场景和工作流程，使读者在任务实践中达成知识目标、能力目标和素质目标。

2. 内容架构清晰

本书整体架构清晰，内容完整。编写紧扣网络直播工作实际，共设置6个项目：直播平台分析与选择，网络直播间搭建，直播团队组建，主播人设建构，直播脚本创作，直播活动策划。

3. 评价体系完备

通过任务评价单、任务总结单等，将学生自评、小组评价、组间互评、教师评价有机融合，构建主体多元、形式多样、注重过程的学习评价体系。

4. 资源建设丰富

本书提供课程微课、PPT、课后习题答案等，以方便教师与学生使用。教材资源突出学生主体学习地位，注重专业知识与学生品德修养的培养，助力学生职业素养的提升。

本书由赵永生任主编，孙佳山、何明、刘雪婷任副主编，郭峰、刘伟伟、程铮群、周福仁、邓良慧参与编写。具体编写分工如下：何明编写项目1；

刘雪婷编写项目2；赵永生编写项目3；孙佳山编写项目4；赵永生、何明编写项目5；赵永生、孙佳山编写项目6；郭峰、刘伟伟、程铮群、周福仁、邓良慧负责资料搜集和数字资源的制作。

本书得以顺利编写和出版，要特别感谢孙百鸣教授、徐翠娟教授的悉心指导和大力支持！由于编者水平有限，书中难免有疏漏和不足之处，恳请广大读者批评指正。

编　者

2024年7月

目 录

项目 1
直播平台分析与选择

项目导入

A公司主营互联网销售与数字文化创意内容应用服务等业务，近期决定策划东北大米网络直播带货活动，以提升产品销量和品牌知名度。在此之前，需要根据大米的产品特点，选择恰当的直播平台进行推广。公司责成你组织一批具有分析问题和解决问题能力的员工形成团队，在直播前对各直播平台的定位、特点、运营规则、用户画像等情况进行全面调查分析并撰写直播平台选择分析报告，为公司选择适合的直播平台开展直播做好基础工作。

学习目标

知识目标：

（1）能说出目前主流直播平台的特点。

（2）能列举出主流直播平台的运营模式。

（3）能总结直播平台开通流程和运营技巧。

能力目标：

（1）能根据平台数据描绘用户画像。

（2）能根据直播产品，选择合适的直播平台，发起直播活动。

（3）能根据账号定位和粉丝用户类型，找到更多契合的泛流量平台。

素质目标：

（1）具备分析问题、解决问题能力。

（2）具备精益求精的工匠精神。

（3）具备爱岗敬业的品质和团队协作精神。

项目实施

任务1 直播平台分析

任务解析

针对公司选定东北大米直播带货平台的要求，组织团队开展科学的市场调研工作。收集、整理、分析相关平台重要数据，根据数据分析结果选出备选平台，为公司正确决策提供参考依据。

知识链接

一、直播平台概述

（一）直播平台概念

直播平台主要由直播客户端、直播网页端和管理后台构成，它为直播提供了内容输入和输出的渠道。众多用户将其用于在线研讨会、营销会议等网络活动场景，扩大市场活动，有效提高管理和运营效率，直接促进企业销售业绩提升，使企业竞争力得到极大提升。直播平台的实质是内容生产和消费的平台。直播平台承担的职能包括：找准内容场景定位、提供产品和技术服务、发掘组织内容生产者、推广内容平台获取用户、运营服务好用户、发展商业模式形成循环。直播平台需要具备的几个资质分别是：《网络文化经营许可证》《计算机软件著作权登记证书》《电信增值许可证》《公司营业执照》等证件。

（二）直播平台发展历程

扫一扫

直播平台发展情况分析

我国直播平台的发展主要历经以下四个阶段：

1. 探索发展期

这一时期，直播平台主要的流量入口在PC端。常见直播类型中，秀场直播为主，也有部分的游戏直播，2008年，9158开创秀场直播模式，六间房等平台紧随其后，相继入局，市场形成规模。2014年垂直类游戏直播开始进入人们的视野，流量红利期至此来临。

2. 流量红利期

直播平台百花齐放，流量入口逐渐从PC端过渡到移动端，直播规模爆发式增长。2015至2017年，4G技术普及使手机直播不受设备、场景限制，开始迅速地普及，并推动全民直播的出现。期间政府出台了《电子竞技赛事管理暂行办法》等游戏行业相关的政策，进一步推动了游戏直播的发展，商业盈利很快实现了。

3. 商业盈利实现期

商业盈利实现之后，流量红利逐渐消退，政策监管区域规范，电商直播与电商平台的短视频平台逐渐成为直播行业重要的盈利形式。

4. 深度发展期

多行业加速直播平台发展。对直播品类分析发现，教育、汽车、房产等以线下运营为主体的行业开始尝试线上直播；对主播群体分析发现，主播群体更加多元化，越来越多的明星、KOL、CEO等开始进入直播领域。当下，直播平台进入深度发展期，直播行业呈现五大生态布局：游戏直播，如虎牙等；娱乐直播，如抖音、快手等；电商直播，如淘宝、京东等；体育直播；企业直播。

二、直播平台发展现状分析

随着新媒体技术的快速发展和广泛应用，自媒体的使用逐渐成为一种主流趋势，而直播平台作为信息传播的一种手段及工具，开始被越来越多的个人及组织使用。纵观网络直播平台的发展历程，其呈现出了井喷式的快速增长以及快速繁荣，直播已经成为众多网民日常生活中的一部分。

（一）直播平台当前特点分析

1. 内容向专业化转变

新媒体时代，随着网络直播行业快速发展，直播平台不断拓展优质内容，添加更多互动性玩法，用户也逐渐呈现出从“看热闹”趋向“看门道”的变化。栏目转向精细分类，内容涉及“科技”等众多领域。此外还注重打造独创类特色节目，直播内容逐渐从娱乐化转向专业化。

2. 形式由单向交流向双向实时互动转变

现有直播平台突破传统媒体互动滞后和单一输出局限，观众在直播间可通过弹幕、点赞、送礼等方式展开一对一、一对多、多对一的即时互动，娱乐性、反馈性、感染力更强，直播形式由单向交流向双向实时互动转变。

3. 文化价值与个体价值呈现多元迸发的态势

直播平台的开放性、包容性的特点催生了特征明显的新型网络文化。同时在相同文化下，由于众多主播与粉丝的参与也呈现出“千人千面”，多元个体价值迸发的态势。

4. 平台蓬勃发展与网络监管进一步加强并存

网络平台百花齐放百家争鸣，呈现蓬勃发展的局面，同时加强网络监管和营造风清气正的平台环境也是时代的要求。在广大网友和粉丝的呼吁下，2021年4月，国家互联网信息办公室、公安部、商务部、文化和旅游部、国家税务总局、国家市场监督管理总局、国家广播电视总局等七部门联合发布《网络直播营销管理办法（试行）》。2022年3月25日，国家互联网信息办公室、国家税务总局和国家市场监督管理总局印发《关于进一步规范网络直播营利行为促进行业健康发展的意见》的通知，其加大了对制作、传播不良网络信息行为的惩处力度，监管部门之间加强联动，不定期开展网络直播安全专项协查，扩大对违法行为的打击范围，压实直播平台主体责任，有效维护了网络直播平台的良性生态环境。

（二）直播平台当前盈利模式分析

1. 打赏模式（常见模式）

观众付费充值买礼物送给主播，平台将礼物转化成虚拟币，主播对虚拟币提现，由平台抽成。如果主播隶属于某个工会，则由工会和直播平台统一结算，主播则获取的是工资和部分抽成。这是最常见的直播类产品盈利模式。

另外，平台可以根据自己的直播特色，设置平台各种礼物图片及类型。

2. 广告模式（常见模式）

直播平台负责在App中（包括宣传横幅、直播广告图等）、直播室中或直播礼物中植入广告，按展示点击或购买情况与广告主结算费用。

3. 导购模式

一般电商类直播产品或竞拍类产品采用该盈利模式。主播有自己的店铺（淘宝店、微店等），或者有店铺需要主播进行营销推广，主播在直播时，推荐店铺商品，用户直接一键购买或者加入购物车，直播同时有优惠或参与竞拍，最终主播与直播平台按照既定比例分成。

4. 付费直播

付费直播可以有两种模式：一种付费直播是主播开通直播需要付费，由直播平台提供更高级的直播服务；另一种是观众看直播需要付费，由主播设置入场费用，平台和主播分成。另外，付费模式还可分为按场次收费、按分钟计费等，方便主播选择适合自己的直播方式，合理增加自己的直播收入。

5. 会员增值服务

会员可分为主播和观众两类，可分别在付费成为会员后，获得专属特权。对于会员主播，可以享受的特权有：直播室开放更多功能权限（包括添加场控、提高聊天室人员上限、收入翻倍等）；身份特权（包括尊贵勋章、升级提速、首页推荐等）。

对于会员观众，可以提供的特权有：功能特权（包括个性点赞、特权礼物、视频连线、隐身入场等）；身份特权（包括头像美化、会员标识、入场特效等）；内容特权（包括观看指定付费内容等）。更多其他定制特权，也可根据直播间特点进行定制。

6. 游戏联运

该场景常见于游戏直播平台。游戏厂商希望直播时嵌入游戏入口，观众在观看直播时如果通过入口点击、下载了游戏，则平台和游戏厂商进行分成。同时，游戏直播平台还可以进行游戏周边商品及游戏道具商品推荐，直播的同时销售游戏周边产品，增加游戏平台营收，由主播、平台及厂商进行分成。另外，还有另一种小游戏直播模式，将小游戏嵌入直播，主播们与用户玩小游戏互动，增加用户在线时长，用户购买金币进行游戏，增加游戏平台营收。

7. 主播节目付费推广

类似广告位售卖模式。主播可付费让平台提供推广位，对主播进行曝光，平台按曝光量和观看量和主播结算费用。

8. 版权发行

属于内容的二次利用。直播平台可将直播内容沉淀保护起来，以版权售卖的方式提供给发行方，由发行方对内容进行二次加工。

9. 企业宣传

针对商业企业直播平台的商业模式，企业向直播平台付费申请直播，或需要直播平台提供技术支持。直播平台替企业进行会议宣传等服务，最后还会给企业提供观看数据。

10. 付费教育

在线教育类产品的商业模式，利用直播平台售卖课程，学生付费学习，直播平台最终和学校或者老师分成。在教育平台还可售卖其他相关商品，如方维教育直播，作为教授音乐课程的直播平台，还可销售各种相关乐器，增加教育平台的其他营收。

11. 付费问答（语音直播）

语音直播产品的商业模式之一。回答者在平台开通直播，提问者进入直播间付费获得回答者对自己问题的答案，费用由平台和回答者分成。

12. 主播运营工具付费

属于增值服务的一种，平台为主播提供各种数据统计分析工具，指导主播进行粉丝维护，提升直播效果。工具可支持的功能有：

① 直播数据统计功能。

② 直播观众行为分析。

③ 直播观众关系维护功能。

④ 直播优化建议。

（三）直播平台矩阵现状分析

“矩阵”本是一个数学概念，指的是一种集合。直播平台矩阵可以理解为直播平台呈现的集合。

1. 平台矩阵现状

近年来直播及短视频行业参与者众多，各大互联网公司积极布局展开用户抢夺战，就国内而言，逐渐形成以抖音和快手为第一梯队的“两超多强三梯队”的竞争格局。以抖音、快手为代表的老牌短视频平台在完成用户积淀的同时多款新的短视频软件也不断被推出，以BAT为代表的互联网公司试图通过垂直细分领域、走差异化路线抢占用户，逐渐形成了短视频平台矩阵。

目前的主要竞争者可以分为快手以及字节跳动、阿里系、百度系、腾讯系、新浪系等大类，其中快手和字节跳动下的抖音最具影响力和竞争力，“两超多强三梯队”局面基本形成，抖音、快手为两大超级平台，组成第一梯队；西瓜视频、火山小视频（目前已经被抖音收购，转变为抖音火山版）为第二梯队；而第三梯队则包括美拍、土豆视频、好看视频和微视等。

2. 用户使用现状

截至2022年6月，我国短视频的用户规模增长最为明显，达9.62亿，较2021年12月增长2 805万，占网民整体的91.5%。以抖音、快手为代表的平台头部优势明显，中长尾平台（正态曲线中间的突起部分叫“头”；两边相对平缓的部分叫“尾”，中长尾平台是指播放量、粉丝规模、IP影响力等相对靠后的平台）面临生存考验。一方面，抖音和快手吸引了大量用户与内容生产者，在用户存量和App活跃度上优势明显。

另一方面，随着竞争的加剧，各大短视频平台的竞争从用户流量深化到用户留存与用户黏性（用户对互联网产品的参与程度和脱离互联网产品的阻力程度）。整体来看，字节跳动系App用户留存度较好，腾讯系短视频App用户流失较为严重。从用户独占率上看，抖音与快手占据优势。

相对于排在前面的头部平台，中长尾平台面临“内忧外患”，生存难题迫在眉睫（见图1-1）。从外部环境来看，在初期的粗放式发展期间，行业的监管规范不完善、力度较轻，经过多年发展，我国短视频行业慢慢走过红利期，正迈入发展成熟期，平台竞争压力增加，将迎来一轮行业洗牌，竞争风险加大。一些小的平台本来就在用户规模、活跃度与留存率等各方面不如人意，无法与两大公司相竞争，能否面对更强的竞争压力直接决定发展命运。同时行业规范体系完善，监管趋严，行业审查范围扩大，侵权风险加大，一些资本不足、专业不够的平台将面临淘汰。从内部运营来看，在快速爆发的短视频市场，一些内容提供平台大多规模较小、结构简单，内部管理机制不完善，治理效率不高。当市场进入整合期，稀缺人才面临流失风险的同时，如何提供优质内容成为摆在中长尾短视频平台面前的一道难题。

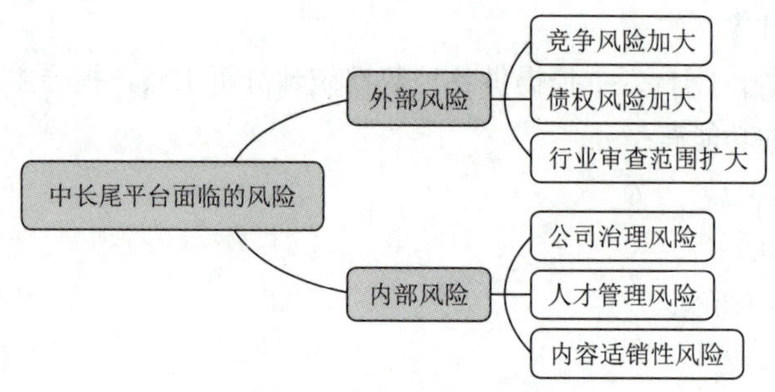

图 1-1　中长尾平台风险图

（四）直播带货平台现状分析

1. 购物类直播平台现状分析

1）淘宝直播

淘宝是强电商属性，具有丰富的商品品类，可以依托自身流量和外部平台流量作为流量分发的基数，且用户多以一、二线城市为主，四、五线下沉市场也有覆盖。淘宝通过建立直播入口，可以直接将货、人聚集在一个场景中，对于品牌而言，是理想的线上销售场景。淘宝主要是以人带货，头部主播前期依旧需要进行囤积粉丝的过程，在粉丝和知名度达到一定量级之后，才引发销量的提升。在淘宝进行直播，最好有一个固定的时间段，每次直播完之后可以将直播要点发布在微淘里，进行二次沉淀。

（1）运营要点

①先维护老客户，再考虑吸纳新客户。

②注重主播IP打造。

（2）直播条件

填写直播申请资料；缴纳店铺保证金。

（3）收益方式

淘宝直播没有直接的收益，只能获得直播分值奖励。在盈利方面需要先拥有自己的店铺，自己为自己带货，或是与商品卖家协商订单销量提成。

（4）入驻方法

入驻淘宝直播平台的方法有两种：第一种是针对普通用户；第二种是针对商家、达人、档口主播。

① 普通用户。

步骤1：打开淘宝App，进入主页，在界面左上方。点击“扫码”按钮进入扫码功能界面，选择“扫一扫”选项。可直接扫描主播提供的二维码，也可从相册中选取官方指定的二维码。

步骤2：扫描二维码后，会显示“淘宝直播入驻指南”界面，点击“个人主播”按钮。进入“个人主播入驻指南”界面，滑动屏幕至界面下方，点击“一键开通直播权限”按钮。

步骤3：进入“主播入驻”界面，在“实人认证”选项中点击“去认证”按钮，根据提示完成认证。实人认证成功后，在界面下方选中“同意以下协议”单选按钮；再点击下方的“完成”按钮，即可成功入驻。

② 商家、达人、档口主播。

步骤1：打开淘宝主播App，注册并登录淘宝主播App，点击界面左上方的“主播入驻”按钮。

步骤2：进入“创建直播”界面，在界面中根据个人实际情况填写相关信息，填写完毕后，点击屏幕下方的“创建直播”按钮。

步骤3：进入“淘宝直播”界面，在界面点击“开始直播”按钮。即可进入淘宝直播状态，若想结束直播，点击下方“结束”按钮。

（5）运营技巧

① 直播通知。

在直播前，要做好直播的推送工作，让粉丝知道直播的时间，如果没有通知，很多粉丝可能会错过直播。可以运用以下几种方式发布通知：小喇叭公告、小黑板、群消息等，用户点击淘宝“通知消息”按钮，跳转到服务通知界面，可以看到关注店铺的“主播上线动态”。要尽可能让所有粉丝都看到通知，可以利用上新预告来发布通知，也可以将直播信息推送到广场，或者置于“猜你喜欢”的板块中。

② 直播主题。

在主题的选择上，要重点突出产品卖点、明星同款、当下流行或其他元素。例如：特卖、清仓、爆款等，此外，服装直播的主题可以根据服饰风格来选取相对应的词汇。

③ 竖屏直播。

单人直播时建议使用竖屏直播，便于用户观看，竖屏也能更好地展示商品。例如：服装直播能将主播整个穿搭拍进镜头。

④ 粉丝分层。

可在直播设置中点击“粉丝分层”选择适合自己的规则，用户会根据主播所设置的规则成为主播的粉丝，并增加粉丝的亲密度。例如：每日观看直播、发布一则评论之后，分别增加2分；关注主播、观看时长超过4分钟都增加5分；还有点赞和分享次数达到一定次数可增加不同数值的积分等。

⑤ 观看奖励。

当观看时长超过一定时间时，可以设置一个奖励。例如：小额红包、优惠券、赠品等其他福利，刺激和吸引用户观看。当直播间的气氛达到一定程度时，可在直播间进行抽奖，公布中奖用户时，需要注意安抚未中奖用户并通知下一次抽奖时间。可以每15分钟进行一轮，也可以按照其他时间有规律地进行抽奖。

⑥ 直播产品。

直播中一定要有产品的安排，在产品的介绍中列举一两个卖点重点营销。一些产品可以利用其高销售量，或者排行榜排名进行推荐，巧妙利用群体效应。

⑦ 直播内容。

主播在推广产品时，可以利用故事进行介绍；将产品与其他同类产品进行对比，更好地突出该产品的优势；或从质量和价格等方面进行对比；也可以采取饥饿营销，调动用户的积极性。

⑧ 直播引流技巧。

淘宝界面专门设置了广告投放的资源位置。例如：首页下方的“猜你喜欢”“微淘”“聚划算”“有好货”“哇哦视频”等，在购物车下方还有“你可能还喜欢”模块等。

a. 猜你喜欢。

“猜你喜欢”模块是根据用户收藏清单、已购买列表、浏览记录等进行大数据分析后产生的推送。模块内设有专门的广告推送位置，可以供店家进行广告投放，同时也节省了用户的搜索时间，更快且更精准地为用户提供心仪的产品。较为人性化的是，用户不需要点开就可以直接试看视频，吸引用户点击商品详情，增加用户的购买欲望。

b. 微淘。

微淘内显示的是用户已关注的店铺信息，在该区域内可以看到店铺的上新产品，以及店铺的更新动态，同时也会推送店家的直播。针对安卓用户，板块内有专门的直播选项。店铺可以将上新产品以及优惠折扣展示在上面。

c. 聚划算。

聚划算主要针对喜欢抢购商品优惠券的用户，每到整点都会有聚划算官方直播间派送大额专享券供用户抢购。

d. 哇哦视频。

哇哦视频有大量的直播内容。例如：今日精选、趣体验、时髦穿搭等。

2）京东直播

京东直播具有较强的电商属性，开始于2018年8月，用户基本上是为了购买产品而观看直播的，消费目的较强。因此，京东直播区别于其他电商直播推销式的直播方式，多以测评、实物展示为主。另外，京东直播没有代表性主播和商家，但基于庞大的用户基础和京东电商全品类的电商优势，京东会更倾向于推出爆款商家和主播联合的方式，以此吸引更多商家加盟。京东的定位是品位消费，在经历品牌、品质消费之后，目前消费者对产品选择不断向外观、颜色等品位消费方向倾斜。“热衷有态度的品牌”“热衷新鲜事物”“愿为幸福感买单”已成为京东群体消费的关键词。

（1）运营要点

① 品牌必须有自己的态度。

② 消费群体对于新产品购买率较高。

（2）直播条件

PC端直播资料提交；直播申请；站内、外粉丝数≥20 000人。

（3）收益方式

京东直播为商家和用户提供交易的平台，用户通过主播的直播间完成交易，主播获得提成。

（4）入驻方法

开通京东直播首先要登录京东达人平台成为京东达人，满足条件后方可开通京东直播。如果不是京东达人，可以先注册京东达人账号。

步骤1：在浏览器搜索栏搜索京东达人平台，点击京东达人的官网链接，进入“京东内容开放平台”页面后，输入京东账号和密码，点击登录。

步骤2：登入账户后，弹出使用手机短信验证码，点击“获取验证码”按钮，短信接收；输入验证码；点击“提交认证”按钮后。选择要开通的账号类型，若是个人开通，点击“个人”选项即可。

步骤3：选择“个人”选项，进入“实名认证”界面，填写真实姓名以及证件信息，填写完后，点击“下一步”按钮。继续填写个人信息，并进行手机短信验证码验证，完成用户头像上传，查看京东原创平台入驻协议，选中“同意《京东原创平台入驻协议》”复选框，点击“下一步”按钮。

步骤4：弹出“达人CPS佣金与内容动态奖励规则”窗口，阅读规则内容，点击“确认”按钮。执行操作后，即通过了达人认证，会提示已加入的信息，三秒之后会跳转网页。

步骤5：成为京东达人之后，点击上方的“指导手册”按钮。

步骤6：在左侧栏目的“内容创作”标签中，选择“直播”选项，在“直播”的页面中，会显示如何入驻京东直播。若是机构请选择“机构主播及个人主播机构”后方的链接；若是商家，可以选择第二个“商家”链接。

（5）运营技巧

① 主播力荐。

京东直播页面会显示“主播力荐”一栏，在“主播力荐”中会推送一些产品，在界面下方会显示各式各样的直播内容。

② 政策扶持。

京东平台为扶持滞销农产品，推出了“京源助农”活动，在活动内用户可以购买许多农产品，同时“京东生鲜”版块也设置了“生鲜助农”专题，还有“京东秒杀”版块为帮助滞销农产品推行的“共克时艰，京心助农”会场。

③ 主播补贴。

主要是针对商家和热门主播所进行的“现金补贴以及公域流量”扶持计划。主播在直播开播后可直接获得现金补贴，新开直播的用户可以直接获得公域流量的资源，且在当月不用参与考核。

④ 技术支持。

在京东进行直播时，主播可以利用平台提供的5G、VR技术、京东小魔方和京东小程序技术进行直播。京东直播的画面具有超低延时的特点，并且可以多场景切换，在直播中还可以进行“连麦”，京东小魔方以及微信小程序都可以为直播提供开放的资源。

3）拼多多直播

拼多多属于在后电商时代崛起的平台，因其拼单团购的属性，也衍生了拼多多具备社交电商的基因，主要以下沉市场（三线以下城市、县镇与农村地区的市场）为主。拼多多直播扩散方式是依靠用户裂变形成的。拼多多对于直播的扶持与裂变息息相关。比如：直播首秀只要三位好友组团就能获得直播商品的五折优惠券，组团看直播可以获得拼团低价。从其直播活动来看，直播主要流量不仅依赖于自身用户，更是想要吸纳外部的用户群体。

（1）运营要点

① 合理利用平台活动进行用户裂变。

② 拓展产品宣传渠道。

（2）直播条件

填写直播申请资料；缴纳店铺保证金。

（3）收益方式

主播带货赚取商家佣金。直接在拼多多获取商品链接是不含佣金的，新手主播在不具有与商家洽谈设置定向链接能力的情况下，可以先从“多多进宝”（拼多多旗下按照效果计费的营销推广平台）选择产品。“多多进宝”的各类产品均已标明佣金比例，主播可以根据实际情况选择推广的产品。

（4）入驻方法

拼多多直播面向所有用户，不仅门槛低而且操作简单，以下是手机拼多多App直播的操作方式。

步骤1：首先登录拼多多App账号，点击“个人中心”标签；进入后点击登录人的头像；然后下滑页面点击“多多直播”选项。

步骤2：进入多多直播后，点击“开始直播”按钮，接着开启相关权限；然后点击“一键开启”按钮，即可进入直播。

商家版拼多多与普通版操作类似，区别是需要下载拼多多商家版，下载完成后登录商家账号，在账号后台界面中选择“工具”选项，找到“营销”选项并点击，在“营销”栏中选择“多多直播”选项，进入后点击“创建直播”按钮，在相册内挑选你想要的封面并填写主题即可。

（5）运营技巧

① 提升收藏率。

收藏率是产品人气的体现，在主图或详情页中标注“收藏下单优先发货”“收藏赠送小礼品”等等，鼓励用户对产品进行收藏，促进订单后期稳定转化。

② 发红包引流。

直播间人数较少时，发低档红包引流，待人数有所提高，再补发高档或正常档位红包促使直播间用户继续拉入新人。

2. 短视频类直播平台现状分析

1）抖音

抖音注重内容的输出。一直以来抖音都想为用户打造沉浸式体验，所以抖音对优质内容的流量扶持力度更高。抖音属于头条系，抖音直播流量推荐方式和头条类似，是重算法轻粉丝的逻辑，会依据用户偏好和浏览习惯将内容和用户进行匹配，通过算法进行精准推荐。对于在抖音开启直播的品牌而言，将会面临如何吸引流量的难题，前期直播宣传和曝光，选题等等都至关重要。在对于直播流量的获取上，彰显用户体验的互动行为成为抖音流量倾斜的标志。直播上互动、打赏一系列用户行为都可以为直播增加热度，也可以增加直播曝光量。

（1）运营要点

① 利用短视频为账号引流，再用直播或橱窗带货。

② 以内容输出为核心。

（2）直播条件

① 直播实名认证要求个人主页视频数（公开且审核通过）≥10条；账号粉丝量≥1 000。

② 开通购物车条件要求开通商品橱窗，发布10条视频，粉丝数大于1 000；开通橱窗后，自动解锁购物车功能。

（3）收益方式

抖音的收益方式较多。比如：粉丝给主播发送礼物，主播由此获得一定比例的收益；主播通过抖音直播带货，获得收益；帮助商家卖货，获得佣金；主播向粉丝推广某款应用软件，根据下载应用的人数分得佣金等。

（4）入驻方法

① 直播开通方法。

步骤1：登录抖音短视频App，进入视频拍摄界面。点击界面中的"开直播"按钮，进入直播设置界面；点击右侧的"带货"按钮。抖音运营者可以在直播设置界面上方设置直播封面和标题。若此前开过直播的抖音号，系统会默认显示之前的直播封面和标题。

步骤2：进入"选择直播商品"界面，勾选需要添加的商品；点击"完成"按钮。需要注意的是，该界面中出现的商品来自账号的商品橱窗，如果需要添加其他商品，应先行将商品添加至商品橱窗。

步骤3：返回"直播设置"界面，此时"商品"所在的位置会显示添加的商品数量。确认商品添加无误后，点击下方的"开始视频直播"按钮。

步骤4：进入直播倒计时，完成倒计时后便可进入直播界面。

② 直播常见问题解决。

直播过程中可能会遇到直播没声音、卡屏等问题，可以通过如下操作找到解决方法。

步骤1：从抖音主页进入"设置"界面，选择界面中的"反馈与帮助"选项。

步骤2：进入"反馈与帮助"界面，在"问题分类"一栏选择"更多"按钮。

步骤3：进入"问题分类"界面，选择"直播相关"选项，进入"直播相关"界面。抖音运营者只需选择对应的问题选项，便可以找到解决方法。

（5）运营技巧

① 同城界面。

抖音推荐分为两种，一种是同城推荐，另一种是全平台的推荐。通常来说，同城推荐界面一次展示四个账号，可滑动屏幕查看下方更多推荐，也可下拉屏幕更新推荐内容。推荐的直播较少，用户点击标有"直播中"的页面，即可直接进入直播间。

② 直播广场界面。

在"首页"界面的左上方有一个"直播"按钮，抖音用户只需点击该按钮便可进入某个直播间，当然，此时看到的只是系统随机推荐的一个直播间的内容；在直播间，可以点击右上方的"更多直播"按钮观看其他直播。可进入直播浏览的界面。这里会展示正在进行的直播，用户只需点击对应画面，便可进入相应直播间。

③ 做好封面与内容。

设计吸睛的直播封面。设计大小适宜，画面清晰美观的抖音直播封面能为主播吸引更多的粉丝；制作合适的直播内容。抖音直播的内容目前以音乐、游戏和户外为主，从直播内容来看，都是由抖音社区文化衍生出来的，也比较符合抖音的产品气质。

2）快手

快手以下沉市场为主，基于社交和用户兴趣进行内容推荐，主推关注页推荐内容，同时加深主播和粉丝之间的关系。快手直播为“打赏+带货”两种形式并行，因为快手直播电商主要针对下沉市场，所以快手规则少、卖货快、用户多样化、粉丝黏性较强、互动率也较高。

（1）运营要点

① 将平台粉丝和消费群体转化为私域流量。

② 选择热门产品进行销售。

（2）直播条件

① 直播条件：实名认证。

② 开通购物车条件：开通快手小店；快手小店开通后，自动解锁购物车权限。

（3）收益方式

快手直播为“打赏+带货”两种形式并行。主播从直播中收到的粉丝礼物或带货收益与平台按一定比例分成；加入MCN工会的主播与工会按一定比例分成。

（4）入驻方法

步骤1：进入快手短视频App之后，点击首页界面下方的“摄像头”符号，进入拍摄界面。

步骤2：滑动下方按钮，点击“直播”选项，进入直播界面；然后点击“申请权限”按钮；进入“申请直播权限”界面后，依次开通申请权限，完成后即可开通快手直播。

（5）运营技巧

① 游戏场景+主播语音。

大多数快手用户观看游戏类直播，重点关注的还是游戏画面。因此，这一类直播直接呈现游戏画面即可。另外，一个主播之所以能够吸引用户观看直播，除了本身过人的操作之外，语言表达也非常关键。因此，游戏场景+主播语音就成了许多主播的重要直播形式。

② 真实场景+字幕说明。

发布的短视频可以采用真实场景演示和字幕说明相结合的形式，将自己的观点全面地表达出来，这种直播方式可以有效避免人物的出现，同时又能够将内容完全展示出来，非常接地气，自然能够得到关注和点赞。

③ 图片+字幕或配音。

如果直播的内容是一些关于营销的专业知识，快手运营者可以选择采用图片+字幕或配音的形式进行内容展示。

④ 图片演示+音频直播。

通过“图片演示+音频直播”的内容形式，可以与学员实时互动交流。用户可以在上下班路上、休息间隙等随时观看直播，节约宝贵的时间，带来更好的体验。

⑤ 稀缺内容直播。

运营者可以从快手相对稀缺的内容出发，进行账号定位。除了平台上本来就稀缺之外，快手运营者还可以通过自身的内容展示形式，让自己的内容，甚至是账号，具有一定的稀缺性。

例如：某快手号是一个定位为分享小猫日常生活的账号，这个账号经常发布以一只小猫为主角的视频。如果只是分享小猫的日常生活，那么只要养了小猫的快手运营者都可以发布类似视频。而该账号的独特之处在于它结合小猫的表现进行了一些特别的处理。具体来说，该快手号的视频会通过一些字幕，来表达小猫的“所说”和“所想”。结合字幕和小猫在视频中的表现，会让人觉得小猫非常调皮可爱。快手上宠物类视频不少，但是像这种方法来表现小猫的调皮可爱却比较少。因此，很容易获取许多人的持续关注。

3）小红书

小红书初始定位是以女性为主社交内容种草平台，但近年来男性用户也有较大幅度的增长。在全民直播时代，小红书的直播进场看起来有点晚，还属于前期测试，其直播流量来源是平台自身流量和小红书达人私域流量。不过，目前来看，收看小红书直播的观众主要还是针对私域流量，推荐商品大多以美妆、服饰为主，且基本都属于知名品牌。

另外，小红书社交种草和笔记基因较强，主要以生活记录分享为主，录播分享视频效果会更适合，小红书直播取得流量的关键在于如何将散落的私域流量和公域流量汇聚在一起。

（1）运营要点

① 选择热门品类进行带货，自有种草笔记为产品宣传曝光。

② 可以利用笔记为产品宣传推广。

（2）直播条件

① 直播条件：实名认证。

② 开通购物车条件：仅限官方邀请。

（3）收益方式

小红书的收益方式主要来自带货和广告。总体看，美妆护肤类在小红书的商业收入较高，其次是数码类。此外，粉丝数量大、粉丝黏度高也是增加收益的重要因素。

（4）入驻方法

① 身份实名认证。

② 年满18周岁。

③ 绑定手机号。

④ 完成创作者认证。

只有创作者才能开通直播功能，成为创作者除个人实名认证外还要满足粉丝数≥5 000，2 000以上自然阅读量的笔记≥10这两个条件。

（5）运营技巧

① 做好直播预告。

提前一天发布预告笔记，预告直播时间和直播主题，并引导粉丝准时观看，固定开播时间，可以写到个性签名上，引起粉丝注意。

② 确定直播前参数。

直播前要设置好美颜参数；设置群公告和违禁词，防止恶意控评；设置引人瞩目的直播标题和精致的直播封面，吸引粉丝进入直播间。

③ 图片设置符合标准。

小红书图片全屏显示尺寸比例是3∶4，一般使用1 440×1 920的尺寸效果比较好。

4）哔哩哔哩

哔哩哔哩，又称B站，更注重商品价值与服务，且不局限于实物消费，虚拟物品的消费水平较高。用户更注重消费体验，并且愿意为自己的喜好买单。

（1）运营要点

① B站没有购物车选项，也没有转化路径，如需带货只能在直播内容中植入软广或广告图。

② B站群体适合进行有价值的内容输出，适合进行教学类垂直内容直播，再进行课程出售。

（2）直播条件

实名认证。

（3）收益方式

① B站签约。

与B站签约，有基础的工资，虽然不多但是稳定。

② 视频激励。

2018年1月，B站就推出了“创作激励计划”，以视频播放量作为分成依据，1 000播放量约等于3元。优质视频上百万的播放量，奖励比较丰厚。

③ 悬赏计划。

悬赏计划是帮助内容制作者通过在视频下方挂广告来获取收益的官方商业计划。

④ 粉丝充电。

类似于其他平台的粉丝打赏，B站主播的礼物是小电池。

⑤ 接广告。

这种途径是一些粉丝比较多的内容制作者的主要收入来源，其中最常见的是接游戏广告。

⑥ 直播。

直播的操作方式有两种，一种是做原创的内容，另一种主播不用出镜，对其他主播作品进行二次加工赚取补贴。

（4）入驻方法

B站直播有两种开播方式，即PC端和手机端。

① PC端。

步骤1：在浏览器上搜索“bilibili直播工具”（bilibili直播官方开播工具），点击主页链接，进入官网，单击界面上的“立即下载”按钮。需要注意的是，目前bilibili直播工具仅支持Windows 7、Windows 8、Windows 10、Windows 11操作系统。

步骤2：下载并安装之后，打开bilibili直播工具，填入账户和密码即完成登录。

步骤3：登录bilibili直播工具后，在界面中选择直播方式。

步骤4：在“直播类型”界面左上角可选择直播的场景，接下来可以对直播场景进行编辑，对整个直播画面进行布置。

步骤5：编辑与布置完场景之后，单击右下角的“开始直播”按钮，即可进入B站直播。

② 手机端。

以下是移动终端直播的操作步骤，可供手机用户进行操作。

步骤1：下载并安装“bilibili link App”。登录B站账号后会弹出实名认证框，点击“去认证”按钮。

步骤2：进入“实名认证”界面，填写认证资料，认证完之后，即可回到首页进行直播操作。

（5）运营技巧

B站的直播分区内除了游戏，在“娱乐”板块内最受欢迎的是视频唱见、舞见、视频聊天和学习。在B站进行直播时，因为受众多为年轻人，所以直播内容要尽可能有趣、新颖，过于枯燥或者过于学术的内容，会使受众范围缩小，播放量相应也会很少。

三、直播平台发展趋势分析

扫一扫

直播平台发展趋势分析

随着科学技术的进步，国内移动直播平台进入到高速成长时期，从秀场直播、游戏直播到泛娱乐直播再到如今的直播综艺，网络直播不断向垂直领域纵深拓展。未来的直播行业将不仅仅局限于游戏、带货，各行各业都可以借助直播平台得到更好的发展。

（一）短视频平台现创业风口

移动时代，互联网技术迅猛发展，移动设备普及，网速提升，流量资费下降，为视频信息传播提供新的发展机遇。短视频作为视频内容的一种，是文字、图片外的第三叙述方式，集合多媒体形式，更生动直观，具有较高的传播效能。短视频在保留视频形式优势的同时，相较传统的视频节目，时间更短，内容更精练，更注重传播的有效性，对流量资费的要求较低。丰富活泼的形式，降低了传播门槛，更契合移动互联网时代受众的媒介使用习惯，适应碎片化传播趋势，也容易形成自我复制式的传播。

技术支持和受众基础的双重满足，让视频传播的未来更加光明。短视频平台的创业风口已经出现。

（二）差异化竞争成平台突围之道

激烈的竞争环境下，无论是社交类、功能类还是资讯类平台都在寻找自己的生存模式，差异化竞争正在成为平台突围之道。

1. 社交类平台——以“美拍”为例

社交类平台中以“美拍”为例。沿袭美图软件的技术优势和用户基础，注重对用户社交心理的揣摩，成功从工具型产品转型到社交型产品。用户可以对视频进行随意的剪辑，根据自己的心情或需求，添加贴图、音乐、特效，制作出个性化的“大片”，更好、更贴切地表达自己的喜怒哀乐。多样化的特效功能贴近生活热点，并不断更新素材，增强了短视频制作的趣味性和娱乐性，还可以对人像进行美颜等各种修饰。除了平台本身提供了展示、互动的窗口，还与新浪微博、QQ、微信朋友圈等主流社交媒体对接，一经推出立刻引起大家注意。“美拍”上线第9个月用户数量就突破了1亿，破亿速度超越微博、微信。

该类平台以社交为主要立足点，通过用户原创内容模式获取用户参与，形成不断对外辐射的用户圈。通过研究并迎合用户的社交心理，打造专属社区，满足了部分用户展现个性、修饰自我、获取关注的社交需求，也提供了新的休闲娱乐方式。相比静态的图文，视频的形式能充分地调动人们的感官享受，很受年轻用户的喜爱。这些都是用户黏性和平台活力得以维持的关键。

2. 功能类平台——以“小咖秀”为例

功能类平台中的“小咖秀”是一款主打搞笑、模仿功能的短视频拍摄应用软件，由“秒拍”团队制作，其拥有丰富多样的素材库，包括大量的歌曲、影视作品经典片段、综艺节选、人气网络视频，给用户进行模仿表演。平台提供的素材或剧本，本身就异常夸张，具有极强的扩散潜能。用户借此创作一些搞怪有趣的视频，来满足自己的娱乐需求，这是“小咖秀”区别于其他的短视频平台的最大特点。如果说别的短视频平台倾向于多元集合，可供分享心情、分享故事，那“小咖秀”的定位就非常统一，专注娱乐搞笑。精准化营销，主要瞄准时下最活跃的网络受众，抓住他们的个性特征，打造了一个娱乐解压的平台。2015年上线之后，两个月之内就冲入App Store排行榜第一。平台还坚持更新主题，开发新功能，最新的合演功能更成功化解了视频制作过程缺乏互动性的缺憾。此外，“小咖秀”还与东南卫视联合打造大型娱乐节目《模王小咖秀》，通过整合营销的手段不断强调平台特点，扩大影响范围。

3. 资讯类平台——以“梨视频”为例

资讯类短视频平台是三种平台类型中娱乐属性最低的一种，主要传递有价值的新闻和信息。垂直于不同的领域还将有更深入的细分，如“抖音”短视频平台专注音乐资讯的分享，“萌物星球”打造了一个宠物资讯社区。这类平台的运营，也会有用户原创内容的空间，但更看重的是专业生产内容的专业性，媒体属性更强，对内容的选择、解读以及表达都有更高的要求。以“梨视频”为例，拥有专业新闻生产基础的团队，带着特有的新闻敏锐度，着眼短视频行业资讯类空白领域，在差异化竞争中也是独树一帜的。

（三）新技术运用促进平台发展

新技术运用主要包括以下两个方面：

1. 技术改进

目前，各大直播平台纷纷进行技术改进。主要在完善直播平台的互动等功能、页面设计及提升数据传输水平，即通过技术改进优化此类与用户体验直接相关的方面，来增强用户对平台的好感，主要提升用户使用软件各功能的方便性、减少观看直播时出现的卡顿、延迟等问题。如增加直播及社区内用户互动的元素及互动方式，增加各类网络用语，以提升用户互动、娱乐的便捷性。又如优化界面设计、页面设计，使App图标和页面更符合大众审美及使用习惯，网络硬件、软件配置也在不断革新，以提升网络运行的速度和稳定性，使用户产生更好的体验感。

2. 技术创新

各大直播平台逐渐加大技术创新力度。如创新直播形式，将直播和电视节目融合，帮助主播和平台提升知名度。另外，随着各类智能化技术的发展，直播行业将更加智能化。5G的逐渐普及，直播平台对云计算、VR、AI等技术的成熟使用，都将通过提升直播相关服务的智能化程度，以优化用户体验。如为主播提供智能美颜技术，为观众提供更合理的个性化推荐等服务。智能化技术的应用和优化，不仅能通过优化客户体验以提升秀场等形式的直播效率，还能在直播审核等方面减少内容监管等工作的成本。

任务实施

根据公司要求，为助力地方品牌建设，开展东北大米直播带货活动。直播前请进行深入的市场调研，对相关指标进行精准分析，选出备选平台，为公司最终确定直播平台提供参考依据。

市场调研是指个人或组织为某一个特定的市场营销问题的决策所需开发和提供信息而引发的收集、记录、整理、分析、判断、研究市场的各种基本状况及其影响因素，并得出结论的、系统的、有目的的活动与过程。

根据市场调研的定义结合公司要求确定如下工作步骤：

一、开展调研的准备阶段

（一）确定调研主题

选择的直播平台可否使东北大米直播带货活动创造最大社会效益和市场收益。

（二）编制调研方案

1. 调研目的

通过精准分析，选出适合东北大米直播带货的备选平台，为公司决策提供参考依据。

2. 调研方法

自媒体时代网络直播平台数据获取相对便捷，很多主流直播平台都提供了数据分析工具。如淘宝的数据银行、生意参谋，抖音的App数据看板、电商罗盘、巨量百应数据参谋等，可以帮助商家了解运营状况，制订商务决策。还可以通过第三方数据分析工具，如艾瑞数据、Maigoo数据等获取相关数据。因此采用案头调研为主，对调研资料开展定量分析为主结合定性分析的方法。

3. 调研计划

第一步，搜集相关平台数据。基于直播业态的高速发展和市场变化加快的实际情况，搜集数据集中在近三年的数据信息上。

第二步，对数据进行整理，建立数据库。

第三步，对数据库的数据进行分析，形成结论。

（三）组建调研团队

组建4～6人的调研团队，并对团队成员进行培训。使成员熟悉市场调研的目的、流程和调研方法，掌握网络直播平台数据的搜集渠道和方法等。

二、市场调研阶段

（一）分析指标

指标是对直播平台总体综合特征的量化。确定分析指标是直播平台分析和定位的第一步。结合东北大米的产品特点，确定产品与直播平台的相关性、平台矩阵位置、平台扶持力度、开通条件、平台月活跃用户数等为主要分析指标。

（二）分析过程

1. 产品与平台强相关性分析

综合各类平台数据，结合东北大米农产品特点进行分析。

① 出于直播带货的需求，剔除游戏类和秀场类平台，更多考虑强电商属性的直播平台，包括淘宝、京东、拼多多、抖音、快手等。

② 基于东北大米的农产品属性，选择与产品强相关的直播平台，包括淘宝、抖音、快手等。

2. 头部电商平台分析

综合各方分析工具2020—2021年数据，并对数据进行整理、分析。当下头部电商平台网站成交金额三强为淘宝、抖音和快手。

3. 平台月活跃用户分析

综合各方统计数据，从活跃用户数量情况看，头部平台淘宝、拼多多、抖音MAU（月活跃用户数量）较高。某数据平台显示：2021年5月，电商平台中，淘宝、拼多多、京东的MAU分别约为75 090.7万、70 430.3万、30 218.1万；直播平台中，抖音、快手的MAU分别为68 647.9万和41 351.5万。

4. 开通条件分析

淘宝、抖音、快手、拼多多开通条件简单，实名认证即可，在手机和PC端均可自行操作。

三、处理调研结果阶段

汇总调研情况，根据产品相关性强、矩阵在头部、月活跃用户多、开通条件简单的分析原则，删除不合适选项，确定将淘宝、抖音、快手、拼多多列入东北大米直播备选平台，可以充分创造直播带货产品的最大社会效益和市场收益。供公司决策考虑。

任务2 直播平台选择

任务解析

通过主播人设、用户画像、流量扶持、产品定位等指标，在备选平台当中选定适合的直播平台，撰写直播平台选择分析报告，为公司确定东北大米直播带货平台提供参考意见。

知识链接

扫一扫

根据主播类型选择直播平台

一、根据主播类型选择直播平台

主播的类型划分比较复杂，通过主播的“直播”和“电商”两大属性可以将主播划分为以下类型：

（一）专业主播

1. 专业主播画像

专业主播是独立于消费者和商家之外的第三方，其对于推介的商品更多的是利用自身具备的对相关商品丰富的知识量，使用户信服和产生购买欲望，用户在观看直播的过程中，会认为主播的观点是从专业角度出发的，较为客观，因此会更加容易接受主播的意见。同时专业主播在直播中除了介绍和点评商品以外，还会向用户普及一些基础知识，增加自己的知性魅力，从而得到用户的认同和提高忠诚度。因此专业主播不仅仅是商品的导购员，更是用户在购物过程中的咨询专家，为用户提供客观、专业、全方位的参考意见。专业主播专注于打造用户对其专业性认知的互动过程，“直播”属性强烈；另一方面由于专业主播活跃于某一特定商品类目领域，如美妆领域、健身领域或美食领域，其“电商”属性相对较弱。

2. 专业主播平台选项

根据对内容专业度、主播曝光度、主播勤奋度、粉丝信任度、直播带货力，这五个维度的对比分析结果，专业主播除主播曝光度外，在其他四个维度得分排名最高，这说明专业主播直播平台可以有更多的选择。而专业主播的用户黏性非常好，主要依靠长期积累和沉淀，一般情况下不会盲目追求曝光度。

专业主播可以根据自己擅长的方面选择直播平台，如果有视频制作能力，可以选择短视频平台，如抖音、快手等；如果擅长游戏类可以选择虎牙等游戏平台；如果是电商方面则可以选择淘宝、京东等平台；当下，西瓜视频也比较受专业直播青睐，视频被细分为很多类别（游戏、小视频、音乐、综艺、农人、美食等），各类目视频应有尽有。西瓜视频主要以PGC（专业生产内容）为吸引点，这些大都是相关视频网站播放的电视剧、电影片段或者相关专业人士演绎的小剧场，而用户原创内容被划分在“小视频”类中，同时，其所覆盖的视频类别也是相当广泛。

（二）自媒体主播

1. 自媒体主播画像

自媒体主播是直播行业占比最大的一类主播。自媒体主播通过粉丝的多年累积，在销售或使用某件产品时会产生明星效应，大量粉丝会争相购买和使用相关产品，人气比较高的主播通常会为产品厂商带来庞大的销售量。他们通过长时间的直播运营，建立起自身的直播特色，形成标签化的人设，吸引了一大批忠实的粉丝，利用其强大的直播带货能力为品牌方带来显著的收益。就“直播”“电商”属性强弱而言，一方面，自媒体主播依托产品推介，可以长时间与用户保持友好良性的互动，渲染人设特征的同时，可以增强用户黏性，其“直播”属性强；另一方面，自媒体主播推介产品的范围广泛，几乎涉及用户生活全方面，因此其“电商”属性也较强。

2. 自媒体主播平台选项

根据研究，自媒体主播的内容专业度、主播曝光度、主播勤奋度、粉丝信任度、直播带货力各维度发展比较平衡，排名均在前三。自媒体主播兴起于抖音、快手等短视频平台，得益于抖音、快手强大的流量扶持。另外由于自媒体主播的“直播”与“电商”双强属性，也非常适合电商平台，比如淘宝等。

（三）明星主播

1. 明星主播画像

明星直播带货具有流量高、门槛低、三方互利的特点。明星都有自带的流量，他们各自都有自己的粉丝团队做支撑，这在直播行业称为私域流量，由于粉丝对他们的信任，他们能将粉丝需要的商品快速转换为现金收入。不同于自媒体主播需要具备很强的直播专业能力，明星们带货直播并不需要太多的经验，他们在直播过程中往往负责带动气氛。在明星带货直播的过程中，消费者可以用低于市场的价格买到心仪的产品，明星可以学习到直播的技能和经验，品牌方也可以卖出更多产品，获取更多利润，三方互利，这也成为众多品牌方选择明星主播的原因。就“直播”“电商”属性强弱而言，明星主播并不需要具备专业的直播技能，其直播带货的目的也不是转型成为一名主播，而是以品宣为主，而且明星带货一般不局限于某一个品牌，而是用户生活方方面面的商品都有涉及，因此其“直播”属性较弱，而“电商”属性较强。

2. 明星主播平台选项

根据分析结果，明星主播曝光度排名第一，但内容专业度和主播勤奋度排名比较靠后，这是因为明星本身就拥有一定的粉丝群体，自带私域流量，有一定商业价值，明星不需要依靠增加直播频次来提高关注度。目前，明星主播比较青睐淘宝、抖音等平台。

此外，小红书也受到很多明星，尤其是女明星的青睐，这与小红书强调社区属性有很大关系，小红书打出了“明星在小红书做自己”的口号，吸引大量粉丝流量的进入。明星在小红书平台上分享穿搭、美妆等经验，很好地拉近了与用户的距离，同时明星在小红书上分享的化妆品、服饰等商品迅速引发了抢购风潮。而入驻快手平台的明星主播却相对较少，这与快手定位瞄准下沉市场的直播，着力于为普通人提供社交平台的定位有关。

（四）企业家主播

1. 企业家主播画像

各大企业的多位知名企业家纷纷利用自身影响力，亲自上阵带货，涵盖旅游、体育、餐饮、家电、服饰鞋包、美妆、数码3C（所谓“3C产品”，是计算机类、通信类和消费类电子产品三者的统称，亦称“信息家电”。例如：电脑、平板电脑、手机或数字音频播放器等）、生鲜电商、母婴、重型卡车等领域。

2. 企业家主播平台选项

经过分析研究，企业家主播在曝光度、内容专业度上居于6类主播中的第二位，粉丝信任度排名居于第三位，直播带货力和直播勤奋度的排名相对靠后，居于第四位。就“直播”“电商”属性强弱而言，企业家主播直播带货涉及的商品种类不如自媒体主播与明星主播丰富，因此其“直播”属性较弱，“电商”属性也较弱。但企业家直播带有明显的目的性，更多是为商业品牌做宣传，或者提升地区品牌形象，所以更青睐于电商平台，如淘宝、京东等。此外，抖音和快手的用户规模大、平台使用时间长的特点对企业家主播也是很有吸引力的。

（五）政府机构主播

1. 政府机构主播画像

除企业老板外，包括县长、市长在内的政府机构人员也纷纷变身“带货官”带头刺激消费，振兴当地经济，鼓舞企业和市民信心。快手平台第一期县长直播助农活动，近30场直播累计观看人次超2 100万，累计成交额超2 000万元，有力地带动了当地经济发展。

从流量来源及货品来源看，政府机构主播主要以县长、市长等工作人员为主进行直播卖货，用户以该地域粉丝或者该产地产品粉丝为主，货品主要以原产地产品为主，也有部分品牌商直供产品。

从主播职能、直播带货优势上看，政府机构主播号召力强，社会公信力强，主要以品牌宣传+导购为主，助力各地经济发展。

2. 政府机构主播平台选项

政府机构主播在内容专业度上高于明星主播和线下转线上主播，其他维度均排在第五位，仅高于线下转线上主播，总体表现并不突出，可见其“直播”属性较弱，“电商”属性也较弱，没有太多的平台可选择，但因其主要目标是提振当地经济，所以在选择平台上更看重平台客户的规模和电商属性。政府机构主播比较青睐抖音、快手和淘宝。

（六）线下转线上主播

1. 线下转线上主播画像

从主播职能、直播带货优势上看，线下转线上主播离货比较近，有价格优势，主要以卖货为主，基本无品宣。从流量来源及货品来源看，线下转线上主播流量主要以线下场景（如商场、门店）粉丝为主，将粉丝运营线上化，货品主要是工厂直供为主。

2. 线下转线上主播平台选项

线下转线上主播只有在直播勤奋度排名第二，仅次于专业主播，在其他维度均排在六类主播的最末位，“直播”属性弱，“电商”属性也弱。线下转线上主播在直播平台的选择上更青睐快手，主要原因在于快手注重下沉市场，以二、三、四线城市为主，为许多普通人提供发展平台，主播类型图如图1-2所示。

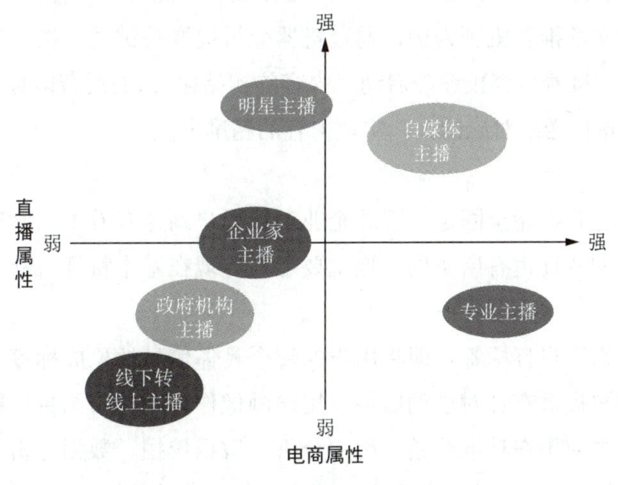

图1-2　主播类型图

综上，作为新手主播，根据主播类型参考各方面实际情况选择适合的直播平台，是做好直播的首要工作。

二、根据用户画像选择直播平台

（一）用户画像

主播在选择平台时，可以通过相关数据对平台用户画像，从而根据目标用户，选择适宜的直播平台。

1. 概念

用户画像就是根据用户特征、业务场景和用户行为等信息，构建一个标签化的用户模型。简而言之，用户画像就是将典型用户信息标签化。

2. 搭建用户画像

（1）收集数据

收集数据是用户画像中十分重要的一环。用户数据来源于网络，而如何提取有效数据，比如打通平台产品信息，引流渠道用户信息，收集用户实时数据等，这是需要细致思考的问题。数据收集主要包括用户行为数据、用户偏好数据、用户交易数据。以某跨境电商平台为例，收集用户行为数据：活跃人数、页面浏览量、访问时长、浏览路径等；收集用户偏好数据：登录方式、浏览内容、评论内容、互动内容、品牌偏好等；收集用户交易数据：客单价、回头率、流失率、转化率［转化率指在一个统计周期内，完成转化行为的次数占推广信息总点击次数的比率。计算公式为转化率=（转化次数/点击量×100%）］和促活率（持续不断地拉新和提高老用户的留存率）等。收集这些指标性的数据，方便对用户进行有针对性、目的性的运营。

（2）行为建模

行为建模就是根据用户行为数据进行建模。通过对用户行为数据进行分析和计算，为用户打上标签，可得到用户画像的标签建模，即搭建用户画像标签体系。标签建模的方法来源于阿里巴巴用户画像体系，广泛应用于搜索引擎、推荐引擎、广告投放和智能营销等各种应用领域。

以《今日头条》的文章推荐机制为例，通过机器分析提取关键词，按关键词贴标签，给文章打上标签，给观众打标签。接着内容投递冷启动（内容的初始化），通过智能算法推荐，将内容标签跟观众标签相匹配，把文章推送给对应的人，实现内容的精准分发。

（3）构建画像

用户画像包含的内容并不完全固定，不同企业对于用户画像有着不同的理解和需求。根据行业和产品的不同，所关注的特征也有所不同，但主要还是体现在基本特征、社会特征、偏好特征、行为特征等。

用户画像的核心是为用户打标签。即将用户的每个具体信息抽象成标签，利用这些标签将用户形象具体化，从而为用户提供有针对性的服务。用户画像作为一种勾画目标用户、联系用户诉求与设计方向的有效工具，被应用在精准营销、用户分析、数据挖掘、数据分析等方面。对于用户画像也可以通过平台的后台数据和专业数据平台（如百度指数、艾瑞数据等）提取。

（二）主流平台用户画像及选择策略

平台的用户画像是主播选择平台的参照指标之一。各大直播平台大都提供用户画像查询入口，方便开通直播的主播进行查询，但这里的用户画像一般是指主播个人直播后的用户参与数据，对于整个平台用户分析还需要提取专业大数据。

1. 淘宝用户画像及选择策略

（1）淘宝用户画像

2022年淘宝用户画像可能会呈现年轻化趋势明显、消费观念更加注重品质和健康、数字化消费趋势加速、社交化消费趋势增强等特点。这些特点将对于淘宝平台的产品和服务设计、营销策略等方面提出更高的要求和挑战。从用户所在城市划分，下沉市场覆盖了更大比例用户，六线城市比重最高，超过了一、二线城市，详见图1-3。

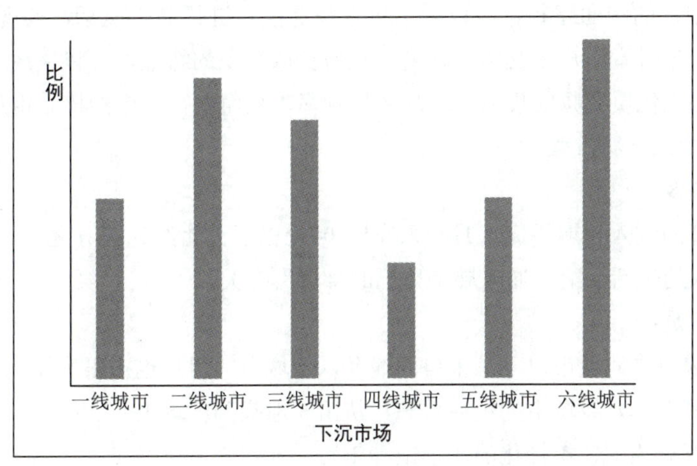

图 1-3　淘宝用户城市划分情况

（2）选择策略

根据淘宝用户画像，可以看出淘宝拥有庞大的用户基数和购物精准度，来淘宝的都是抱有购物目的的用户。淘宝直播不足的地方就是缺乏社交属性，无法通过社交分享实现裂变，这也是淘宝系产品一直以来的特点。

如果一直以来都是有做淘宝店铺，在淘宝积累了一批老客户，有一定的淘宝运营经验，淘宝直播应该是第一选择。这些淘宝店铺的老客户一定会是直播的首批粉丝，这样也能增强主播和客户之间的黏性，对淘宝店铺是一个增加曝光度和提升信任度的好方式。另外基于淘宝的强电商属性和较弱的社交属性，作为新手主播在直播过程中虽然需要注重与用户的互动，但更应该将注意力放在对商品的介绍上，以促进用户下单。

2. 抖音用户画像及选择策略

（1）抖音用户画像

根据Quest Mobil（北京贵士信息科技有限公司是中国专业的移动互联网商业智能服务商）数据，抖音男性、女性用户的年龄段和城市级别分布相似，19～35岁用户占比近7成，高线城市（一线、新一线和二线城市）保持较高占比，排名前十城市均属于一线或新一线。相较于其他短视频应用，抖音的用户画像呈现“三高”情况：高学历、高消费和高收入。

（2）选择策略

根据抖音用户画像可以看出抖音主力用户主要分为以下四类：

① 刚进入职场的年轻人。他们渴望得到一份收入不错的工作，希望有人能帮助他们解答疑惑，渴望获得更多职场知识。

② 在职场上已工作了一段时间，渴望提高职场竞争力，希望获得提升自身素质的书籍，或者成功人士的经验和帮助的用户。

③ 面对情感方面的问题或正在憧憬美好爱情，并希望获得情感指导的用户。

④ 希望获得教育孩子的方法，或者在家里就可以赚钱等小技能的年轻父母。

根据抖音用户的以上特点，如需加大品牌展示力度，增加产品曝光率，可以选择抖音平台。同时，为缩短品牌与用户的沟通路径，可以采用抖音竖屏模式进行品牌展示，实现用户评论到下单的快速转化；此外，根据抖音用户社交需求较高，渴望获取知识的特点，可以采用“优质内容+粉丝互动”的营销方式，加大优质视频的投放，增加直播频率，从而获得稳定的核心用户。

3. 快手用户画像及选择策略

（1）快手用户画像

快手的使用人群的收入普遍不高，月收入在5 000元以下占比约为三分之二，这与快手坚持的主线——“专注普通人的生活，给普通人展示自己的舞台”有关。

快手的用户画像是：

① 大部分用户来自二线城市以下，来自四线及以下城市的用户也占很大比例。

② 从一线城市到五、六线城市的生活百态，从田间地头到广场上。

③ 热爱分享、喜欢热闹、年轻化的“小镇青年”。

④ 很大一部分群体为广大社会底层中青年。

（2）选择策略

相对抖音从一、二线城市开始，快手是从四、五线城市起步的，现在也还是以下沉市场用户为主。抖音更关注内容，是一个很好的内容平台，创作者通过优质的短视频内容来引流；而快手更关注“人”，快手的粉丝黏性要强于抖音。如果想做快手直播，那么主播的IP属性就显得尤为重要，必须要有自己的主播个性。

因此可以看出快手平台呈现以下特点：

① 快手定位强调人设，通过内容进行社交，强调主播要有鲜明特点，内容让更多人有感情归宿。

② 快手去中心化的优势，可以吸引更多大众用户，但不扶持、不做资源倾斜，导致红人从快手“出逃”。

③ 依靠贴近生活的短视频和主播人设吸引用户认可，扩大粉丝群体。

④ 快手用户刷关注页面和同城页面高于抖音用户，快手以人为核心的机制导致目前带货能力高于抖音。

根据快手用户画像，带货经验不足但拥有鲜明人设的普通新手主播，可以选择快手平台。

4. 小红书用户画像及选择策略

（1）小红书用户画像

根据千瓜数据出品《2022年千瓜活跃用户画像趋势报告（小红书平台）》，对2022年小红书活跃用户中的美妆、美食、母婴、家居、服饰穿搭、宠物、减肥健身七大行业核心进行解析，为品牌洞察小红书不同群体画像和消费趋势提供数据支持和营销方向。

小红书月活跃用户2亿人，“90后”用户占72%，一、二线城市用户占50%。

① 新锐白领。

特点：经济独立，热爱工作，积极活泼，充满个性。

② 都市潮人。

特点：时尚，注重自身形象，具有独立精神，有自己的观点。

③ 单身贵族。

特点：经济独立，追求品质，轻量消费。

④ 精致妈妈。

特点：重视生活品质，注重形象，高端消费，注重护肤保养。

⑤ 快乐一族。

特点：快乐至上，兴趣消费，追求体验。

总的说来，2022年小红书用户年轻化、消费能力强依旧是其主要特征。

（2）选择策略

根据小红书用户画像，具有爱尝鲜、爱生活、爱分享特征的时尚主播更受小红书用户青睐。精致、有度、有品、亲和力强并善于种草的主播人设更适合小红书用户。

总体看，直播是要直面用户的，不同平台的用户画像不同，主播通过对平台用户进行了解，更方便理解平台定位，为选择直播平台提供参考。

三、根据平台运营模式选择直播平台

当下，直播平台有很多，让人眼花缭乱，对于那些准备投身于直播事业的新人主播在如何选择直播平台上更是犯了难，如何根据直播平台的运营模式进行选择呢？

（一）秀场类平台

1. 运营模式

主播通过才艺表演，观众进行打赏，平台主播公会三方共享分成，这种商业模式就叫作秀场直播。秀场主播跟电商主播不一样，不带货，不销售，纯粹靠打赏礼物获得收益。秀场类直播平台主要分为移动端和PC端的平台，目前移动端比PC端的秀场类平台发展得更好一些。这类型的平台主要以主播聊天和唱歌为主，内容形式相对单一。

移动端在这类型的平台中发展得不错，其中有YY、映客、花椒等。移动端直播平台有个特有的直播功能叫“附近的人”，这个功能对于新人主播来说很重要，排不到前面展示位的新人主播靠着这个功能也可以吸引很多粉丝。

2. 选择策略

秀场类平台中主播就是内容本身，直播的工具属性最强。而且平台很难留住用户，只有高消费的头部用户有较强的黏性，用户规模有限，这就使得秀场主播的竞争更为激烈。一般对于秀场主播的颜值、才艺和情商要求很高，对于新手主播来说选择秀场类平台会有很大压力。受自身业态影响，秀场类平台近年的发展出现乏力现象，但现代社会人们竞争压力大，欣赏秀场主播的才艺，通过与主播互动缓解压力也成为部分用户的心灵寄托，秀场类平台有挑战，也有机遇。

（二）综合类平台

目前，在网络直播行业所指的综合类平台一般是有游戏、娱乐、户外等集中一体的平台，目前这类型的平台在网络直播行业比较有优势，这得益于它的粉丝群体比较大。影响较大的有虎牙等平台。

1. 运营模式

虎牙直播的运营模式如下

（1）优质内容战略

虎牙直播非常强调内容运营策略，而优质的内容是虎牙直播吸引用户的突出优势。启动全明星主播战略，签约了明星主播，比如：EDG战队（电子竞技俱乐部）、ROX战队（电子竞技战队）等。

（2）优质赛事经营

随着电竞赛事的发展，虎牙直播除了引入国内外赛事的直播版权，还筹办自家直播平台赛事——YSL联赛，如今已经打造了YSL英雄联盟和YSL王者荣耀联赛，超过1 000万人观看了YSL联赛，目前已经成为虎牙直播的优质赛事独家IP。

（3）泛娱乐直播

邀约明星来做主播，打造首档全民互动明星直播，以明星效应来吸引粉丝。同时，虎牙直播还通过PGC自制综艺节目，邀约人气主播做嘉宾，制作了《谁是卧底》和《我是真凶》综艺节目，提升平台的传播影响力。

（4）公会入驻模式

虎牙直播引用公会（直播平台中的小型经纪公司）模式，以频道长短号、频道等级、频道分成等特权来吸引公会入驻，让主播的运营管理变“轻”。这些公会会自发在QQ群、贴吧、微博、朋友圈等不断招募主播，有效提高了运营人员的管理效率，避免由于主播过多而没法统一管理的工作压力。

2. 选择策略

从以上平台的运行模式可以看出，综合类平台最大的优点就是目标观众比较多，看游戏的可以来，看娱乐的可以来，看户外、看美食的等都可以来。但在这样的平台当好主播并不容易，平台明星主播较多，相对要求较高，且粉丝主要集中在平台一线主播的直播间，新人主播或者在才艺方面没有优势的主播很难做出成绩。

（三）短视频平台

1. 运营模式

短视频运营属于新媒体运营或者互联网运营体系下的分支，即利用抖音、微视、火山、快手等短视频平台进行产品宣传、推广、企业营销的一系列活动。通过策划品牌相关的优质、高度传播性的视频内容，向客户广泛或者精准推送消息，提高知名度，从而充分利用粉丝经济，达到相应营销目的。自媒体时代，随着用户使用习惯的变化，视频消费已经成为新一代的消费方式，为了迎合这种消费方式，电商抓住机遇积极与视频平台展开合作，短视频以时间短、门槛低、信息承载量大以及更加直观能够刺激消费欲望的优势成为电商的合作对象。

短视频平台主要包括以下运营模式：

（1）渠道运营

短视频渠道运营，主要是指和国内外主流的视频平台和视频内容分发渠道的运营合作。对内需要通过渠道的反馈来收集数据，反哺到内容产品的迭代和用户运营上的一种方式。在短视频的渠道运营上，每个内容渠道的用户调性和内容定位都有区别，如果是垂直细分领域的内容，要详细研究每个渠道平台对于内容的需求和用户的喜好，才有可能做好运营。对于重点渠道，都需要精细化运营，专人一对一拜访和维护，也是很重要的。对内，每个渠道都会有来自用户的信息反馈，则需要针对不同渠道去策划和制订不同的运营策略和内容产品策略。渠道运营是跟着渠道以及渠道上的用户喜好进行的，并不是一成不变的。

（2）内容运营

内容运营可以理解为内容策划和制作。考虑到运营的目的，内容的策划生产，都需要为增长服务，因此，内容的生产环节要紧密和渠道运营、用户运营贴合，结合大数据的收集和整理，形成一个更加全面、更加精细的过程。

（3）用户运营

短视频内容的制作和传播目的，就是为了获取用户的关注，抓住用户的注意力，从而使用户愿意驻足在平台或直播产品上。所以，用户运营可以简单理解为和用户产生深度交互，最终的目的就是提升用户活跃度、用户黏性，让用户可以长期持久地对内容产品产生关注和兴趣。用户运营最基础的部分就是评论区、弹幕区的管理，回答用户的直接留言问题，为用户提供更多一对一的、具有个性化的服务。

（4）社群运营

要想做好社群运营要考虑以下四个方面：

① 社群定位。

社群定位需要考虑用户人群画像并明确社群目标，提前规划好相关的商业模式。此外社群定位需要精准，找准用户画像和用户需求的社群才具有足够大的价值。

② 社群的核心价值。

社群的核心价值是情感的连接。引导用户参与到社群的运营中，用户之间相互交流互动，产生参与感，使用户之间产生情感连接。在社群中多聊一些社群用户关注的话题；也可以设置一个共同且可执行的目标，便于提高社群内凝聚力；定期举办线下见面活动，分享有价值的信息，以此拉近彼此的关系，增加用户的黏性等都是增强社群核心价值的好方法。

③ 社群引流。

社群引流可以从以下几个方面入手：

a. 定期上传优质视频。如在B站、抖音、快手等视频平台，选择与自己社群相关的类别，定期定量上传视频，增强关注度，提高用户黏性。

b. 关注热点问题或好的视频并在评论区积极评论，吸引用户来私信或者关注。

c. 社群纳新。通过直播或线下活动向目标用户清晰传达社群的核心价值以及用户可以获得的利益，引导其成为粉丝团成员，扩大粉丝队伍。

④ 社群的阶段性运营。

促进社群文化形成，增强社群用户“黏性”，社群就会更加稳定，才能长期运营。为了延长社群生命周期，不仅需要加强人员更替、定期审核社群成员、筛选精准用户，还需要与时俱进改进运营手段。做好社群的阶段性运营，才能建立社群的归属感和社群建设的参与感。

2. 选择策略

自媒体时代人人都可以做主播，短视频平台的门槛较低，为新手主播提供了机会。当然不同的短视频平台风格也不一样。比如：B站就强调主播要从喜欢的领域开展工作，加强内容建设。新手主播不建议全职，但可以进行跨领域平台合作，同时积累文案、创意和编剧等相关领域的经验。对新手主播的要求较高。

抖音开启的是“所有的用户都是好朋友”的模式。新手主播可以选择自己喜欢的、擅长的或有资源的垂直领域开始积累；然后持续输出展示自己垂直领域的视频。在输出视频的同时，分享这个领域的启发与感受，进而开始盈利模式探索、确认和逐步调整。但抖音的明星主播与自媒体主播很多，竞争非常激烈，对主播的能力和勤奋度的要求较高。

快手的平台特色：多元化，依托算法打通推荐和关注的协同关系，更新速度非常快，好物、生活、欢乐的平台。平台用户覆盖面广、数量多、消费潜力大。快手红人不同于其他短视频平台那样光鲜亮丽，他们是生活中的普通人，他们做的内容生活气息浓厚，亲和力更强，就像用户身边的乐于分享的热心好友。更接地气的内容特质，拉近了用户和这些红人的距离，观众通过互动，得到了认同感和归属感，进而逐步建立起信任感。在信任感的基础上，用户很容易做出消费决策，既满足了自己的购物需求，也可以支持喜欢的红人。去中心化也是快手的一个显著特点，头部红人非常少，大量用户集中在腰部，竞争压力较小；创作有趣、有创意、有共鸣的内容更容易得到用户喜爱，视频的创作难度也相对较小，这些对新人主播是非常有利的。

（四）购物类平台

1. 运营模式

购物类平台与娱乐方面的直播平台不同，电商属性更强，用户看直播的出发点以购物为主。目前国内购物平台有：淘宝、京东、苏宁易购、唯品会、拼多多、网易严选、微信直播等，还有很多电商平台已经上线直播购物平台或者正在研发上线。

（1）淘宝直播的运营模式

与其他平台对比，淘宝的购物属性更高，用户的购买欲望更强。平台自身拥有大量商品，而这些商品实际上就是丰富的直播内容资源，因此淘宝在直播带货方面具备较强的专业性。比起图文和短视频，淘宝直播的优势在于互动性强，将促销玩法、产品多元化以及高性价比在直播间打包呈现。源于强大的电商属性，淘宝直播的专业化体现在以下三点：

① 货品的专业化。淘宝直播成长于电商平台，背后是淘宝积累多年的货品能力和商家资源。

② 主播的专业化。店铺商家、总裁、导购等专业角色转型做主播，提高了直播间的内容标准。

③ 场域专业化。淘宝直播场域（是由不同社会客观关系构成的网络所建立的社会实践空间）为消费者提供了购物心智。淘宝直播核心用户有极高的商业价值，消费能力极强，核心用户更是将淘宝直播作为了主要的消费渠道之一，并对淘宝直播有较强的依赖性，每年的购物狂欢节的销量节节攀升。

（2）京东直播的运营模式

京东直播最为显著的一个特点是，它不以带货为目的，做直播而不带货，制造狂欢但靠的却不是促销，在当下千军万马杀入电商直播带货赛道的时段里，京东直播的操作路径独树一帜并呈现出以下优势：

① 理念新颖。

京东的直播+营销的方式让人耳目一新。京东认为直播是特别好的营销工具，但它不是生意，营销是生意的助手，而不是用来替代生意的。这个思路下，京东更注重让直播间实现从带货场到营销场的升级。比如：在以蜀锦为主题的京东直播间中，主播向观众讲解关于刺绣的由来、背后的故事以及蜀绣的针法，将近2个小时的直播中，属于带货的时间不足5分钟，消费者充分了解这些文化积淀之后，再做出一个购物决策，退货率比其他平台带节奏引发冲动购物低得多。

② 起步规格高。

京东直播的主播和品牌，都是经过精挑细选的。主播除了具备良好的外形条件外，大多是专业买手、时尚达人、行业专家，对所推荐的商品都能从功能特性上给用户专业解答。参与直播的品牌也都是各自门类的一线品牌，它们对内容的要求也很高。京东直播的品牌展示功能，远大于带货功能。

（3）微信直播的运营模式

2020年，微信开创视频号，是腾讯在微视后对短视频的再次发力，视频号相当于在微信中内置了一个“短视频平台”。对于电商直播来说，微信直播的加入也将开启“社交+电商+直播”的新模式。根据微信用户画像，三、四线城市用户占比逐渐高于一、二线城市用户。

微信本来就是中国最大的社交平台，所以微信直播天然就带有了强烈的社交属性。通过社交裂变的方式，微信直播可以通过分享一键进入直播间，无须下载App，无须通过短视频吸粉。通过主播自带的分享分销机制，将公域流量+私域流量分享裂变，构成微信直播的粉丝来源。购买是基于朋友圈，或者朋友的朋友圈，所以粉丝黏性非常强。黏性强意味着信任度高，转化率自然高。有播微信直播可以回放，回放意味着复购率高，粉丝可以通过观看回放下单购买。在有播直播完，还会有很多粉丝通过回放下单购买。产品的销量是由流量、转化率和复购率三者共同决定的，这就是微信直播的优势。

2. 选择策略

根据购物平台的运营模式和发展趋势来看，购物平台的主播仅有颜值和才艺是不够的，主播既要有很好的沟通力和感染力，又要懂得营销策略和营销知识，同时还要全面了解产品的供应链等情况。新手主播如果没有自己的店铺，就需要在了解产品上下功夫，同时也可以考虑在其他类平台积累经验。

（五）游戏类平台

1. 运营模式

游戏行业一直是巨头们青睐的对象，特别是电竞在全球的发展带来大量的资本涌入。国内现在的游戏类直播用户主要集中在虎牙直播等平台。因为直播内容的单一性和粉丝年龄段的问题，选择这类型的平台主要考虑平台粉丝总数量。游戏类型的主播打赏礼物收入相对于娱乐主播收入要低很多，游戏主播主要靠超高的人气，通过一定的人气转换获得高收益。所以，平台的观众数对于游戏主播很重要。

2. 选择策略

根据游戏类平台运营模式，可以看出该类平台主要是直播游戏电竞的平台，这类型的平台有着一定的专业门槛，以爱好游戏和在游戏方面有一定天赋的主播为主。

四、根据产品定位选择直播平台

产品定位也是直播平台选择的参考标准，因为产品定位与平台定位的匹配度往往决定了直播的质量和转化率。

（一）购物类平台产品定位

1. 产品发展背景

① 高质量的电子数码产品是京东起家的主打产品，在赢得市场口碑后，京东平台的产品品类日益齐全，质量过硬，获得了广大用户的青睐。

② 淘宝的产品丰富，品类齐全，是淘宝和大量卖家合作的结果。

③ 拼多多的产品价格低，是拼多多独特的拼购形式形成的，但产品质量有待提高。

2. 产品发展战略

① 京东：高质量高效率，注重用户产品体验。

京东以去除中间商直接面对客户的方式，完成了对客户售前售中售后的全面负责，极大地提高了产品的用户体验并建立了良好的产品口碑。近些年来京东也在发展自营品牌，如“京造”，体现了京东对质量的追求，京东以产品质量取胜。

② 淘宝：流量大，商品种类繁多。

淘宝主要靠的是繁多的商品来吸引顾客，让顾客有货比三家的体验，个性化的服务。大流量的淘宝会吸引大量的商家入驻，商品也会越来越多，从而促进顾客的增长，如此形成良性循环，淘宝以量取胜。

③ 拼多多：流量，性价比，销量。

拼多多通过拼团的形式，获得了巨大的流量，同时通过高产品性价比、低廉的价格留住了大量的顾客。拼多多以价格取胜。

（二）短视频类平台定位

1. 产品发展背景

① 抖音产品从内容消费者角度思考，产品被赋予了酷、潮、年轻的标签，满足用户看到美好事物的需求。

② 快手的产品标签是“普惠，简单，不打扰”。产品性价比较高，同时，还原产品本来面貌，满足用户消费需要。

2. 产品发展战略

① 抖音在产品的盈利模式上改变简单的广告呈现方式，在保证广告内容质量的基础上结合产品的特征与抖音的优势，形成健康可持续的传播理念；在产品创意上与商家合作开发具有故事性、观赏性、引导性的内容。

② 快手产品已占据底层市场，未来快手的产品将融入更多新科技，并逐步向高端产品升级。

综上，产品的定位与平台定位匹配，可以更精准地对接目标用户，发挥直播的最大功效。因此，产品定位必然是选择平台的参考因素之一。

总之，主播在选择直播平台时需要结合自身类型、平台特点、用户画像、产品定位等各方面因素进行综合考虑，可以选择一个或多个平台发展。做好平台的选择也是职业生涯规划的重要环节。

根据公司要求，对备选平台淘宝、抖音、快手、拼多多进行分析，为最终选定东北大米直播带货平台撰写选择分析报告（分析报告至少包括研究目的、基本内容和结论三部分内容）。

关于 A 公司选定东北大米直播带货平台的分析报告

为了东北大米网络直播带货活动顺利开展，达成提升产品销量和品牌知名度的目标，最终选定直播平台。我团队开展相关分析工作，现将主要情况报告如下：

一、分析报告的研究目的

科学地描述分析选择直播平台的过程，通过精准分析形成科学的结论，为我公司选定直播平台提供决策依据。

二、分析报告的基本内容

（一）确定分析指标

为进一步贴近直播实际，靶向行为目标平台，团队将主播人设、用户画像、流量扶持、产品定位确定为主要分析指标。

（二）分析过程

1. 主播人设分析

东北大米的农产品属性决定了主播人设呈现以下两个方面：

（1）专业性

农产品主播要满足用户对产品绿色无污染和美味可口的核心诉求。因此主播不需要强调娱乐属性而是通过专业的讲解和现场操作回应用户核心诉求，引导用户下单。

（2）乡土性

主播在形象设计和语言风格上更贴近生活且带有一定“乡土气息”，与产品有一定关联性的人设更容易获得用户信任。

根据《中国农村电子商务发展报告（2021—2022）》和相关平台“三农”数据报告，淘宝、抖音、快手、拼多多在农产品主播人设方面没有显著差异，同质化较高。

2. 用户画像分析

总结备选平台的众多农产品类账号及直播数据可以发现，目前农产品直播用户中，男性多于女性，年龄以25～40岁为主，各线城市均有分布，三、四线以下城市用户占比较大。与抖音相比，淘宝、快手、拼多多下沉市场更为扎实。

3. 流量扶持力度分析

近年来，备选的电商平台都很重视农产品领域的发展。如抖音的“新农人计划”，快手的“快手三农金榜”等，都加大了对“新农人”主播的流量扶持力度。

4. 产品定位分析

淘宝品类齐全，以量取胜。拼多多是后起之秀，以低价格取胜。抖音先占据一、二线市场，再做下沉市场。快手则从下沉市场做起，逐渐向高端市场发展。在农产品方面，抖音和快手差别并不明显。

（三）分析报告的结论

综上分析，形成以下结论：

① 备选平台各类分析指标差别不明显。为了提高收益、扩大知名度建议采用多平台进行直播带货活动。

② 为树立东北大米优质品牌，确保合理价格，在公司资源有限的情况下，建议选定淘宝、抖音、快手为直播带货平台。

特此报告。

部门：东北大米直播带货策划团队

××××年××月××日

项目总结

本项目根据公司开展直播需要，提前对直播平台进行分析选择，形成分析报告，供公司决策。围绕直播平台的分析和选择，由浅入深开展任务实施，使学生了解直播生态布局、直播平台矩阵排列状况及发展趋势，并在此基础上通过对平台用户黏性、用户留存率，月活跃用户等各项指标对平台进行全面分析，继而结合主播情况、直播内容和直播产品定位等因素选择适合的直播平台，提升学生的分析问题解决问题的能力，为将来从事相关工作打下坚实基础。

项目实训

请为“黑龙江省青冈县亚麻制品”做带货分析，为其选择合适的直播平台并开展直播销售活动。

一、实训目的

通过项目实训锻炼学生数据分析和项目策划的能力，培养精益求精的工匠精神和团结合作的职业素养。

二、实训准备

相关数据分析工具、青冈县亚麻制品成品、直播相关设备等。

三、实训要求及考核评价

分析选择平台任务艰巨，需要工匠精神和团队精神，一丝不苟、精益求精，力求精准分析数据，审慎做出选择，方可达成工作目标。因此要求：

（1）由6～8名分析问题解决问题能力较强的人组成一个工作小组。

（2）以小组成员推荐的方式，选择小组组长，由组长带领组员实施任务。

（3）做好调研，详细了解黑龙江省青冈县的经济产业情况及当地特色的亚麻制品的特点，在全面分析的基础上选择合适的直播平台开展直播工作。

（4）以小组合作的形式完成任务实施。

（5）组长负责完成填写任务评价单（见表1-1），教师根据任务完成情况给出评价。

表 1-1　任务评价单

<table>
<tr><td>检查目的</td><td colspan="5">评价小组的任务完成情况</td></tr>
<tr><td>评价方式</td><td colspan="5">小组自评（满分 40 分）、小组互评（满分 30）、教师评价（满分 30 分）共三部分。</td></tr>
<tr><td>序　号</td><td>评价项目</td><td>评价标准</td><td>小组自评</td><td>小组互评</td><td>教师评价</td></tr>
<tr><td>1</td><td>分工情况</td><td>安排合理、全面，分工明确</td><td></td><td></td><td></td></tr>
<tr><td>2</td><td>学习态度</td><td>小组工作积极主动、全员参与</td><td></td><td></td><td></td></tr>
<tr><td>3</td><td>纪律出勤</td><td>按时完成任务内容、遵守考勤与工作纪律</td><td></td><td></td><td></td></tr>
<tr><td>4</td><td>团队合作</td><td>相互协作、互相帮助，听从指挥</td><td></td><td></td><td></td></tr>
<tr><td>5</td><td>创新意识</td><td>看问题具有独到见解，有创新思维</td><td></td><td></td><td></td></tr>
<tr><td>6</td><td>完成质量</td><td>任务单记录完整，按照计划完成任务</td><td></td><td></td><td></td></tr>
<tr><td rowspan="2">检查评价</td><td>班　级</td><td></td><td colspan="3">第　组</td></tr>
<tr><td colspan="5">评语：

检查人员签名：</td></tr>
</table>

（6）在任务完成后，每位组员从职业素养、专业知识、专业技能、工作方法等方面完成该项目的总结，填写任务总结单（见表1-2）。

表 1-2　任务总结单

<table>
<tr><td>项　目　1</td><td colspan="4">直播平台分析与选择</td></tr>
<tr><td>班　级</td><td></td><td>第　组</td><td>成员姓名</td><td></td></tr>
<tr><td>职业素养</td><td colspan="4">通过对任务的完成，你认为自己在社会主义核心价值观、职业素养、学习和工作态度等方面有哪些需要提高的部分？</td></tr>
<tr><td>专业知识</td><td colspan="4">通过对任务的完成，你掌握了哪些知识点？请画出思维导图。</td></tr>
<tr><td>专业技能</td><td colspan="4">在完成任务的过程中，你主要掌握了哪些技能？</td></tr>
<tr><td>工作方法</td><td colspan="4">在完成任务的过程中，你主要掌握了哪些分析和解决问题的方法？</td></tr>
</table>

项目 2
网络直播间搭建

项目导入

“ABC”直播电商基地是以“直播+短视频带货”为主导的直播电商基地。基地最近决定打造一批新的直播间以宣传美妆类产品。责成你选取适合的灯光设备、计算机直播设备和直播辅助道具，做好直播间搭建的设备选择工作；根据直播间装饰原则确立直播场地、装饰风格、色彩风格、空间风格等，做好直播间搭建风格策划工作；策划、设计并高效搭建出具有特色的实景与虚拟场景直播间的搭建工作。

学习目标

知识目标：

（1）能说出直播间内所需要软、硬件的基本情况。

（2）能列举不同类型直播间的搭建风格。

（3）能总结直播间搭建的基本技巧和规范化流程。

能力目标：

（1）能根据主播人设形象，规划直播场域的环境与灯光布置。

（2）能根据直播内容，规划直播场域的道具布置。

（3）能根据直播业务需求，设计直播间实景与虚拟场景。

素质目标：

（1）具备丰富的想象力与审美能力。

（2）具有独立探索精神。

（3）具有自主创新意识。

项目实施

任务 1　直播间搭建的设备选择

任务解析

根据直播间搭建的基本知识，并结合直播间灯光、设备的用途与特点，选择适合美妆类直播的搭建设备。

知识链接

很多新手主播往往对直播间的形式不在意，这与以往人们的固有观念有关，认为“万物皆可播”“随处皆可播”“直播的门槛很低，不经过专业训练与实操，有手机连上网就可以直播”。其实，虽然5G大面积应用，软硬件质量提升，主播在直播中会有很大的便利，但对于主播而言，要重视基础业务能力提升与基本硬件的使用技巧，利用好直播间这个最基础的平台，才能促使主播的直播能力和效果得到迅速的飞跃。

一、直播间搭建的基本知识

（一）场地

直播场地怎么布置对于直播场地的选择与规划具有重要意义，直播团队需要优先选择用户购买与使用商品频率较高的场所，以拉近与用户之间的距离。一个优秀的直播间的标准是：饱满而不拥挤。既能让用户感受直播间的丰富和视觉上的舒适，又不至于太过拥挤。直播场地的大小要根据直播的内容进行调整，控制在5～20 m^2。比如美妆直播，可以采用5 m^2的小场地；穿搭、服装类的直播，要选择15 m^2以上的场地。另外，要提前测试场地的隔音和回音情况，如果隔音不好或者回音太重，都会影响直播的正常进行。

扫一扫

直播间搭建的基本要素

如果实在找不到合适的地方作为直播间，可以考虑直播基地。随着直播电商的发展与火爆，现在很多地方都有专门的直播基地，因此可以选择租赁直播基地，进行简单的装修即可。直播基地，就是将所有货集中到一个地方，主播到这个地方来进行直播，在这种情况下，主播的利用率较高。以淘宝直播基地为例，淘宝直播基地的核心价值通过和政府、行业协会以及知名企业的联动，形成政府专项政策、主播赋能、商家培训、活动落地、提供就业等直播生态闭环，帮助商家实现电商方向转型，扩充产业带电商渠道，助力当地经济发展，创造就业岗位。因此，如果在初创期，对于设备搭建吃力的情况下，直播基地也是一个不错的选择。

直播场地可以分为室内和室外两个场景。

1. 室内直播场地基本要求

① 隔音效果良好，能够有效避免杂音的干扰。

② 有较好的吸音效果，能够避免在直播中产生回音。

③ 室内光线效果好，能够有效提升主播和商品的美观度，降低商品的色差，提高直播画面的视觉效果。

④ 室内空间充足，面积一般为10～40 m^2，如果需要展示一些体积较大的商品，如钢琴、冰箱、电视机等，要注意空间的深度，确保能够完整地展示商品。直播画面要美观。为了避免直播画面过于凌乱，在直播时不能让所有的商品同时入镜。因此，在直播商品较多的情况下，直播间要留出足够的空间放置其他待播商品。此外，有些直播间会配置桌椅、黑板、花卉等道具，也要考虑为这些道具预留空间。有些直播中除了主播外还会有副播、助理等人员，也要考虑为这些人员预留出工作空间。

⑤ 如果需要使用顶光灯，则要考虑室内的高度，层高一般控制在2.3～2.5 m，要保证能够给顶光灯留下足够的空间，避免因顶光灯位置过低而导致顶光灯入镜，影响画面的美观度。

2. 室外直播场地基本要求

室外场地比较适合直播体型较大或规模较大的商品，或需要展示货源采购现场的商品，例如，现场采摘农产品、码头现场挑选海鲜或多人共同直播等。选择室外场地作为直播间时，需要考虑以下因素：

① 室外的天气状况。一方面要做好应对下雨、刮风等天气的防范措施，另一方面要设计室内备用方案，避免在直播中遭遇极端天气而导致直播延期。另外，如果选择在傍晚或夜间直播，还需要配置补光灯。

② 室外场地不宜过大。因为在直播过程中主播不仅要介绍各类商品，还要回应用户提出的一些问题，如果场地过大，主播容易把时间浪费在行走上。

③ 保证室外场地美观。对于室外婚纱照拍摄之类对画面美观度要求较高的室外直播来说，一定要保证室外场地的美观，且场地中不能出现杂乱的人流、车流等。

（二）背景

确认场地后，要对直播间进行适当的面积划分和设计，考虑每个部分需要放什么东西，衡量在镜头里呈现的效果。直播间的背景应和直播封面的背景类似，不要过于花哨，整体建议用浅色系，比如浅灰色、灰色等冷淡色系。可以用墙纸和布或一些实物代替（比如窗帘），但不建议直接用白色的墙作为背景，因为白色在灯光的作用下会反光，展示产品时，容易给用户造成镜头模糊、看不清楚的困扰。

1. 背景布的选择

直播间背景布可以选择广告耗材背景，现在网上有很多背景都是以虚拟场景出现的，比如3D立体书柜，即使家里本来没有，但是背景印上书柜，挂上去看起来就很真实。在直播时可以在背景上展示活动内容、直播间的品牌Logo等。

除了广告背景，还可以选择纯色背景布，纯色材质的一般会选择涤棉混纺，比如一些婚纱摄影店拍照的背景布，以达到不透光、不反光的效果，适合拍照抠图。如果希望让整个直播画面更纯净，主播和产品更突出，考虑到吸光问题，纯色背景布就可以选择植绒背景布，缺点是容易沾尘灰，需要时常用可撕粘尘纸进行打理。

以上都属于背景布的材质选择，当然也可以直接用直播间的墙体作为背景墙，前提是直播间背景墙最好以简洁、大方、明亮浅色或纯色为主。尽量不要用白色背景，容易反光，可以使用虚拟背景图增加直播间的纵深感。

2. 装饰点缀

如果直播空间很大，为了避免直播间显得过于空旷，可以适当地放一些室内小盆栽或小玩偶，但要注意布置不需要过于复杂、奢华，干净整洁即可；在墙上可以挂一幅素净而文雅的水彩画或风景画，以增添艺术气息；如果希望自己的直播间看起来更有活力，可以在直播背景中放置一些如仙人球等绿植来提升直播间的氛围，这样不仅清新空气，也可以保护视力；另外，不要忽视在一些重大节日（如开学季、旅游季等）时直播间中的点缀，适当地布置一些跟节日气息相关的饰物，并配上节日的妆容和服装，这样可以吸引观众的目光，提升直播间人气。多在细节上下功夫往往会起到事半功倍的效果。

3. 陈列货架

直播间背景除了背景布、装饰点缀之外，还需要布置一些陈列产品。具体直播间陈列的选择，需要依据直播的类型来判断，比如品牌型直播与导购型直播就不相同。其中服饰类的直播间背景可以摆放陈列模特，但最好不要超过两个，因为直播间本来空间就不大，陈列模特太多容易喧宾夺主，而且占据主播展示活动空间。不同于使用陈列模特的服装类直播，美妆类直播间的陈列货架背景最好选择展示柜以体现出层次感，也可以方便放置及方便推荐直播产品。同时，还能增加直播间的专业度，让用户产生更多信任感。

4. 地面布置

直播间地面的设置对于主播团队来说比较容易被忽略，但是它的作用却非常大。在美妆、服饰、美食、珠宝等展示时，直播间地面可以选择浅色系地毯、木地板，也可以选择一些北欧风、绒布地毯来增加直播间的高级感，提升格调。

（三）产品陈列架

确定直播间的背景后，就要开始考虑产品陈列架，产品陈列架就是放置直播间产品的一个货架。选择陈列架一般有两个标准：一是能更好地展示产品；二是可以让直播间看起来整洁有序。产品陈列架虽然不是必需品，但是在直播间空间够用的情况下，可以将陈列当期直播产品的陈列架放置在镜头之内。如果产品陈列架放置在镜头之外，当需要展示产品时，主播要离开镜头去拿，就会在一定程度上影响观感。产品陈列架的样式也并非一成不变，需要根据直播内容和特点设置。一般服装类直播间都会有一个衣架，上面挂满了衣服，而美妆直播间则是一个缩小版的化妆柜，鞋类直播最好准备一排鞋架。

（四）产品介绍板

产品介绍板在主播介绍产品的同时，对产品进行动态播放，对主播的直播内容起到了补充说明的作用。追究到用户的心理层面，主播介绍是基于产品本身，但电子产品介绍板、广告或者宣传片打造的场景，能帮助唤醒用户线下消费的记忆，促成成交。在观众观看直播时，经常看到主播的身后有一块小黑板，上面写满了字，这是简易的产品介绍板，缺点是不能随着产品的更换进行内容的切换展示。电子板则可以跟着主播的节奏随时切换，且是动态播放。在搭建时，可以专门设置电子板，也可以用家用投影仪代替，只需提前调试好即可。

（五）主播走位设置

主播走位设置就是直播过程中，主播在直播间活动的区域和路线。在直播过程中，除了可以在主播的背后增加物品的摆放（沙发、衣架、模特），将整个直播画面切割成前中后三个部分来增加直播间的长度外，还可以通过主播的走位，让直播间在视觉上变得更大，从而更好地展示产品的效果。在直播中，主播可以通过站在对角线上来使画面得到很好的纵深效果与立体效果，因为画面中的线条可以吸引观众的视线，让画面看起来更加动感有活力，达到突出主体的效果。

如果直播场地较大，就不必利用对角线和纵深的方式增加空间感，而是在直播间搭建过程中，提前预留并设计好主播的走位，调试好能最大程度展示产品效果的角度。一般服装类目和运动类目的直播间比较适用于这种设置。比如：在某服装直播间，主播在直播时试穿一款羽绒服，则需要让用户分别看到试穿正面、侧面、背面的效果，需要在直播间里来回走动、展示，但是直播时的镜头是固定的，一不小心主播就容易走出镜头，因此，要提前设计主播走位，时刻考虑主播的站位是否能展现衣服的优点，这样主播只要在划定的区域和路线上，画面便不会出错。路线设置用一句话来总结就是：两点一线一区域。两个点分别是主播近镜头展示细节的位置以及能走到的最远距离进行定格姿势的位置；一线是划定路线；区域则是指主播活动的区域，直播时提醒主播不能超过该区域。

以上直播间整体搭建内容在实际操作中可以根据产品特性灵活设定，同时还要根据直播间具体情况进行优化。

二、灯光与设备的选择

（一）灯光基础知识

电子照明可以算作人类最伟大的发明，人造光源改变了人类的生存环境，增加了夜晚的色彩，灯光也给直播间带来了流光溢彩的丰富感受，成为主播创造美好形象的最佳助力。在直播间搭建过程中，为了让直播间里的画面更加真实美观地展现在镜头前，需要利用灯光对画面效果进行优化。灯光可以制造气氛、营造风格。在直播时，由于视频主播的座位和收光的角度、位置不同，呈现出来的画面效果也会不同。合适的色温、光源、灯光、角度、位置、照度等，对于直播间的环境设置、人物形象提升都有重要作用。

1. 色温

色温是照明光学中，用于定义光源颜色的一个物理量，一般处于2 800 K到8 400 K的范围。不同色温的光源照在物体上，会产生一些视觉上的差别。因此在购买灯光设备的时候，提前和商家确定想要的色温即可，一般来说，色温越低，色调越暖（偏红）；色温越高，色调越冷（偏蓝）。

因为光源色温不同，带来的感觉也不相同。通常高色温光源照射下，如果亮度不高就会给人一种阴冷的感觉；相反在低色温光源照射下，亮度过高则会给人们一种闷热的感觉。暖光会给人一种温暖舒适的感觉，而冷光给人一种没有感情、清冷的感觉。色温较低，光源颜色就会偏红，叫作暖色光。暖色光看上去温馨、舒适，但在这种氛围里待久了容易产生困意。因此，如果是以人为主的直播间，尽量不要用太暖的颜色。色温较高，颜色就会偏蓝，叫作冷色光。在冷色光下的物体比较亮，细节明显。在冷色光下，皮肤状态看上去很好，但是脸上的痘和斑会很明显。

在低色温和高色温的选择中，两者的中间值5 600 K是最接近自然光的，也是最能体现一个物体真实样子的色温。如果没有特别的要求，即可选用这个数值。如有特殊要求，可根据直播间内容来调整。比如想让直播间看起来唯美一些，可以选择偏暖一些的灯光，色温4 000 K左右即可。一般来说，小清新风格的服饰多用正白光，其他风格的服饰多用暖白光；美妆类产品多用暖白光和正白光，目的是凸显上妆后皮肤的质感；食品多用3 000 K ～4 000 K的暖光，目的是凸显食物的色泽，激发用户的食欲；珠宝多用4 000 K ～5 700 K的光，目的是更好地展现珠宝的通透感与质感。

2. 光源

（1）点光源

点光源是抽象化了的物理概念，指的是从一个点向周围空间均匀发光的光源，比如头顶的灯。点光源有一个最明显的特点就是会形成高光比，人站在一个点光源下，高光和阴影对比明显，五官更加立体，但阴影过大对容貌的细致呈现有较大干扰，显示的皮肤状态也不好。另外点光源会更好地突出衣服的质感。因此鞋类、服装类的直播间最好用点光源。

点光源可以通过一种新型的节能环保装饰灯照射出来，这种装饰灯采用LED冷光源发光，内置微电脑芯片，可任意编程控制，多个同步变化，单色变化也可以实现同步七彩渐变、跳变、扫描，流水灯全彩变化效果及多个LED点光源组成点阵屏，可变化出各种图画、文字和动画效果，与线性光源及泛光照明相互补充。

（2）面光源

当光源的发光面积大于照射面积时，我们称之为面光源。面光源是指发光的模式，相对点光源及普通灯具光源而言，面光源具有出光柔和、不伤眼、省电、光线自然等特点。面光源适用于天花灯、筒灯、工矿灯、日光灯、球泡灯等各类灯具。因此市面上会有圆形、圆环形、方形、长条形、三角形等多种面光源。直播时使用面光源，画面会显得非常细腻，主播的皮肤也显得更通透，因此如美妆类等以主播人物为重点的直播更适合面光源。

（3）线光源

线光源是建筑照明术语，指一个连续的灯或灯具，其发光带的总长度远大于其到照度计算点之间的距离。物理学上的“线光源”指的是一个能够发出连续的可见光的点状发光源，如果它的光在空间中只向一个方向呈线性传播，那么这个发光点就被称为线光源。当然定义只是理想状态下的，现实中的汽车远光灯、探照灯、激光笔等虽然会向周边散射，但都被当作线光源，因为它们的光在空气中的照射长度与光柱横截面宽度之比足够大，可以被视作“线状”。在直播中一般对线光源的使用相对较少，而更多地使用点光源与面光源。

（4）光源的巧妙应用

① 补光光源的使用。

补光光源要反向照射到正对着主播正面的墙，这样能在一定程度上造成漫反射（一束平行的入射光线射到凹凸不平的反射面上将沿各个方向反射出去，这种反射叫漫反射）的效果。前置的补光灯和辅助灯尽量选择可以调节亮度和色彩的灯，补光光源的功率可以稍大，便于调节光源强度。使用辅助光光源要注意避免光线太暗和太亮。辅助光亮度也不能强于主光，还不能产生光线投影。辅助光也可以借用现场的射灯、壁灯等。

② 主光源与辅助光光源的冷暖色调组合。

当主光源为冷光、辅助光源为暖光时，两组补光为暖光，整体效果为暖光，会让主播看上去更自然，也给观众带来亲切与柔和的舒适感。

③ 柔光灯箱的使用。

柔光灯箱是补光用的，如果直播间内光线不足，可以增加两盏柔光灯箱。柔光灯箱的灯光是白色的，照射在人脸上自然、柔和，而且光线不会溢出，也不会造成镜头曝光。

④ 光源对主播的造型作用。

对于五官不够立体的网络主播来说，可以采用斜上光源方式来强化轮廓。斜上光源就是从网络主播的头顶左右两边45°的斜上方投射的光线，这种光线可以使网络主播受光较小的一侧脸上呈现出三角形光斑，凸显鼻子的立体感，突出网络主播的脸部骨骼结构。如果主播想要瘦脸效果，可以采用顶光源，会使主播的颧骨、嘴角、鼻子等部位阴影拉长，显得脸部瘦长。

每个人的脸型是不一样的，光源的调整也是多种多样的。直播时需要将多种灯效叠加在一起，慢慢调整到最佳角度，找到适合的设置方法，达成最佳效果。

3. 灯光

灯光可以制造气氛和营造风格，所以在直播间设备中，需要包括一套完整的基础灯光设备。能塑造眼神光和具有美颜美肤功能的直播补光灯是必备工具，在了解了灯光的类别，接下来要学习灯光的摆设和照射方向，不同角度和组合会创造出不同的光影效果。接下来我们来共同学习灯光的类别。

（1）自然光和人工光

自然光又称“天然光”，即从普通光源直接发出的天然光是无数偏振光的无规则集合。一般自然光由七种颜色光组成，分别是：红、橙、黄、绿、蓝、靛、紫。直播（尤其是户外直播）实践中充分利用自然光的优点，规避缺点，可以较好表现人、景与物的轮廓，更好地表现画面的明暗和反差。

人工光包括环境照明和专业灯具等。利用人工光可以从容、自由地对景物进行造型处理；可以根据设想用灯光创造各种艺术效果。

（2）硬光和软光

硬光和软光主要指拍摄所用光线的软硬性质，也称为光质。

硬光即强烈的直射光，包括直接照射在人或物体上的闪光灯、照明灯光等人造光，或没有遮挡的太阳光等。直射光造型性好、光感强，一般多用作主光。

软光又称柔光或散射光，是一种漫散射的光，没有明确的方向性，不留明显的阴影，反差较小，明暗过渡柔和，色调层次丰富，经常被用于女性和儿童题材的拍摄中。在直播间里，散光常用于辅助光。在内景拍摄中，常用纱网、柔光纸、反光板来制造柔光效果，也可以采用机械控制，使光线通过扩散变得柔和。

4. 直播间常用灯光与选择

1）常用灯光

（1）主光

主光是映射外貌和形态的主要光线，承担起主要照明的作用，可以使主播脸部受光匀称，是灯光美颜的第一步。直播间的主光最常选择冷光源的LED灯。10 m^2左右的房间，主光的功率一般选择在60～80 W，如果有条件选择灯带效果会更好。主光应放置在主播的正面，与视频摄像头上的镜头光轴形成0°～15°夹角，从这个方向照射的光充足均匀，使主播的脸部柔和，起到磨皮、美白的效果。但是主光的缺点是从正面照射时会没有阴影，使整个画面看上去十分平面，欠缺层次感。

扫一扫

直播间灯光的作用

（2）辅助光

辅助光是辅助主光的灯光，能够起到增加整体立体感，突出侧面轮廓的作用。辅助光应从主播左右侧面呈90°照射，在左前方45°照射的辅助光可以使面部轮廓产生阴影，打造立体质感。从右后方45°照射的辅助光可以使后面一侧的轮廓被打亮，与前侧光产生强烈反差。但要特别注意光线比的调节，避免光线太亮使面部出现过度曝光和部分太暗的情况。

（3）轮廓光

轮廓光又称逆光，从主播的身后位置放置，勾勒出主播轮廓，可以起到突出主体的作用。从背后照射出的光线，不仅可以使主播的轮廓分明，更可以将主播从直播背景中分离出来，突出主体。作为轮廓光，一定要注意光线亮度调节，如果光线过亮会造成主播身后形成光圈，整个画面主体部分过黑，同时摄像头入光会产生耀光的情况。

（4）顶光

顶光是从头顶位置照射的灯光，给背景和地面增加照明，同时顶光是从主播上方照下来的光线，会产生浓重的投影感，有利于轮廓造型的塑造，起到瘦脸的作用。注意：顶光与主播的位置间距不要超过2 m。顶光的优点很多，但缺点是容易在眼睛和鼻子下方形成阴影。

（5）背景光

背景光又称为环境光，主要作为背景照明，使直播间的各点照度都尽可能统一，起到让室内光线均匀的作用。但需要注意的是，背景光的设置要尽可能简单，切忌喧宾夺主。

2）直播间灯光的选择

直播间灯光选择主要遵循三个原则：明亮通透、光线均匀、不刺眼。

（1）灯光数量

根据直播间灯光使用遵循原则，灯的数量不宜太多，一般可以选择2～5个。

（2）光位

光位主要有顺光、逆光、顶光。顺光也称“正面光”，光源与相机方向一致即为顺光，一般在外景的情况下，不会直接使用顺光，不然容易造成照片的过曝、失去细节的过渡而导致照片不好看。但在室内直播时，尽量用顺光，光主要打在主播身上，主要拍摄主播身上，才能达到足够的清晰度。侧光，指光源从被摄体的左侧或右侧射来的光线，这种光线可以让人物更加立体，过渡更加细腻。逆光，也称为背光，光源来自被摄体后方，一般这种光线用来表达浪漫的氛围或者安静的画面，因为逆光会给照片一种模糊、朦胧的氛围，在这种氛围下人们的思维感触可以得到提高。因此在直播中，使用何种光位，需要依据直播内容来判定。

（3）灯具的选择

顶灯尽量选偏柔和的灯，如条形、长方形的灯。当空间较小时，可以使用一个吸顶灯；顶灯总功率为200 W左右；也可以用轨道灯，轨道灯泡选择龙泡灯、球泡灯；尽量不要用射灯，射灯光线太强，因此需要尽量将光打在背景上，而不要对准主播。

3）不同直播间灯光的打造

一个好的直播间，除了适当的装饰和合理的规划外，最重要的就是色彩结合下的布光。为什么有的主播看上去光鲜靓丽，有的主播看上去却黯淡无光。这些都是由于布光造成的，暖光会给人一种温暖舒适的感觉，而冷光会给人一种冷面无情的感觉。

直播间灯光打造需要根据直播场景来布置。服装直播间、食品直播间、美妆直播间、鞋类直播间、农产品直播间等氛围、风格不同，对灯光的打造也有不同需求。

（1）服装类和美妆类直播间

直播间适合使用5 700 K的白光，5 700 K比较接近自然光的色温，便于在镜头前展示衣服、化妆品、护肤品等产品的真实状态。可以减少服装和妆容在镜头前的颜色误差，把衣服、化妆品的颜色更清晰直观地展现给观众。还可以在5 700 K白光的基础上增加较暖的灯条、壁灯和小射灯，这样可以让主播面部看起来更柔和。

（2）美食类和家具类直播间

直播间适合使用3 000 K～4 000 K的暖光，用偏暖色的光可以把美食衬托得更加美味，让人垂涎欲滴；可以让家具、家纺更有人情味儿，显得温馨有爱。

（3）珠宝类直播间

珠宝类的直播间灯光需要根据珠宝的光泽来判定，详见表2-1。

表 2-1 珠宝类的直播间灯光需求对应表

翡翠黄光 2 700 K	高端带绿翡翠、鸡血玉、南红、战国红、血珀
翡翠黄光 3 000 K	中高端带绿翡翠、寿山石、黄龙玉、金田黄、黄金、琥珀
珠宝中性光 3 500 K	中档翡翠、彩宝、碧玺、红木、紫砂壶、书画、彩陶、矿晶祖母绿、红宝石、欧珀、蜜蜡、玛瑙、黄金、舒俱来、工艺品
珠宝自然光 4 000 K	普通翡翠、冰种翡翠、绿松石、碧玉、水沫玉、文玩、镶嵌
珠宝自然光 4 500 K	普通翡翠、冰种翡翠、绿松石、碧玉、水沫玉、文玩、镶嵌
珠宝正白光 6 000 K	岫岩玉、珍珠、银器、蓝宝石、碧玉、绿松石、青金石、沉香、工艺品、杂件
珠宝冷白光 8 000 K	和田白玉、珍珠、银器、蓝宝石
钻石兰白光 10 000 K	钻石
珠宝彩光（白光＋红光）	血珀、彩宝、水晶、石榴石、碧玺、南红、战国红、鸡血玉、舒俱来、紫罗兰
珠宝彩光（白光＋蓝光）	青金石
珠宝彩光（白光＋蓝光）	青金石
珠宝兰珀光（紫光）	蓝珀、矿物

（二）直播设备选择

1. 手机

在选择运用手机端直播时，需要一部专用手机（避免出现接入电话导致直播中断的情况），而且手机直播最重要的一点就是稳定和高清，因此专用的直播手机要保证内存足、像素高。手机端直播通常只需要手机登录直播后台，进入直播程序，确保手机连接的局域网信号稳定。

2. 计算机

除了手机直播，也可以用计算机直播。如果是计算机端直播，则需要连接摄像头，并通过推流软件实现在线直播的效果。相对于手机直播来说，计算机端直播画面更清晰。直播使用的台式计算机要配置大主板，主板上空出PCI插槽用以插独立声卡，显示器在19.5～23英寸较为合适。如果选用笔记本电脑直播，尽量选择不低于15英寸的屏幕，因为多数直播平台支持宽屏，屏幕太小可能无法正常显示直播间的信息。

3. 声卡

手机端直播主要选择外置声卡，因为在用手机直播时，需要同时打开直播软件和播放器软件，而大多数手机是无法同时打开这两种软件的，独立声卡恰恰可以解决这个问题，使直播间更加场景化，而且使用声卡可以提供丰富的伴奏和特效声音（如掌声、笑声），能起到活跃直播间气氛的作用，计算机直播声卡分内置声卡和外置声卡。内置声卡只能用在台式计算机上，且计算机主板必须有空置的PCI插槽。外置声卡主要用在笔记本上（也可以用在台式机上但不常见），通过USB插口接入。

4. 独立显卡

一款自带散热的高端独立显卡，是计算机的第二生命。因为受限于显卡的性能，计算机并不一定能够处理好提前准备好的画面布置，很有可能会让输入到计算机的画面大打折扣，而要将画面最大程度且不受损地上传到网络进行同步，就需要计算机独立显卡的支持。

5. 麦克风

一个好的麦克风可以让主播的声音变得更加饱满、动听、有魅力，也显得更加专业。在运用手机端直播时，也可以配一个外置麦克风来录制高质量的声音。麦克风一般有耳机麦克风、动圈麦克风、电容麦克风、领夹式麦克风、枪型麦克风等。

（1）耳机麦克风

耳机麦克风，又称耳麦，是耳机与麦克风的整合体。它不同于普通的耳机。普通耳机往往是立体声的，而耳麦多是单声道的，同时，耳麦有普通耳机所没有的麦克风，它能够实现听说一体，节约空间；由于耳机麦克风是最能够接近声源（即主播的嘴）的麦克风，所以在一定程度上解决了音源远近造成的音量过大或过小的问题。如果能配备一个麦克风护罩，就能对喷麦起到一定的防止作用。但是对于秀场主播来说，耳麦很影响美观，因为头戴耳机，会影响到自己的发型或面部整体观感，如果舞台造型不好，就会给观众一种电话客服的感觉。同时，耳麦即便再专业，声音收集能力比高端的独立麦克风还是有所不足的。

（2）动圈麦克风

动圈式麦克风，是利用电磁感应原理做成的麦克风。利用线圈在磁场中切割磁感线，将声音信号转化为电信号。对于一个以唱歌为主要节目内容的主播来说，保证自己甜美歌声能够无损地输送给观众，就需要一个专业的动圈麦克风。动圈麦克风的最大特色就是可以将声音极其清晰地展现，尤其是对于高音具有较高的还原度。可以配备网头防滑环，让手持变得舒适。大多数的无线动圈麦克风都支持苹果及安卓的无线、有线连接。因此，直播场景无论在室内还是室外，动圈麦克风都是不错的选择。但是由于设计原理的问题，动圈麦克风音质虽高清，但饱满度显得不足。

（3）电容麦克风

电容麦克风的核心组成部分是极头，由两片金属薄膜组成，当声波引起其震动的时候，金属薄膜间距的不同造成了电容的不同，产生电流。因为极头需要一定电压进行极化才能使用，所以电容麦克风一般需要使用幻象电源供电才可以工作。由于电容麦克风具有灵敏度高、指向性高、音质好、展现出来的声音更有层次等特点。因此，电容麦克风在直播中使用率最高。由于电容麦克风灵敏度非常高，为了防止爆音和杂音，需要准备配套的防喷罩。

电容麦克风虽然受限于设计，导致工作距离不会太远（但对于促狭的室内来说，这并不算缺陷），但更适合主播。其独有的圆润饱满的声音效果让人听起来极为舒适，不会产生高音尖锐带来的突兀感。而且有的电容麦克风只需要一节5号AA电池供电，就能保障多次的流畅直播。使用电容麦克风时需要注意定期更换电池，确保直播所需电量。具体采用何种配置，需要根据主播的职业、直播内容以及预算而定。

6. 补光灯

补光灯的功效就是画面镜头补光以及镜头美颜、自由调节镜头的亮度。通过补光灯，能够让美食变得更加有食欲，让人物脸部更加立体。补光灯主要为两种，光圈补光灯和灯箱。带支架的落地补光灯，可以直接嫁接金属云台和手机架，释放双手，直播自拍两不误。一般会有暖光、冷光和日光三色，直播时，手机可以任意调节角度，使用非常方便，同时还可以配置一两个灯箱以增加效果。

7. 直播投屏机

直播投屏机是一款直播大屏幕外接竖屏显示器，有多种大屏尺寸可供选择，支持有线、无线投屏，可以通过Wi-Fi连接显示屏，也可以通过触控来操作大屏幕。多种常用接口可以扩展更多能力，如：网络接口、HDMI、USB、VGA、耳机等，直播投屏机内置音箱，外可以接无线摄像头，直播时使用效果良好。

8. 摄像机

与手机直播相比，专业摄像机直播画质更清晰流畅，抖动少，拍摄更稳定。尤其对于高端主播而言，摄像机是更好的选择。选用专业摄像机做网络直播时，需要做到摄像机高清、稳定、低延迟，才能在直播页面呈现理想的直播画面。

首先需要准备一台摄像机，要求要有SDI或者HDMI的信号接口，并配置焦距合适的镜头。由于摄像机是没有上网功能的，就需要再配一台视频编码器给摄像机联网；再通过摄像机录像，以及视频编码器的配合，将前端摄像机采集到的音视频信号经过压缩编码，通过网络传输到直播间的服务器上；视频经过编码器压缩编码后，在直播后台获取推流地址，并由推流软件实时把摄像机镜头的内容传输到网络，通过计算机或手机进行直播观看。

（1）图像传感器

图像传感器是网络摄像机的重要组成部分。根据元件的不同，可分为电荷耦合元件和金属氧化物半导体元件。在摄像头研制的早期阶段，CCD（电荷耦合元件）的通透性和色彩还原都非常好。然而，随着CMOS（互补金属氧化物半导体）技术的不断进步，CMOS在高清摄像机的发展中发挥着越来越重要的作用。与CCD相比，CMOS不仅功耗低，而且具有更好的动态范围。

（2）视频压缩格式

视频压缩格式决定了视频的清晰度、流畅性和存储空间。目前市场上的视频压缩算法主要是h.264和mpeg 4。随着视频压缩技术的不断进步，压缩能力的增强，视频损失的减少，视频清晰度和流畅性的h.265技术逐渐普及。

9. 摄像头

使用计算机直播时，摄像头必不可少。镜头下主播的形象很重要，因为观众喜欢的不是主播，而是主播的形象。直播画面是一场直播的关键因素之一，镜头的好坏直接关系到直播间的人气。画面好，观众才有看下去的心情，而如果观众一进直播间看到主播视频模糊，就可能会立马离开。一些知名主播的直播间所使用的直播设备、画质、音质都非常讲究，可以让观众的听觉和视觉聚焦在直播间，在直播氛围的烘托下就下单了。所以一款性能良好的摄像头，可以让主播变得更美、更迷人，还能促进转化率的提高。一般直播间摄像的设备，至少要满足3个要求：高清、平稳、低延迟，这样才能在直播时呈现较完美的画面。镜头对摄像头拍摄有很大影响，镜头的选择以及镜头的焦距都会直接影响视频效果，需要根据具体场景选择合适的焦距和镜头。因此很多主播在使用计算机直播时，往往由于计算机配置的摄像头不够理想而重新购买一个独立的摄像头进行摄像直播。

（1）固定支架式红外摄像头

固定支架式红外摄像头，一般是指自带能够在一定范围内转动和调节高度的支架，可独立置于桌面的独立摄像头。而红外光，则是能够支持摄像头在较昏暗的环境下，捕捉到面部，清晰成像。固定支架式的红外摄像头优势和劣势都是显而易见的。其优势为，相对比较稳定（部分固定支架的摄像头甚至自带防震动装置），这使得其能够作为车载、桌面，甚至是手持视频输入设备。然而缺点也不少，虽然可调但角度相对固定，不能很好地满足比较有创意的直播内容需要。而对于游戏主播而言，容易成为调节键盘位置的障碍物。此外，支架上的调节转轴老化速度较快，劣质的摄像头甚至会出现调节到高位后无法固定的现象。

（2）蛇形软杆式红外摄像头

所谓蛇形软杆，顾名思义，就是能像蛇一样，随意变换、扭曲身形和拉伸缩短的杆子。常见的蛇形软杆，都是用于麦克风，然而近些年越来越多蛇形软杆+摄像头的出现，很大程度上弥补了固定支架的不足。首先，由于蛇形软杆的拉伸特性，摄像头能被拉伸到很长，适用于各种高度的桌面和人。其次，由于蛇形软杆的软金属特性，能够在被扭到“L、S”等形状后，保持相对的固定，同时也解决了摄像头和键盘位置上的冲突。然而，其敏感无缓冲的支杆，容易因为微小的碰撞产生极大的震颤。而软金属保持形状的能力并不强，为了减轻摄像头端的重量，往往不会添加麦克风，可以为有不同需要的主播进行选择。

（3）无支架式红外摄像头

无支架式红外摄像头又称为可拆卸式的摄像头。这种摄像头往往更专业，也更加昂贵。单独的摄像头，自带手动调节焦距的功能，放大倍数更高。裸摄像头，一般是圆柱形或球形，能够被内嵌或对接卡扣到底座上。可以通过懒人支架和其他的夹片工具，将其置于屏幕顶端，以节约空间和达到适合的用途。如果不直播，可以拿到车上当行车记录仪来使用。其中部分更高级的无支架式红外摄像头，可以对镜头进行更换，以应对户外、室内、人、物、风景等拍摄需求，也能与手机连接使用。

（三）实用拍摄技巧

要想提升直播画面质量，除了功能齐全好用的拍摄设备作为辅助之外，也可以通过一些实用的拍摄小技巧弥补不足。

1. 不同直播内容的机位架设方法

在直播的时候，要特别注意机位的摆放和架设，比如在珠宝首饰直播中，建议使用双机位拍摄，一个机位架设在人物主体的下巴平齐位置，一个俯拍机位架设在头顶，无须手持或人为移动机位，就可以很方便地展示桌面的产品特写，特别适用于珠宝首饰等这类着重商品细节呈现的直播类目。

对于服装直播来说，为了使拍摄人物主体更清晰，拉升整体人物主体的视觉效果，建议机位不要架设过高，可以架设在人物腰部平齐位置。机位架设也不能过低，否则会造成仰拍的视觉效果，画面会显得很突兀。用微单作为拍摄设备时，镜头建议使用35 mm或者50 mm的定焦镜头，光圈尽可能大一点，可以满足适度的背景虚化效果。

2. 运用“蝴蝶光”原则进行拍摄

“蝴蝶光”原则是美国好莱坞电影厂早期在影片或者剧照中拍女性影星惯用的布光法，也有“美人光”之称。这种光线会在主播鼻子的下方形成一个蝴蝶状的阴影效果，蝴蝶光不仅漂亮而且讨喜，会让主播脸型显得瘦小。以下介绍蝴蝶光灯位如何布置：

① 主光源在镜头轴上方由上向下45° 方向投射在人物的面部。

② 调整主光与模特的距离。

③ 在鼻子的下方投射出似蝴蝶的形状的阴影，使人物面部有一定的层次感，布光示意图如图2-1所示。

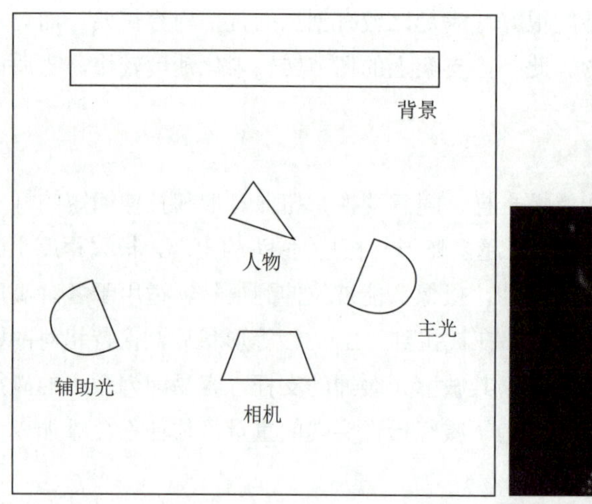

图 2-1　蝴蝶光布光示意图

灯位高度正常，或者偏高时，阴影的角度是向下的，同时会对被摄者——一般是女性的脸颊产生一定的阴影，会显得脸颊更瘦；而如果灯位过低，就会导致脸颊两侧的阴影减轻，拍出“大饼脸”

的效果。

3. 阴暗画面补光拯救设备方案

好的摄像头，能够拉高直播画面的上限。然而一个木桶能装多少水，始终是由最短的一块木板决定的。高清晰的红外摄像头，并不能为物体（人脸）表面的反光效果做出很好的处理。两个以上的光源、合理的光照角度，对一个职业的主播，尤其是秀场主播来说，是相当重要的。因此来介绍几种阴暗画面补光拯救的方法供主播参考。

（1）蛇形杆与懒人支架组合

不少手机控和“懒人”手中都必备这样一款相当便利的工具——蛇形软杆式的懒人支架。底座可以架在床头、桌椅等一切可固定的平台，另一头卡住手机屏幕，解放双手。而这样的设计，却也能够为我们所用。注意：最好选用螺母底座，避免夹片伤害手机，如图2-2所示。

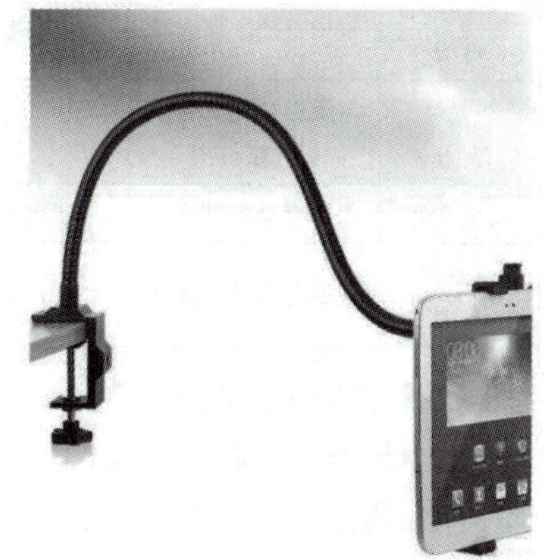

图 2-2　蛇形杆与懒人支架组合示意图

（2）摄影灯、反光布和遮光板

有简单的方法，自然就有专业的方法，只不过无论是采购器材的成本，还是布置的耗时都会直线上升，可以根据各平台的资料和给出的攻略进行统计，一个专业的直播间，在画面的营造上，除了必要的摄像头和房间本身的照明，还需要很多辅助器材：

首先是摄影灯，至少要准备一白一黄两盏，白光灯用来增强光线效果，黄光灯可以在特殊情况下，对场景进行柔光补充，此外，单独使用白光或黄光可以分别营造出冷色调和暖色调的效果，摄影灯分别布置在主体（人脸等）的两侧，最好是对称布置，以起到消除阴影的效果。灯座和灯架的配备也是必需的，配合摄影灯，除了简易的LED灯，也可以用专业的柔光灯，用来对需要衬托的主体进行打光来突出主体。柔光灯作为补充，则根据主播摄像头中的阴影反馈进行实际调整，布置标准是消除面部的暗影。需要注意的是，长期在强光下工作，会对眼睛甚至精神层面造成一定的影响，主播需要适时调节作息时间。

反光布和背景布也需要注意。反光布相对比较简单，布置在主播对面（正面）的墙上，使用简单的白色帆布或者较为平整的白纸即可。而背景布，需要配合支架使用，根据主播的直播主题进行选择（甜美可爱温暖系、热血系、冷峻系等）。背景布大小最好是在2.5 m×2 m以上，如果太小，会让背景布以外的场景进入摄像头。

遮光板并不是必要的，但却是室内外通用设备。在某一点的光线强烈（阳光或无法避免的摄影灯光）的时候，可以为主体（人脸）进行遮挡，让光线的效果更合理。一整套设备算下来，大概在1 500～2 000元之间，设备明细表见表2-2。

表 2-2　设备明细表

设备名称	品牌及型号	规　格	作　用	价格 / 元
摄影灯、白光	爱图仕AL-528W摄影灯	光照角度 60°；色温 5 500 K；功率 30 W	打亮场景	780

续表

设备名称	品牌及型号	规格	作用	价格/元
摄影灯、黄光	永诺YN300AIR	3 200～5 000 K（双色温版），即 300 颗 LED 灯珠中有 150 颗白色 150 颗黄色	对称打亮场景并增加柔光灯效果	280
灯座和灯架	根据直播场景选择	每个摄影灯应当配一个灯座和一个灯架	为摄影灯提供支撑	100/套
柔光灯（两盏）	与摄影灯配套的柔光灯（带灯架）	尺寸 50×70；功率 150 W；色温 5 600 K	打亮拍摄主题，并提供轻微柔光效果	150
3D背景布	根据直播场景选择	2.5 m×2 m	提供精美直播背景	55
摄影背景架	根据直播场景选择	2.8 m×2 m	支撑背景布	80

（四）实用布光方案

由于每个人的脸型都是不一样的，布光调整也是千变万化，每个人都是要根据自己的环境明亮程度添加置办一盏或者多盏灯，不同的灯效叠加一起，慢慢调整到最佳角度。以下来介绍三种布光方案：

1. 经济型方案

LED环形柔光灯三脚架，即美颜灯，放在显示器后方，稍微高于显示器，亮度调为不刺眼，成本300～600元，如图2-3所示。

优点：成本最低，架设方便，适用于手机直播。

缺点：亮度不足，光线直射眼睛，时间长容易对眼睛造成负担，产生疲惫感。

2. 双灯方案

顶光灯采用100 LED摄影灯，底部补光灯用60 LED摄影灯。柔光罩：顶灯推荐使用八角柔光罩；天地柱或者大力夹作为稳固设备。正常室内照明情况下，主灯放在斜上方45°方向，如图2-4所示。

图 2-3 LED 环形柔光灯三脚架示意图

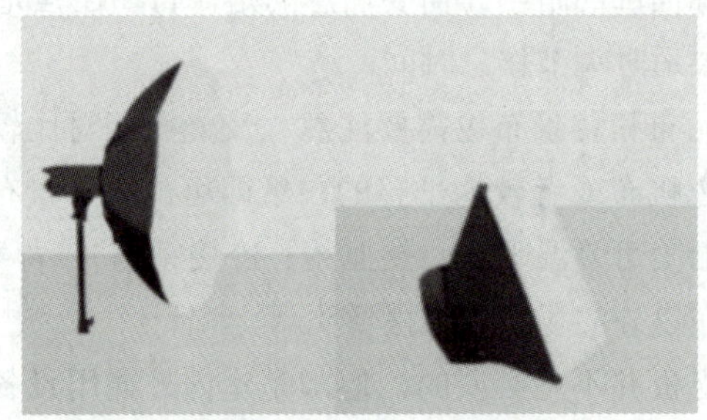

图 2-4 双灯方案示意图

优点：设备搭建方便，占地空间小，可以充分对室内光线环境进行补充。

缺点：人脸可能不够立体。

3. 专业型灯光

在双灯方案的基础上，加上一盏60 W的侧光灯，最完善标准的灯光方案，通过灯光配比达到最好的观影效果，光线充足柔和。顶光作为主光源，起到补充室内灯光亮度的作用，成本3 000～3 500元。

优点：上下打灯的方式适合镜头前显胖的主播，能在脸部两侧使人脸显瘦，突出脸部立体轮廓的感觉。

缺点：造价高，搭建复杂。

三、直播间辅助道具的使用

主播直播时使用辅助道具，能够非常直观地传达主播的意图，强调直播营销环节中的重点，还能成功地吸引用户的注意力，丰富直播画面，加深用户对直播或商品的印象。直播间常用的辅助道具包括以下几种：

（一）商品实物

商品实物是必须要有的道具。主播在镜头前展示商品实物或试用、试穿等，既可以提升商品的真实感，又可以提升用户的体验感。

（二）道具板

这类道具板能够展现文字、图片信息。比如在服饰类直播中提示用户如何确定尺码，如“身高160～170 cm，体重50～60 kg，选L码”，这样能够提高沟通效率，减少客服的压力；在彩妆类直播中可以给用户提示建议，例如，什么肤色或什么场合适合选择哪种色号的口红等；提示当日“宠粉”活动、福利商品等；提示下单时的备注信息，以及发货或特殊情况说明，如预售×天或×天内发货。

（三）平板电脑、电子大屏等

它们主要是配合主播在进行商品介绍时展示商品全貌、官方旗舰店价格、名人同款或明星代言，以及广告宣传等。

（四）计算器、秒表等

主播可以用计算器计算商品的组合价、折扣等，以吸引用户的注意力，并且突出价格优势。秒表可以用于营造抢购商品的紧迫感，它们都是有助于商品营销的辅助工具。

任务实施

根据基地要求，结合美妆类直播间需求，选择适合的直播设备，并提交一份直播间搭建设备计划。

一、搭建美妆类直播间的原则

由于美妆类直播间的观众以女性为主，对直播间的美感有更高的要求。为更好地展示品牌魅力及产品效果，需要室内场地，其中场地不需要太大，5～10 m^2即可，因为小场地可以让直播间看起来饱满。其中考虑直播效果，要求音响效果好、光线充足。

二、美妆类直播间基本设备选择

选择黑色作为直播间的背景墙，可满足美妆类直播需要增加色彩对比的要求。

选择美妆展示柜，可以在展示柜上整齐有序地摆好要销售的商品，这样不仅让人看上去美观、舒适，还有一定的吸引力。

准备桌面面积稍微大一些的直播桌，可以满足直播美妆产品时，主播能够方便试用、测试备播商品。

三、设计美妆类直播间灯光方案

① 由于美妆类的直播间的需求是把人物和桌前物品打亮，打光的面积不需要太大。

② 主播的面光使用18寸大直径环形灯（可以照出好的皮肤），放置于主播的正前方来打光。

③ 两只柔光箱分别置于主播两侧后方，发光方向对准主播即可，分别从两侧给主播打轮廓光，让人物和背景区分开来，更加立体，也为了主播在展示妆容转动身体时，不留下阴影区。

④ 其他辅光灯可以相互调配使用：只用右后侧辅光；右后侧辅光+左后侧轮廓光（轮廓完全明亮，且没有余光到黑背景上）；主光+辅光+轮廓光效果（人物明亮，柔光嫩肤，轮廓清晰，背景纯净）。

四、配备直播设备

针对基地想要打造的美妆主题直播间，为主播配备一套直播设备（见表2-3）。

表 2-3　美妆主题直播间直播设备表

设备名称	规　　格	作　　用
直播手机	内存大、处理能力强	直播时不卡顿
直播麦克风	动圈式、全指向	更好地调节如主播说话、背景音乐等声音，营造更专业的直播环境
摄影灯：白光	光照角度 60°；色温 5 500 K；功率 30 W	打亮场景
摄影灯：黄光	3 200 ～ 5 000 K	增加柔光灯效果
灯座和灯架	每个摄影灯应当配一个灯座和一个灯架	为摄影灯提供支撑
柔光灯（两盏）	尺寸 50 × 70；功率 150 W；色温 5 600 K	打亮拍摄主题，并提供轻微柔光效果
3D 背景布	2.5 m × 2 m	提供精美直播背景
摄影背景架	2.8 m × 2 m	支撑背景布

任务 2　直播间搭建风格策划

任务解析

通过基地对美妆类直播间的搭设需求，掌握直播间装修原则、色彩风格和空间风格，掌握搭建直播间风格的技巧，为美妆类直播间搭建的多种风格进行策划工作。

知识链接

直播间是主播与用户交流互动的场景，用户对主播的第一印象是从主播的外貌和在直播间中的表现中获得的。因此在布置直播间时很多都是取决于主播的喜好，呈现出更多与主播相关的信息，以突出主播的个性特征，并有助于加深粉丝的印象。

一、直播间装修原则

直播间装修是非常重要的。对于直播间的装修来说，应最大限度地发挥主播的个人优势，展示运营团队的专业性，帮助主播更好地获得用户的信任。

（一）搭配专业

搭配专业是指直播间的各个元素搭配和谐，能够最大限度地展示产品的特质与使用效果，而且不喧宾夺主，能够很好地突出主播的主体地位。例如，对于销售女装的直播间来说，由于消费者对服装质地等方面的要求比较高，因此在装修该类直播间时需要充分展示服装的颜色、质地和穿着体验，比如在直播间装修时可以采用覆盖度较好的顶部环境灯，使整个空间都保持光线充足，营造出一个明亮的氛围，也可以通过暖黄色的射灯将服装温暖的特点呈现出来。

扫一扫

直播间装修原则

反之，如某主播主要销售美妆产品，其直播间本应使用带有美妆元素的背景，但该直播间的环境杂乱无章，丝毫体现不出美妆产品直播间的特色，这样的装修就显得非常不专业。直播间的装修杂乱无章，不但不利于产品销售，还会使用户质疑主播的专业能力。

（二）成本可控

成本可控是指将成本控制在合理的范围内，既能满足需要，又不会造成浪费，在效果最大化的基础上尽可能减少不必要的支出。直播间装修的成本主要受以下几个因素的影响：

1. 场地面积

场地面积太大容易造成空间浪费，场地面积太小则容易让镜头中的直播间显得压抑。一般来说，服装类的直播间面积不应小于15 m^2，美妆类直播间面积不应小于5 m^2，其他类型的直播间面积应根据实际需要确定。若场地比较大，则可以根据入镜范围进行装修，只对镜头范围内的环境进行布置即可。

2. 硬装与软装

硬装即直播间的墙面、地面、隔断、吊顶等。软装即直播间的家具、布艺、光源、绿植、花卉、装饰品、收藏品和展示台等。其中墙面与地面可以使用墙纸。如果以后产品或直播风格发生改变，则只需换掉墙纸，成本较低。墙面的墙纸和窗帘尽量不要选择白色，可以选择浅灰色，因为白色的墙纸和窗帘有极强的反光效果，后期不好调整灯光。尽量不做隔断，这样既节省成本，也能让镜头中的画面显得更开阔。

3. 场地空间规划

空间规划涉及多个方面的因素，如产品的陈列与摆放、直播器材（如摄像头和三脚架）的配备与摆放、主播站位、工作人员是否出镜等。产品一般按照类别陈列，主推的产品尽量放在主播伸手可及的地方，必要时也可以放在如镜头外边缘等稍远的地方。直播器材一般不入镜，摄像设备的位置以通过镜头可以清晰地看到主播动作为宜。三脚架如果需要入镜，则应放置于直播画面的边缘位置，以不遮挡视线为宜。

主播站位受直播间纵深的影响。一般来说，无论是全身出镜还是半身出镜，从主播头顶到直播画面上边缘的距离都应占整个画面高度的1/5～1/6，主播采用这样的站位既不会让画面显得局促，也能与直播间背景融为一体。需要特别注意的是，不管采用什么装修风格，主播的主体地位都应得到体现。正常情况下，主播不应被任何装饰或物品遮挡。

（三）符合主题

所谓符合直播主题是指直播间的装修风格要与直播主题匹配，本场直播主推什么产品，就围绕什么产品来设置主题，以便更好地突出产品特点。

比如某口红品牌自从创立以来，一直以优雅的形象著称，始终保持经典、高贵、时尚的风格。该专卖店的直播间背景很有特色，深灰色搭配暗红色，看起来高雅、大气又不失时尚；展示台上整整齐齐地摆放着该品牌的口红，清楚地表明了主推什么产品。直播间呈现给粉丝的场景和谐融洽，与品牌口红专卖这个主题完美契合。

二、直播间装饰风格

（一）装修风格类型

扫一扫

直播间装饰风格

直播间的风格类型，总体来说，离不开几大经典的设计风格。即田园风格、现代简约风格、新中式风格、东南亚风格、古典风格、地中海风格、自然风格、超现代风格。

1. 田园风格

田园风格重在对自然的表现，但不同的田园有不同的风格，进而也衍生出多种家具风格，各有各的特色，各有各的美丽。

2. 现代简约风格

现代简约风格装饰特点是由曲线和非对称线条构成，如花梗、花蕾、葡萄藤、昆虫翅膀以及自然界各种优美、波状的形体图案等，体现在墙面、栏杆、窗棂和家具等装饰上。线条有的柔美雅致，有的遒劲而富于节奏感，整个立体形式都与有条不紊的、有节奏的曲线融为一体。布景中使用铁制构件，将玻璃、瓷砖等新工艺，以及铁艺制品、陶艺制品等综合运用于室内，适合现代数字产品的推介直播。

3. 新中式风格

新中式风格是比较自由的，装饰品可以是绿色植物、布艺、装饰画以及不同样式的灯具等。这些装饰品可以有多种风格，但空间中的主体装饰物还是中国画、宫灯和紫砂陶等传统饰物。这些装饰物数量不多，在空间中却能起到画龙点睛的作用，适合具有浓郁中国特色活动及产品的直播。

4. 东南亚风格

东南亚风格的装饰中，室内所用的材料多直接取自于自然。由于炎热、潮湿的气候带来丰富的植物资源，木材、藤、竹成为室内装饰首选，适合轻松愉悦的漫谈式直播场景。

5. 古典风格

这种风格强调以华丽的装饰、浓烈的色彩、精美的造型达到雍容华贵的装饰效果，适合进行庄重活动的直播。

6. 地中海风格

地中海风格具有独特的美学特点。一般选择自然的柔和色彩，在组合设计上注意空间搭配，充分利用每一寸空间，集装饰与应用于一体，在组合搭配上避免琐碎，显得大方、自然，散发出古老尊贵的气息和文化品位，适合带有浪漫主义的直播风格。

7. 自然风格

20世纪90年代开始的装饰热潮，带给人们众多的装饰观念。小花园、文化石装饰墙和雨花石等装饰手法纷纷出现在现实的设计之中。亲近自然、返璞归真也就成为人们所追求的目标之一。这种装饰风格适合在直播中构建自然气息的直播。

8. 超现代风格

此风格可以采取浓烈的现代元素，比如无人机、飞船等航空、航天领域的设计，打造出科技含量高的风格特点，适合新型、高科技感的产品直播。

（二）影响直播间风格的元素

1. 直播间色系

直播间以灰色系偏多，因为灰色系比较简约，同时灰色是一个中立的颜色，它可以和任何色彩搭配。另外灰色是摄像头最适合的背景色，不会曝光，视觉舒适，有利于突出服装、妆容或产品的颜色。

2. 装修陈列风格

（1）陈列货架风格

直播间内可以放衣架或者衣柜，但需要摆放整齐，不要让观众看到凌乱的直播间。

（2）陈列模特风格

直播间是否设置背景陈列，以及陈列模特的风格如何，需要根据品牌型或导购型的直播来进行选择。

（3）地面风格

对于美妆、服饰、美食、珠宝等直播，直播间的地面都可以选择浅色的地毯或者浅色地板。

（三）不同产品的直播间装修风格

1. 服装类直播间的装修风格

扫一扫

直播间装修风格

关于服装类直播间的装修风格，一般是偏向于推销本店产品的，成本不用过大，主要是保证流畅地展现本期的产品，所以服装类的直播间进行简易的装修即可。但服装类直播间的场地面积要大一些，灯光也要充足，以此烘托出服装类商品高级、细腻的品质，激发观众的购买欲望。

2. 鞋类直播间的装修风格

鞋类直播拍摄的重点是打造一种空间感，可以选用专业鞋架增加用户信任度。高脚凳显主播腿长，浅色地毯衬托鞋子的颜色。鞋类的现场直播通常选择在一个角落，特殊的角度可以给画面带来更大的空间感，提升观众的视觉体验。为了突出鞋子的颜色和质感，背景色调应以浅色为主，并根据品牌气质进行调整。直播期间，如果有上脚试穿，需要保证背景和地板的色差。因为不同的鞋类风格不同，直播间的设计需要根据所售鞋类进行调整，可以多设几个镜头，这样可以让顾客从多个角度了解这款鞋的版型。另外要适当进行打光，配备一些专业设备，才能帮助观众更清楚地看到鞋子的纹理。

3. 美妆类直播间的装修风格

美妆类直播间在10 m^2左右即可，不宜过大。同时，在装修风格上也以简易装修为主。美妆类直播间场景布置要求商品摆放美观，使直播画面呈现层次感，强化纵深度，突出商品卖点，便于主播进行商品营销。柜台Logo墙取景首选柔和的灯光，避免色差明显，手臂试色帮助搭配上妆，激发顾客体验。消费者在网上购买美容产品时，通常会去专柜购买，有导购帮助选择产品。如果条件允许，可以把取景柜或者直播间设计成专柜风格，有效增强观众的购物体验。另一种方式是使用专门的品牌Logo墙，有助于提升卖家的美容品牌，增强观众的认可度和信任度。

背景墙要简洁干净，以浅色、纯色为主，简洁大方又明亮，也可以适当布置一些装饰品。当然，也可以根据主播形象或直播风格来进行调整。例如：主播的人设（即人物设定，包括形象、身份、性格等）是可爱，直播背景墙或窗帘可以用暖色，如粉色、紫色；如果主播的人设成熟稳重，则尽量以白色、灰色的背景墙为主。

在展示柜上整齐有序地摆好要销售的商品，看上去美观、舒适。准备一张桌面面积足够大的直播桌，以便于主播试用、测试、摆放备播商品。另外，考虑到美妆主播长时间直播的舒适度，可以考虑选择低靠背座椅。

总之，直播间的装修风格要坚持与时俱进的设计理念，以及与产品相符合的风格理念，直播间装修的风格如能保证新颖且有品位有质量，就能让人眼前一亮，直播间装修后的整体形象格调才能提升起来，从而帮助主播获得更多的转化。

（四）背景布置

在做直播时，好看的直播背景可以打造一种沉浸式的购物氛围体验，有效影响用户下单行为和粉丝的观看欲望，因此掌握布置直播间背景墙的方法也是一种重要技能。

1. 直播间墙壁

直接使用直播间的墙壁作为背景墙是一种简单又快速的办法，装修成本也更低。考虑到直播效果，背景墙最好是低饱和度的浅色，展现简约大方的美感。同时，要注意直播间地面的装修。直播间地面在直播带货服饰、家居、电器等品类的商品时非常重要。直播间地面可以选择浅色系的绒布地板或者简约的木地板。如果不希望露出直播间的地面，可以在主播面前放一张桌子，既能挡住地面，又能摆放样品。在这种情况下，还可以使用上下边框背景来烘托直播间氛围。

2. 虚拟背景墙

虚拟背景墙的设计不仅成本较低，而且更加灵活，能够适应各类促销活动的需求。例如，在节假日期间，可以使用具有节日氛围的背景。大型促销活动时，可以在背景中添加产品促销和卖点信息。

3. 工厂现场或视频直播

这类直播间的背景设计常见于生鲜农产品店铺和源头工厂店铺，用户可以通过直播间看到产品从生产到出厂时的某一过程，通过展示真实的产品质量和使用效果，吸引用户下单，从而提高直播转化率。服饰店还可以展示品牌的秀场视频，也可以将工厂生产过程拍摄成视频，配合人像绿幕抠图的技术，低成本实现逼真的工厂直播效果。

4. 背景布

在直播间墙壁拍照条件不理想时，背景布也是一种成本较低的选择。比如可以选择照相馆、婚纱摄影店拍照常用的背景布，既不透光，也不反光，很适合作为摄影背景使用。考虑到直播效果，最好使用纯色背景布，这样可以更加突出主播和产品。

5. 货架

对于导购型直播间来说，使用货架来展示和摆放需要直播介绍的产品是非常方便的。货架可以摆放在主播的背后或者两侧，颜色不要太突出，展示台或展示柜的形式更显专业感。当然，货架的尺寸不能太大，因为直播间在手机屏幕上的显示画面本就不大，货架太大容易显得直播间非常局促，影响观感。

总之，直播间装修以营造氛围美感为主，通过吸引用户留在直播间，进而借助主播介绍和优惠折扣，提高用户下单率。

（五）直播间装修的注意事项

1. 直播画面安全区

直播画面推流到观众端时，由于双方手机屏幕尺寸不一致，会存在画面被裁剪的情况。因此在直播间装修时，需预留一定的安全区从而保证核心信息大部分用户端均可见。采用全面屏手机进行直播时，若观众端为非全面屏，观众端直播画面上下高度会被裁减，因此上下需要各留安全区约300 px左右（约为直播间主播头像中心距屏幕顶部的距离）；采用非全面屏进行直播时，观众端若为全面屏手机，观众端直播画面左右部分会被裁减，因此左右需各留安全区各80 px左右（约为直播间主播头像中心距屏幕左边的距离）。

2. 直播间贴片使用方法

（1）贴片遮盖高度

贴片的遮挡高度要避免影响直播间的景深，否则会使观众产生压抑感。因此建议使用上下贴片时遮挡高度不超过屏高的五分之一。

（2）贴片数量和内容

数量上：为了保持直播间的整洁，让观众更专注于直播内容。贴片使用数量一般为1～2个，最多不超过3个。使用多个贴片时，为避免直播间凌乱，贴片需排列整齐，尽量使用统一风格，切勿散落在各个地方或使用多种不同颜色。

内容上：贴片上的元素设计也应该排列整齐。背景要简洁干净，内容不宜过多。

（3）贴片的使用

① 助力体验提升：放置主播信息、直播时间、优惠预告等基础信息贴片提升用户体验。

② 特色卖点曝光：放置新品、爆品、秒杀品，或者明星、达人等特色卖点贴片吸引观众停留。

③ 展示优惠折扣：放置直播间可领的优惠券、红包等或展示优惠折扣口号的贴片促进用户下单转化。

④ 直播氛围渲染：放置具有节日促销，或突出时令季节氛围的贴片渲染直播间氛围，促进购买。

⑤ 凸显品牌特色：根据品牌特性选择合适的直播间贴片，凸显品牌调性，让观众快速识别并形成记忆点。比如数码家电，可以根据家电风格（未来科技风、炫酷新潮风、简约中性风）来选择蓝色或紫色调的装修风格；医药健康类品牌可以选择清新淡雅，蓝色或绿色调的装修风格；美妆护理类品牌中的高端类可以选择金色或紫色的装修风格，中低端可选择粉色或者红色的装修风格；母婴亲子类品牌可以选择可爱活泼风或粉嫩柔美风，也可以选择偏粉红色或粉蓝色的装修风格。

3. 主播占位构图

主播占位太小或者太靠下、靠边会与观众产生距离感，降低信任度；若主播距离摄像头太近，充满了直播画面，会使观众产生压迫感。一般来说，主播位于画面中间，占比一般不超过70%，上下屏幕各预留约五分之一的空间，左右屏幕预留约四分之一的空间相对合适。

4. 直播间背景

直播间背景应该保存干净整洁，避免花哨或杂乱，影响产品或主播展示。直播间背景色一般使用可以降低曝光、视觉舒适、的灰色系或浅色系。节假日则可短期采用一些色彩强烈的颜色营造氛围。为了让直播间层次感更丰富，也可以在直播间放置沙发或绿植等物品。如果装修成本过高，可采用虚拟背景图来装修。建议使用同一张完整的背景，避免使用拼图导致直播画面不真实。建议在主播前面放一个展示台或小桌子，这样能让背景看起来更自然。同时也要避免抠图后主播悬浮在背景图上或者太小太靠下，影响观感。

总的来说，直播间可通过合适的贴片、主播站位和背景图来提升观感，吸引粉丝，从而提升直播间的人气。

扫一扫

直播间色彩风格

三、直播间色彩风格

（一）色轮与取色

1. 色轮

色轮就是将一系列颜色有次序地以一个圆盘的形式展现出来。色轮的形成选定红色、蓝色和黄色三种颜色（这三种颜色叫作三原色，更确切地说，叫消减三原色。在调制颜料时，唯有这三种颜色不能通过其他颜色组合出来）等距（彼此120°夹角）放置放到圆周上，分别等量混合相邻的两种颜色得到三种间色。再次混合每组相邻的颜色又会得到6种颜色（这六种颜色称为“第三色”）。这样就得到了一个由12种颜色组成的12阶色轮。同样的道理，将这种间色混合的过程无限次重复就会得到一个渐变的色轮，见图2-5。

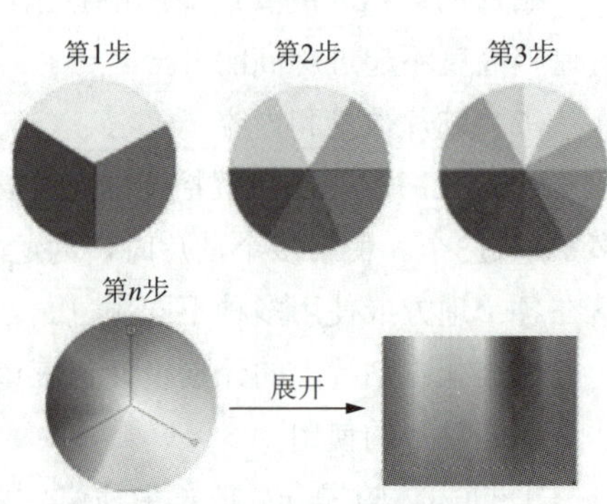

图 2-5 色轮渐变示意图

2. 取色

（1）根据色轮取色

① 互补色。色轮上相对的颜色称为互补色。如红色和绿色、黄色和紫色、蓝色和橙色，每一对互补色看起来都非常对立，直播间使用颜色非常适合以一种为主色。当然，不分主次大面积使用互补色的结果就不是互补了，而是对立，会显得很不和谐。直播间中，稳重起见一般都不会使用太多颜色，这时候互补色即为一种很好的选择。

② 三色组。色轮上彼此等距的三种颜色即为一个三色组，比如选用三原色（红、黄、蓝）就是一个三色组（红、黄、蓝的色彩很显眼，适合用于气氛比较活泼的场合，在儿童刊物里经常会看到这种组合），三色组放到一起的时候用户的观感更舒服。

③ 分裂三色组。一种颜色和其互补色两侧的两种颜色即可组成一个分裂三色组。分裂三色组可以起到很好的强调作用，又不失协调，是一种非常常用的色彩组合。

④ 类似色。色轮上彼此相邻的颜色即可组成类似色。不论组合两种颜色还是三种颜色，它们都有相同的基础色，这就形成了一个协调的组合。用不同的亮色和暗色组合一组类似色，效果将相当醒目。

⑤ 多色组。除了上面介绍的简单的色组以外，还可以对其进行衍生而创造出更为复杂的色组。

比如两组互补色组成四色组，分裂三色组与类似色衍生出五色组，这些色组看上去都是非常和谐的。

图2-9与初始创建的12阶色轮除了更多混合而成为渐变外，从圆的外围到圆心，沿着半径方向，颜色是逐渐变淡的。在创建完色轮后的最后一个调色板中，颜色沿着向下的方向是逐渐变灰的。这就牵扯到一些色彩理论的问题。毫无疑问，使用这些淡色或深色会大大加宽颜色的选用范围。

（2）其他取色方法

在直播间色彩设计中，除了色轮一般还会常用到其他的取色方法：

① 在创建一个属于自己的直播间的颜色主题时，可以从Logo中的颜色进行选取，这样方便与直播间风格保持一致。

② 在进行背景图片取色选择之前，如果已经做好了模板的首页。通常可以背景模板的背景图片颜色作为直播间的颜色主题。

③ 使用他人创建好的颜色主题。在进行直播间色彩选择时，可以使用专业设计师设计的颜色主题，比如常用PS配色小工具“Kuler”等，都可以在选择直播间色彩时加以利用。

（二）装饰色彩风格

主播在布置直播环境时一定要选择和自己契合的风格，最好与自身的性格相匹配。这样的合适度极易让观众产生代入感，从而沉浸在直播氛围中。

1. 粉色少女风

粉色的少女风格很多人都非常喜欢，饱和度低一点的橡皮粉搭配浅驼色的木质家具凸显主播的温柔；偏橘的蜜桃粉搭配乳白色皮质家居，可以加上毛绒地毯或者羽毛装饰品；喜欢偏深调的，也可以选择适当加入一点浆果色或者藏蓝色的小装饰，更吸引眼球。但在选择粉色调时要注意，饱和度不要太低，虽然现在的莫兰迪风格非常火爆，但是直播间里大量采用这个色调会显得整个画面比较灰，没有精神。

2. 清新绿植风

绿植风看起来更加干净，尤其在夏天更为清新。如果观众盯着手机几个小时，突然刷到一间绿色系明亮的直播间时，也许会被治愈。打造绿植风，首先就要选择一些绿色的植物，比如盆栽型的天堂鸟、龟背竹、琴叶榕、仙人掌。搭配白色的架子、竹质或木质的小摆件、浅色亚麻抱枕就可以给人很舒服的感觉；或者直接用大理石风格的花盆、一两个装饰画、哑光的黑色落地台灯，再加上一些黄铜风格小摆件，清新又不失质感。需要注意的是，选择清新绿植风时要选择小型的植物，太大的绿植不仅会抢占其他装饰品的空间，画面整体比例也不协调。

3. 闪闪发光风

该种风格的直播间对于经常在晚间直播的主播来说非常合适，这种风格可以将自己卧室的飘窗作为背景，深色遮光帘和纱帘的双层窗帘挂上瀑布型星星灯串，这样搭配可以使直播间看起来梦幻又精致；也可以选择好看的挂式背景布和灯串，或者落地的发光树灯，在夜晚依旧会很好看。这种风格的装饰是把布置和灯光结合在一起，所以装饰物一定要注重低光亮多光源的原则，让室内光源均匀分布，不要聚集成一堆。

4. 深色质感风

深色质感风比较受到男主播的喜爱，特别是以唱歌为主的主播，配上这样的布置显得非常有层次感。背景可以用砖块贴纸，挂上工业风的装饰品，装饰物的色彩上可以选用黑白色以及稍微饱和度高一点的深红、藏蓝色，这样就可以既有撞色感又不会过于跳跃；纯黑色背景的直播间可以大量配上古铜装饰品，再加手绘感的黑白线描画，可以使直播间看起来很高级；如果想保留家里的白墙，又想有一点与众不同，就可以用大量的美式复古风装饰墙面，运用将装饰物排列整齐的方法增加自己的风格；在选择深色系风格的装饰物时要避开荧光色；其中，如果墙面需要贴上装饰的文字海报，就一定要选择比较粗的文字。

（三）背景布色彩风格

背景布需要根据实际情况进行选择，比如影楼常用植绒（细腻）或无纺布（结实）来做背景布。直播间中最常用的是没有图案的单色调背景布，比如在拍摄物品时，一般以淡色和纯色的背景布为主；在拍摄人像时，可以根据自己想要的不同拍摄风格、效果、服饰等来选择不同的背景布，但实际操作中需要根据被拍摄者的实际情况进行调整：如果被拍摄者肤色较深，可以选择色系较浅的背景布；如果被拍摄者肤色较浅，可以选择色系较深的背景布。人物造型风格以及服装色系风格不同，可以选择不同的背景布来配合。一般拍摄用的背景布的颜色选择分为以下几种：

1. 粉色

一种单纯的颜色，适合年轻女性，如少女装、女饰、化妆品，还有儿童用品等。

2. 灰色

一种时尚而又稳重的颜色，适合所有男士用品，如男装、男饰、鞋、数码产品等。

3. 驼色

一种时尚的颜色，适合欧美风格的服装类产品。

4. 蓝色

一种干练健康的颜色，适合饰品类、游戏类、玩具类产品。

5. 米色

一种比较单纯而百搭的颜色，适合较复杂的服装搭配拍摄。

6. 珠玉色

一种既柔美又温馨的颜色，适合女装产品。

四、直播间空间风格

（一）景深

扫一扫

直播间空间风格

景深是指在摄影机镜头前，或其他成像器前能够取得清晰图像的成像所测定的被拍摄物体前后距离范围。一个合适的景深，会提升用户观看时的舒适感。一个服装主播，至少要保证在镜头前完整展示全身搭配；美妆主播，就要注意取景范围，不要让自己成为“大头娃娃”。如果直播间长度不够，可以改用房间的一角，让背景有一些侧面，这样会在视觉上让直播间看起来宽松很多。

1. 利用墙角对角线

摄像头放在墙角对角线上，这样有利于加深纵深，在视觉上扩大空间。

2. 利用背景陈列

在直播间中景部分放置沙发或者小桌椅，后景放置陈列货架，前中后形成层层叠加的纵深感，加强直播间的空间感。

3. 使用大直播间

大直播间会给人一种宽敞、舒适的感觉，看起来不压抑。

4. 摄像头机位

如果要展示主播全身，摄像头的高度在主播肚脐的高度。展示半身，摄像头机位在主播胸口的地方就可以。要根据实际的直播场景调整高度。

5. 主播构图

直播中不论拍摄全身还是半身，主播不宜占据面积太大，否则画面会显得臃肿。整体看，主播占据直播画面三分之二为最佳。

（二）前景陈列

前景是镜头中位于主体前面或靠近前沿的人或物。直播间的前景陈列是最能展现直播间产品的地方。做好直播间的前景陈列可以使观众一进入直播间便会对直播产品有清晰的直观了解。

1. 服装类

服装类的主播要注意找好一个定点，占据一个适当的位置。如果离得太远消费者会看不清展示的服装和货品，离得太近会对消费者产生压迫感也不利于看清货品，详见图2-6。

背景陈列、货架、陈列模特、小功率暖色灯、光射灯
展示柜、矮沙发、装饰品
产品陈列区
可考虑第二直播背景
模特展示区（顶光用5 700 K白光）
摄像灯
球形灯　环形灯　球形灯
直播计算机桌+助理计算机
5.6 m
1.5 m
3 m
1.1 m
4.2 m

图 2-6　服装类前景陈列设计图

2. 美食类

美食类的前景陈列要把所展示的产品放在前景陈列台或者陈列桌上，方便主播展示所销售的美食。在展示美食时，尽量要展示产品的样态，要把包装袋拆除。当有需要对产品进行煎、煮、炸等烹饪时，可以在前景陈列台上展示煎煮炸产品的过程和美食做成后的效果，可以边直播边食用。

3. 美妆类

美妆类的前景陈列可以将口红依次整齐地摆放在透明的口红收纳盒里，需要展示色号的可以将口红盖都拿掉，方便用户直观地看到口红的色号。颜色鲜艳的不同色号口红会让观众产生强烈的了解欲望，详见图2-7。

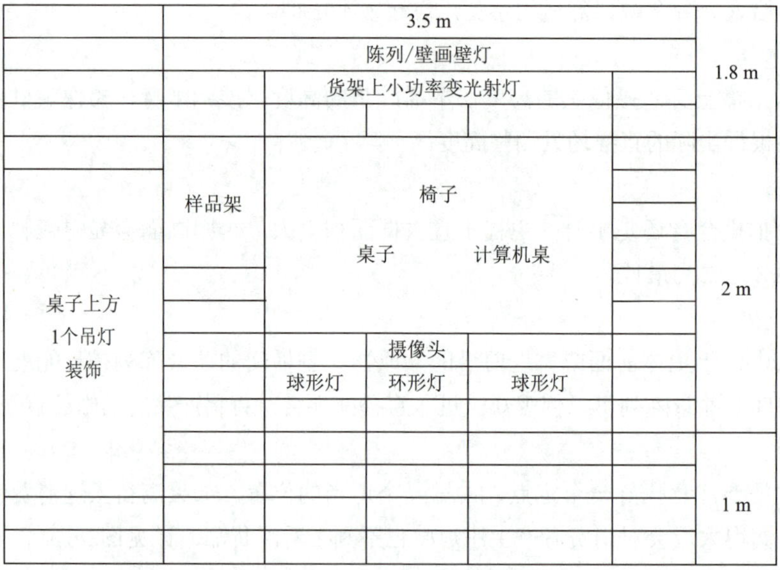

3.5 m
陈列/壁画壁灯
1.8 m
货架上小功率变光射灯
样品架
椅子
桌子
计算机桌
桌子上方
1个吊灯
装饰
2 m
摄像头
球形灯
环形灯
球形灯
1 m

图 2-7　美妆类前景陈列设计图

4. 珠宝类

珠宝类的前景陈列是很重要的，毕竟展示珠宝就在前景陈列这一块。珠宝类的前景陈列可以将珠宝放在首饰盒里或者收纳盒中摆在前景陈列台上集中展示。

（三）布置技巧

直播间的布置是一个主播成为优秀主播的先决条件，一个好的直播间的布置会在某种程度上大幅度地增加直播间的关注度，从而进一步增加直播间产品的销量。

1. 直播间布置规范

（1）衣架或衣柜

直播间内可以摆放衣架或衣柜，但是不能乱七八糟摆放，如果做不到整齐，就不要让衣架出现在镜头里。

（2）模特道具

可以在直播间内摆放模特道具，但是不能摆放太多，摆放1～2个。

（3）主播信息

用小黑板展示主播信息，可以是纯色木质黑板，和整体背景调性保持一致。

（4）小灯串

可以摆放小灯串，但是灯光不要太亮，不要分散观众对直播间的注意力。

（5）背景音乐

可以适当加入一些背景音乐，渲染气氛。主播去换衣服时，助理最多半脸出镜，建议画外音不断和粉丝保持沟通互动。如果需要助手和模特等搭档出镜时，主播需要和他们同时出现在直播间。

2. 主播走位

主播会走位，可以让直播间在视觉上变得更大，也能更好地展示产品的效果。在主播的背后增加物品摆放（沙发、衣架、模特）。这样整个直播画面就会被切割成前中后三个部分，增加直播间的长度。团队直播场地较大，直播间就不必利用对角线和纵深的方式增加空间感，直接进行直播即可。

3. 拍摄主播位置技巧

主播的位置一共可以分为：特写、近景以及中近景，还有全景和远景，这需要根据不同的销售产品选择景别。

（1）特写

特写一般取景为脸部以上，用以拍摄人物的面部神态，与中景相比，人物的面部表情是所拍摄画面需要表达的重点；因此这种景别特别适合刻画人物的性格、表达人物个性。比如在化妆品直播中，就需要对主播的脸部进行特写，即对头部以上的近景拍摄。

（2）近景

近景是胸部以上，是主播直播中用得最多的一种场景，只要所进行的直播是卖货直播，几乎都会采用近景拍摄的方法，一般不能离镜头太近或太远。

（3）中近景

中近景指的是腰部以上，这种拍摄距离在直播中一般相对较少，近一些就是近景，远一些就是远景。

（4）远景和全景

远景和全景的拍摄方法会将全身和全身外的东西都展示出来，让观众将主播的整体全部看到。比如在服装类直播中，对衣服进行展示就可以使用全景拍摄。远景就是把整个人全部拉到镜头中，采用远景拍摄的目的是让观众看到直播间其他部分的元素，比如某著名服装品牌的直播间，希望让观众能够看到所搭建的T台，这样就只能用远景展示全身。

任务实施

根据基地要求，通过对美妆类直播间的了解，为直播间策划合适的装修风格，并提交一份美妆类直播间装修策划方案。

一、根据装修原则，为基地的美妆直播间选择整体的装修风格

根据搭配专业原则，装修时需营造出明亮的氛围，直播空间都保持光线充足，装修不需要太过复杂，但所有设施都能有其相应的作用，并且能够有合理的地方安置。

根据成本可控原则，以及场地（5～10 m^2）大小，对墙面、地面进行合理的装修，注意在装修时要保持风格一致。而对于如隔断、吊顶等由于美妆直播间的拍摄范围尚未达到这个空间，可选择控制成本而暂不进行装修。

根据符合主题原则，根据基地主打的美妆类直播来说，以美妆的特点和颜色布置直播间的主体色调，并在背景墙上加入部分品牌Logo等。

二、从直播间色彩风格、空间风格两个方面对美妆类直播间进行策划

色彩风格：美妆类直播间可优先选择“粉色”主题色彩风格。美妆类直播间更多受到年轻女性的青睐，搭配主播的宣传以及所推的美妆产品，更易吸引观众驻足观看。

空间风格：利用美妆类产品的特点，比如在前景陈列中将所有的口红盖拿掉，并按照口红的色号排列，依次摆放在透明的收纳盒中，用鲜艳的颜色吸引观众的目光，同时也能够给观众形成最直观的印象。

三、根据装修策划内容，撰写直播间装修设计方案

除上述为基地美妆类直播间装修风格选择外，增加如下内容：

1. 直播画面安全区

采用全面屏手机进行直播，上下各留安全区约300 px左右（约为直播间主播头像中心距屏幕顶部的距离）。

采用非全面屏手机进行直播，左右需各留安全区80 px左右（约为直播间主播头像中心距屏幕左边的距离）。

2. 直播画面选择

由于竖屏直播在观看体验和转化上更有优势（竖屏格式更吸引人，竖屏给人的感觉更亲密，竖屏广告的视觉注意力更高，竖屏广告的完成率高达90%等），因此采用竖屏直播。

3. 贴片使用

遮盖高度：使用上下贴片时遮挡高度不超过屏高的五分之一。

贴片数量：1～3个（为避免直播间凌乱，贴片需排列整齐，尽量使用统一风格）。

贴片内容：元素设计排列整齐，符合美妆类产品特点，内容不宜过多。基本信息包括主播信息、直播时间。特色卖点包括新品、秒杀品，明星。氛围渲染包括大促节日、时令季节产品（不同季节更适合什么颜色的眼妆）等。

4. 主播占位构图

主播位于画面中间，占比70%，上下屏幕各预留约五分之一的空间，左右屏幕预留约四分之一的空间。主播需要站在直播间背景墙对角线上（产生纵深感和空间感，提升观感）。

任务3 直播间实景及虚拟场景搭建

任务解析

根据基地任务，结合所需美妆类直播间的要求，通过掌握直播间实景及虚拟场景的组成元素、搭建手段以及所适用的直播场景区别等，完成美妆类直播间的实景及虚拟场景搭建任务。

知识链接

在之前的项目中，介绍了直播间的基本概念，也介绍了直播间的大致形式，作为直播活动最开始的核心模块，可以说直播间就是一个可移动的电商平台，是基于直播场景的所有互动和展示的承

载模块，是影响直播效果核心的因素之一。

对于直播间的黄金三要素“人”“货”“场”来说，缺一不可，但是有很多直播间往往过分注重于“人”和“货”，却忽略了“场”。所谓“场”，既可以指直播间的场景搭建，也可以指直播间的互动氛围，在观众进入了直播后，第一眼看到的就是直播间，其次才会听主播在说什么、卖什么。所以，直播间的搭建非常重要，它决定了观众对主播的第一印象。

一、直播间实景搭建

（一）直播间实景的概念

实景是指可以被人感知的实际存在的场景，通俗说就是“硬件”。对于传统意义的直播间而言，实景就是需要进行设计、搭建和运行的直播场地及与之相关的一切环境的统称。

（二）直播间搭建实景的优势

① 不受时间、季节和光线条件的制约，可以全天候进行工作，而且效果并不逊色于实际的外景直播，效率高。另外主播可以不受舟车颠簸之苦，也没有暴晒和暴雨，且直播过程安全可靠，可以满足绝大多数主播的需求。虽然搭建实景直播间需要一定的资金，但却因此可以为主播节省一笔出外景的费用。

② 从实际直播过程来看，实景直播间虽然并不能取代虚拟直播间和外景，但已经远远超越了传统背景布时代的“虚假做作”，主播的表情会很自然，也会容易入戏，直播效率也会得到进一步提升。另外，实景直播间的灯光是事先调试固定好的，保障了直播的效果，主播不必担心曝光不准的问题。

③ 实景直播间丰富多彩，可快速完成多个景观、多个时代、多个季节、多个主题的直播。且由于实景直播间的光效可以被完全控制，所以能拍出外景条件下无法拍摄也拍不出的效果。

除了直播，实景直播间还具有可观赏性，可以作为直播间的一种景观，也方便观众参观。主播在接单时，可以带着客户参观直播间，事先让客人了解直播的环境，这也是体现主播实力的一个良好时机。

（三）直播间实景搭建的元素

实景直播间，比较适合服装、箱包、鞋帽等直播场景，尤其是服装门店商家，采用门店实景作为背景，可以更好地体现穿搭效果，增强观众的真实感受。因此，直播间实景搭建需要考虑主体、背景、场景、色彩等各类元素。而设备与灯光的结合运用可以更好突出以上元素。在考虑设备组合时，除了直播机外，比较推荐1～2个摄像头和麦克风，因为这种组合可以兼顾主播及产品细节；灯光则可以根据直播场地实际照明情况自由添加。

（四）直播间实景搭建的流程

1. 研究方案，布置任务

为了保证直播间实景搭建的质量和时间。在搭景前，主播需要带着画好的气氛图、平面图和制作图与置景负责人一起研究图纸，集思广益，虚心听取置景人的意见。主播要反复讲解所搭布景结构、基调、尺寸、气氛及直播环境的处理方法，如果是大型复杂布景，最好做成布置模型，直观讲述施工要求。从而在设计基础上进行再加工、再创造。这样可以避免布景返工重搭，并能提高布景的艺术质量。尤其对于规模较大结构复杂的布景，深入研究和布置任务更为重要。通过研究，可以做好备料工作，尤其是运用分解构件式方法提前预制构件，为现场组装做好充分的准备工作，此方法可以提高效率，确保质量。

2. 确定布景搭建位置

确定布景位置是一件十分重要的工作，特别是对于提高直播间的利用率有着重要意义，直播间经常要连续进行直播，且直播间数量是有限的。同样一个直播间可以同时多搭一两个布景，这样做不仅可以增加经济效益，还可以有效地缩短主播的工作日程。“一间多景”是直播行业中的规律性做法，也是主播们共同努力的方向。

布景的平面位置决定着直播设备的拍摄角度和照明布灯位置，只有在满足拍摄角度要求前提下才会考虑节约面积问题。因此，大多采用对角搭法，在中间留出直播设备位置。举个例子，目前北京电影学院小直播间面积为（24×30）m^2，大间为（30×36）m^2，特大间为（36×48）m^2。

3. 铺地板，画地盘图

布景位置确定后，根据图纸位置在直播间铺地板。一般地板架高90 cm。布景就搭在由地板搭成的平台上，使景片能够生根，同时可以把灯和幻灯机遮挡起来。铺地板时要牢固不摇晃，面积要比布景平面大一些，以便直播设备空出位置和拍摄移动镜头。画地盘图，就是按照场景平面图放大样，在地板上勾画出场景的平面布局。根据场景平面图，在搭景的平台上准确地抓出所搭景物的区域、方位、尺寸等规范图线。画地盘线是置景工艺的一道主要工序，也是对设计构思的一个调整过程。因为在画地盘线时可能随时发现图纸上所设计的某些结构或某些部件的尺寸错误，便于随时纠正、修改。画地盘线多采用白粉撒线，使置景人员有一个明确的印象。地盘线的确定，关系到场景的艺术效果以及是否符合场面调度和拍摄要求，对一些规模较大、结构复杂的场景，为了求得整体感，可先用相当于布景高度的拉杆立于主要点上，用取景框审查拍摄角度，如有不当，及时调整。

4. 竖景片，装备件

在画好的地盘图上搭建预制景片，形成场景的基本框架。布景的墙是由各种不同规格的景片根据地盘图装配起来的。搭建布景时要装门窗、各种线角及装饰件。搭自然景物时，要按设计要求加工出土坡、山林等。布景的门窗属于购置件，可以从置景车间仓库找来代用，也可以根据造型要求制作。主播可以与相关技术、美工人员在布景中讨论镜位和拍摄角度，对景片位置高度、活片的设置、对重点部位加固等。

直播间布景不追求坚固、耐久，而是追求表面效果，给人以真实感。为布景造型提供一个坚实的基础，既具有逼真感又有艺术性，从而完成美术造型效果，使布景具有生命力。内景是在直播间里搭建的人工布景，而且大多是用木结构框架制成。布景的表面处理对于场景的造型起着关键作用。

5. 吊灯板，装灯架

内景在直播间内搭建，需要人工光源拍摄，在布景搭建工作即将完成之时需要安装吊灯板架，以便合理安排光源。此工作需要主播与施工人员合作完成。其作用是运用人工光源模拟和再现生活中的自然光效。运用内景照明可以创造典型环境、渲染气氛，刻画人物性格。灯板安装位置应以布景景片的外侧为准，要求对布景的各个角度都能打到光，没有死角，且角度、层次恰到好处。由于内景是多光源照明，容易造成多种投影、余光，因此需要遮挡多余的光，做到多光而互不干扰，灯多而投影不乱，画面效果干净统一。

6. 挂天片，画衬景

天片，又称“天幕”，是悬挂在直播间四周用来制作背景的布幕。用布制成，高6～10 m，是内景制作中的一个组成部分。直播间空间是有限的，其景物空间是靠在天片上绘画而成。也就是根据内景的特定要求，用绘画、喷刷和幻灯手法绘制的天地山川、树木花草、亭台楼阁等景物。使布景的空间得以延伸，视野扩大。

天片绘景必须做到逼真可信，其具体的形象、色彩、色调、明暗对比，虚实和透视关系的处理，必须与布景和谐统一。在一些较大场景制作中，为加强景深效果，增强景物的透视感。还经常采用单片背景，或真实花草作陪衬。其比例、透视关系包括色彩处理均与主景相一致。

7. 验收和改景

当整个布景搭建完成并做出表面效果后，相关人员要到直播间验收布景。验收的内容主要有场景平面调度、场景基调气氛以及表面效果制作是否真实可信。对于不合适方面，在可行情况下进行修改，达到直播要求为止，要分清责任、是非，并以原设计图、制作图为标准和依据查证。

（五）直播间实景搭建设计

1. 通过直播间搭建明确风格

搭建一个带货直播间，最重要的就是要明确自己的直播间风格，比如卖汉服的直播间，就不能把直播间装修成潮流买手店的样子。因此需要注意的是，一定要根据自己的产品风格，布置合适的直播间场景。如果可以使用的直播间面积不大，或者预算较少，没有办法打造精美豪华的直播间场景，可以用一些装饰物丰富直播间氛围，但要确保直播间色调统一。

2. 通过直播间搭建进行构图

在直播中，如果镜头里主播都快被挤到墙角去了，看起来非常压抑，也就没有构图可言。如果说直播间确实面积不大，可以利用墙角来增加空间纵深感，但是主播不能离墙壁太近，最好是距离墙壁1.5 m以上。直播设备搭建位置最好位于主播肚脐位置，既能拍到全身，也不会空间变形。构图最好是采用2/3构图，也就是主播占据直播画面2/3，头顶留空1/3，这样画面看起来有呼吸感。

3. 通过直播间搭建进行灯光设计

直播间一定要遵循“顺光原则”，千万不能逆光或者是顶光，而且光线要明亮通透、光线均匀柔和。

（六）直播间实景的应用范围

直播间实景搭建是对直播间的硬装和软装，尽管需耗费一定财力、人力、时间，但其应用范围较广，对于很多产品的直播来说都是比较好的选择。

1. 实践形式直播间

实践形式，是把直播间模拟成线下店的模式，观众进入直播间时仿佛在商场逛店一样。比如有时候看到直播场景是售卖鞋子，主播的身后放了不同样式的鞋柜，直播现场有很多款式的鞋子供观众挑选，随着主播进行直播带货，给观众的感觉就如同亲身在鞋店里选购的感觉。

2. 店播形式直播间

店播形式直播间的背景是店的背景，观众可以看到店铺的陈设货品，从而增强观众信任感，进行下单选购。店播形式直播间与实践形式直播间有区别，店播形式直播间多用于对成熟的品牌开设的直播间进行现场临时选购。实践形式侧重于操作流程，让观众感觉和主播一起操作，在店播形式直播间中，主播的形象是在已经实体运营的店铺中担任导购员，对于成熟的品牌店铺不用做太多的改造升级，即可选择这种形式进行直播。

3. 体验式直播间

体验式直播间，简而言之就是有一位经验丰富的老师傅带领观众一起体验，这种场景不适合现场叫卖类的带货，而更适合提前将物品上传到购物车中，通过体验后观众下单。例如挖笋的直播，主播会在现场搭建简单的直播间，然后教直播间的观众到现场去挖笋，主播通过挖笋来制造现场感，让观众感觉所有的笋都是现挖现发的，这样的内容虽然简单，观看量却很高。抖音还有不少厨师主播，把自己的操作间作为直播间，现场烹饪菜肴，并进行操作讲解，通过体验来学习烹饪知识。甚至连路边摊炒粉、烤羊肉串也采取这样方式，有些非厨师主播模拟厨房的场景教观众做饭菜，然后会卖一些原材料，这就是体验式直播的形式。对于场景搭建而言，只需要简单的灯光和设备保障，门槛非常低，这样体验式的场景很受广大新手主播和观众的欢迎。

4. 活动形式直播间

将特定时间特定范畴的促销、文化活动作为专题，搭建相关内容且突出主题的直播间。某直播间开展主题活动，现场布置了送福利的元素，吸引观众注意力，通过活动把更多观众留在直播间。

5. 原产地形式直播间

原产地实景，就如同直接在产地现场操作，现场售卖产品，主播可以向观众介绍产品是原产地的现货，满足观众对原生态产品的需求。原产地形式的直播与体验式直播不同，主要是用实景直播间来强调主播来自生产一线或仓库。例如，卖服装的直播，如果背景中有厂家的仓库进行打包发货，就会让观众觉得直播间就是工厂直发，从而激发购买欲望。

二、直播间虚拟场景搭建

虚拟直播当下正属于发展阶段，已经被逐渐利用在各个场景中，其实不单单只是虚拟背景的直播间，还有各种短视频制作、企业营销、线上课堂都在利用这类创意工具将现实与虚拟连接起来。更有虚拟主播、虚拟偶像等频频出现，虚拟直播发展前景广阔。

（一）虚拟场景的概念

虚拟场景直播，是运用影视行业的色键抠像技术，将蓝、绿幕实时抠除，再实时置换成直播需要的理想场景的一种直播技术。虚拟是直播间的变革潮流，5G、VR等新技术正在直播间掀起一场空前的革新。

1. 虚拟场景直播的特色功能

虚拟场景对于实景直播来说优势更加明显。首先，虚拟场景完全由计算机制作，相对于实景直播而言更加便捷且成本低；其次，虚拟场景换景更容易，实景直播间搭建完成后，想要换景就得重新装修，是一项复杂的工程，而虚拟场景实时切换，完全能做到一物一景，可根据货品种类进行选景；再者，对直播行业来说，虚拟场景直播目前还是一种新技术，因为新颖独特，才更能引发关注；最后，直播的未来就是真实场景的虚拟化再现。

总之，景随货移，虚实结合，在货品出现时，就能给出它的使用场景，让粉丝真正做到沉浸式消费。

2. 虚拟直播的优点

① 完全智能化操作，百变场景一键切换，无缝对接。只要预先按照货品或者流程对好切换的场

景，直播时可以一键调取。

② 实现直播+录播交替进行。可以预先录制好视频进行特效制作，合成录播视频，在直播过程中调取实时插播，与直播无缝对接，增强直播效果。这样，不仅可以弥补直播过程中因操作不当导致“翻车”的现象，还能够达到超越线下的科技体验感。

③ 直播过程中实时AR图文包装。在直播过程中，产品信息、价格、广告语等可以用文字、图片、视频的形式，以前景、后景进行呈现。甚至一些特效，比如下雨、火焰、飞机等均可以在直播当中根据需要实时展现。

④ 虚拟直播可以不受空间的限制。第一，即使直播间很小，也可以呈现出有无限空间的场景。第二，在直播间里可以打造“上天入地”的场景。

以上这些，是实景直播无法企及的，更不是简单的手机直播可以媲美的。

（二）虚拟直播间的原理

主播置身于蓝色背景幕布前直播，利用色键合成器的色键功能将前景图像中的色度与其作背景的彩色幕布的色调差别作为形成键控电压的依据，并利用此电压去“抠”插入画面，然后再将前景图像填入画面，这样就将主播从蓝色背景中分离出来，用其他的画面作为背景填充蓝色部分，形成一幅天衣无缝的合成画面，这种系统现在在电视节目制作中应用得非常普遍，虚拟演播室系统中最主要的就是虚拟演播室抠像直播主机。

（三）虚拟场景直播间的分类

虚拟场景的直播间通过搭建绿幕，满足主播直播过程中需要抠像、设置沉浸式背景的需求。虚拟场景的搭建需要主播花费更多的心思，因为除了设备摆设和连接之外，还要考虑绿幕、桌椅以及物品的摆放搭配，以呈现更好画面效果。

1. 小型直播间

小型直播间占地面积在15 m^2左右，一般会合并拍摄区和操作区，将场地资源最大化使用，满足简单的抠像需求，帮助主播便捷式开播。小型直播间普遍适用于1～2人出镜的坐播直播场景（如果选择站播，只能拍到主播上半身，无法拍到全身），常应用于直播带货、内部培训等场景中。主播搭建小型直播间需要花费的成本较低，除了占地面积小，其对于设备的要求相对简单，仅需1台摄像机、1个麦克风以及2组灯光便可开播。由于成本低和搭建周期相对较短，小型直播间对于想要快速呈现高品质直播内容的企业而言，性价比非常高。

2. 中型直播间

中型直播间占地面积在20～40 m^2，主播可根据实际情况合理布局拍摄操作区、设备器械区和导播运营区，此外，还可以根据需求配置讨论区或访谈区。通过将摄像区和操作区分离，无论是主播还是灯光摄像导播等操作人员，直播中都有较为舒展的空间。

中型直播间可满足坐播和站播两种形式，出镜人员也可增至3人左右，适合直播带货、教学培训、访谈类等场景，能够满足主播大多数的直播场景需求。搭建中型直播间相较于小型直播间的搭建成本会有所上涨，但为了呈现高品质的直播内容，设备数量还要相应增加，包括1～2台摄像机，2～4个麦克风以及4组灯光。从直播效果看，中型直播间的画面能呈现更多内容，可采用多机位拍摄，根据脚本选择适合镜头，直播呈现效果更佳。

此外，由于中型直播间场地得到扩容，可同时搭建实景区和绿幕区，主播可以根据自身实际需求合理配置直播间景区，以呈现更贴合业务场景的直播内容。

3. 大型直播间

大型直播间的场地规模一般会在60 m^2以上，能够满足拍摄操作区、设备器材区、导播运营区、休息区以及化妆区等多功能区域配置，使直播场地一体化。由于大型直播间场地得到了充分扩容，实景区和绿幕区可同时搭建，主播可依据不同主题选择不同的景区进行直播，呈现沉浸式直播效果。大型直播间可满足坐播和站播两种形式，出镜人员也可增至10人以上，适合直播带货、教学培训以及企业大型直播、虚拟发布会、年会等活动场景。由于场地、装修以及设备等因素，大型直播间的搭建成本会更高昂，搭建周期也会比中小型直播间更长。要想在大型直播间呈现精美的直播内容，主播需要配置完备的设备组合，以满足不同直播场景的需求。如3台摄像机、10个以上麦克风以及8组以上的灯光设备组合。

（四）虚拟对象的选择

1. 虚拟人物直播

部分平台正在研发虚拟人物直播，部分动漫IP也在做相关研究，在虚拟人物直播中的人物形象是最重要的，可以通过一些软件进行制作。

2. 虚拟场景直播

这项技术虽然在影视行业早有应用，但在个人直播领域却是困难重重，需要克服不少技术难题。普通大众水准有专业导演的技术水准，在拍摄时懂得镜头调控、道具摆设、灯光处理以及后期制作等技能的掌握更不容易。所以，将技术集成，再将操作系统智能化，以达到让人人都能用、人人都能用得起的目的还需一定的时间。这也是虚拟场景直播迟迟不能市场化的原因。不懈努力的国内科技工作者正在解决以上技术难题，并取得骄人的业绩。

以上这些技术难题，如“一种基于场景信息的实时目标抠像方法”等发明专利的出现，以及某些科技公司创新开发了面向大众的智能化操作系统，可以实现真三维虚拟场景直播。

虚拟场景除了在电影、电视剧拍摄中广泛应用，也在电视台的虚拟演播厅搭建中采用。科技公司将其智能化后，在一些企业电视台、校园电视台、个人直播带货、医疗直播中亦有颇多使用。它的显著特点就是无须搭建实景，通过计算机搭建虚拟场景就能输出超高清的4K级画面，还能自由组合搭配，做到虚实结合，呈现出绚丽百变的理想场景。

（五）虚拟直播间的优点

① 节约了电视节目制作的费用。在传统演播室的节目制作中，场景的制作主要以搭建实景为主，因此实景搭建的设计、施工和保存都需要花费大量的人力、物力。虚拟演播系统通过计算机技术、网络技术、视频技术等，用一个事先由三维软件做好的虚拟场景替换蓝箱中的蓝色部分，使人物自如地在虚拟场景中表演主持，大大降低了演播室的成本。

② 节省了演播室面积。虚拟演播系统通过快速更换虚拟场景图，轻松实现了多档节目的制作。避免了在多个节目的实景搭建、保存过程中，占用大量实际面积的现象。

③ 改善了直播的视觉效果。使工作者摆脱了时间、空间及道具制作方面的限制，能够自由地遨游在广阔的想象空间之中，极大地提高了节目创作及制作能力。比如演员足不出户在珠穆朗玛峰上、在黄果树瀑布边、在火星上或在任何假想到的地方进行直播。

④ 减少了节目制作时间，大大减轻了工作人员的负担。

任务实施

按照基地要求，对美妆类直播间进行实景或虚拟场景的选择，绘制美妆类直播间搭建流程图。

一、对美妆类直播进行简要分析，说明应用实景或虚拟场景的原因

由于美妆类直播间更适合在室内进行直播，观众更希望看到的是产品实用的效果。

由于观众更希望看到一些真实的美妆产品，因此在直播间搭建的过程中，搭建实景直播间更具有优势，可以不受时间、季节的制约进行直播工作，还可以有效节省成本。同时实景搭建能够为观众展现产品效果和丰富的产品种类。

二、绘制搭建美妆类直播间流程图

直播间流程图如图2-8所示。

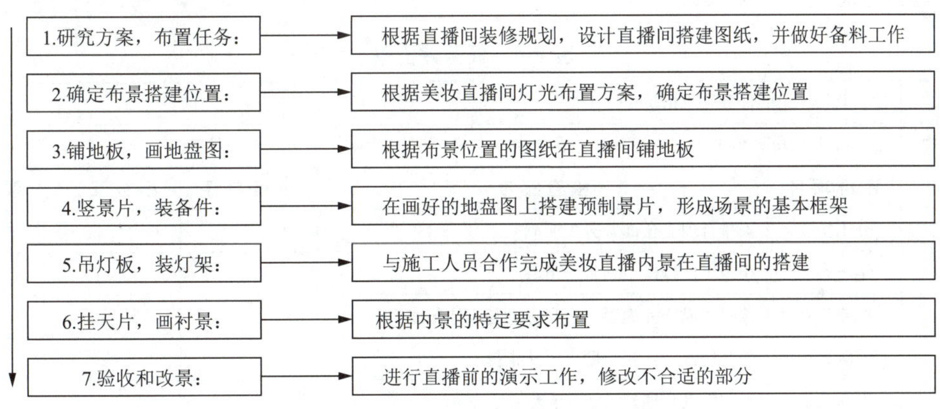

图 2-8　直播间流程图

项目总结

本项目根据直播电商基地的需要，做好直播间的搭建工作，尤其对网络直播间搭建的设备选择，直播间搭建风格策划和直播间实景、虚拟场景搭建三个层面开展任务实施，使学生掌握直播间搭建的基本知识，明确直播间的重要意义，建立如何选择、比较、分析直播间搭建的方法，从而实现搭建直播间、促进直播的有效实施。

项目实训

一、实训目的

通过项目实训锻炼学生设备选配和直播间搭建的相关工作能力，提高学生审美能力，培养学生探索意识和创新能力。

二、实训准备

灯具、货架、直播间搭建所需的其他设备和装饰材料。

三、实训要求及考核评价

根据项目实施与总结的全过程，商讨搭建符合自身特点的直播间。

具体要求：

① 6～8人为一个小组。

② 以小组成员内部自荐（推荐）的方式，选举小组组长，由组长带领组员实施任务。

③ 作为组长如何通过自我意识、人格发展理论帮助组员构建符合自身特点的主播人设。

④ 以小组合作的形式完成任务实施。

⑤ 组长负责完成填写任务评价单，见表2-4，教师根据任务完成情况给出评价。

⑥ 在任务完成后，每位成员从职业素养、专业知识、专业技能、工作方法等方面完成该项目的总结，填写任务总结单，见表2-5。

表 2-4　任务评价单

检查目的	过程监控小组的任务完成情况				
评价方式	小组自评（满分 40 分），小组互评（满分 30），教师评价（满分 30 分）共三部分				
序　号	评价项目	检查标准	小组自评	小组互评	教师评价
1	分工情况	安排合理、全面，分工明确			
2	学习态度	小组工作积极主动、全员参与			
3	纪律出勤	按时完成任务内容、遵守考勤与工作纪律			
4	团队合作	相互协作、互相帮助，听从指挥			
5	创新意识	看问题具有独到见解，有创新思维			
6	完成质量	任务单记录完整，按照计划完成任务			
检查评价	班　级		第　组		
	评语： 检查人员签名：				

表 2-5　任务总结单

项　目 2	网络直播间搭建			
班　级		第　组	成员姓名	
职业素养	通过对任务的完成，你认为自己在社会主义核心价值观、职业素养、学习和工作态度等方面有哪些需要提高的部分？			

专业知识	通过对任务的完成，你掌握了哪些知识点？请画出思维导图
专业技能	在完成任务的过程中，你主要掌握了哪些技能？
工作方法	在完成任务的过程中，你主要掌握了哪些分析和解决问题的方法？

项目3
直播团队组建

项目导入

A公司近期将开展一次大型商品售卖直播活动，需要选定一位组织协调能力强且具有共情能力和团结守纪的集体意识的人负责直播团队组建项目，故责成你完成直播团队组织架构建设任务；制订直播团队岗位职责；制订团队粉丝社群维护计划。建立和谐高效的直播团队，成功完成直播任务。

学习目标

知识目标：

（1）能说出团队构成要素和直播团队工作内容。

（2）能制订直播团队岗位职责和规范。

（3）能总结粉丝社群的主要特征和运营策略。

能力目标：

（1）能根据业务需求搭建团队。

（2）能对多个创意制作团队进行协调管理。

（3）能建立团队文化理念，有效开展粉丝社群运营。

素质目标：

（1）具备理解、共情能力。

（2）具备组织、协调能力。

（3）具备团结守纪的集体意识。

项目实施

任务1　直播团队组织架构建设

任务解析

根据直播团队的概念、类型、工作内容和岗位配置完成直播团队组织架构设计并绘制直播团队组织架构图。

知识链接

扫一扫

直播团队的构成要素

一、直播团队概述

（一）直播团队的概念

直播团队是由两个或两个以上，相互作用、相互依赖的个体，为了达成直播目标而按照一定规则结合在一起的组织。

（二）直播团队的工作内容

扫一扫

直播团队的工作内容及分类

直播团队要实现销售目标，需进行预先策划。经过充分的协调，良好的演绎，同时要在直播前后提供贴心、及时的客户服务，才能达到预想的直播效果。通常可以按照直播业务流程，将直播团队的直播工作内容进行合理划分，然后综合考虑每一项工作的内容、复杂程度等因素设置岗位并配备相应的人员。

一般情况下，一项完整的直播工作，其内容可以划分为策划工作、运营工作以及客服工作三大项，如图3-1所示。

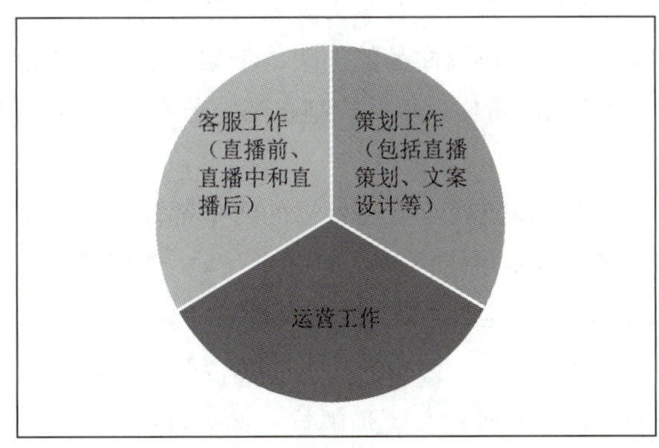

图3-1　直播团队工作内容划分

策划工作包括直播策划、文案与设计、短视频拍摄制作等工作，具体包含直播平台的选择、直播脚本的撰写、活动的策划、福利的策划、推广的策划、直播过程中的各种设计工作等。

运营工作主要指直播运营，直播运营主要包括直播组织、粉丝互动、个人IP打造、投流等运营活动，也包括运营中的直播节奏把握、场控、突发问题的处理等协调工作。

客服工作主要是对参与直播的客户进行服务，比如处理客户产品咨询及订单、退换货政策等。直播前后的客户服务主要包括平台上客户售前咨询或疑问解答、订单处理、未付款催收、售后追踪、售后退换货处理、反馈及买家回访、客户需求分析、供应链对接、仓储盘点等。

二、直播团队分类

根据直播团队的概念和工作内容，直播团队大体分为以下几类：

（一）个人直播团队

个人直播团队的核心是主播。团队成员默契配合主播达成直播效果，配合贯穿于前期策划、直播中和后期运营全过程，个人直播团队架构如图3-2所示。

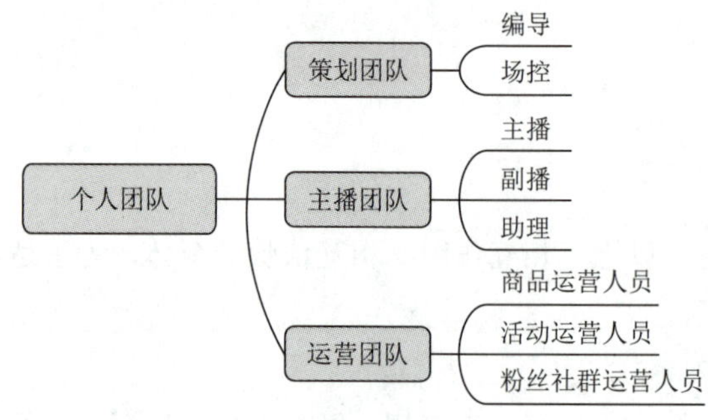

图 3-2　个人直播团队架构

1. 策划团队

策划团队主要承担确定直播主题、策划直播活动、规划脚本和直播中的福利等工作。团队成员要根据主题确定商品、开播时间、直播持续时长，还要针对不同的用户群体属性，制订不同的福利方案、推广方式等。

策划团队一般包括编导和场控。编导主要负责策划直播活动，撰写直播脚本、短视频制作等工作。场控主要负责直播间的中控台，协调商品的上架、下架，发送优惠信息、红包公告，进行抽奖送礼，随时根据直播间要求更改商品价格，以及控制直播间节奏、氛围的营造、必要的投流等工作。

2. 主播团队

主播易得，团队难求。直播风格定位，直播目标的选择都需要主播团队的相互配合。主播团队是直播的最终执行方，其工作内容是展示商品，与用户互动。除直播外，主播团队还要参与复盘、优化和提升直播效果。主播团队一般包括主播、副播和助理等岗位。

① 主播负责正常直播、熟悉商品信息、介绍并展示商品、与用户互动、介绍活动、复盘直播内容等。

② 副播可以是多人，协助主播直播，与主播配合。说明直播间规则、介绍促销活动、补充商品卖点、引导用户关注等，有时也承担助理角色。

③ 助理负责配合直播间的所有现场工作，包括直播背景调整、灯光及拍摄设备的调试、商品的摆放等，有时也承担副播的角色。

3. 运营团队

运营团队一般包括商品运营人员、活动运营人员和粉丝社群运营人员。

① 商品运营人员，负责提供商品、挖掘商品卖点、培训商品知识、优化商品等。

② 活动运营人员，负责搜集活动信息、策划活动文案、执行活动计划等。

③ 粉丝社群运营人员，负责主播的微博、粉丝群、贴吧、抖音、快手、小红书等账号日常维护；承接各类线上、线下互动活动等。

（二）商家直播团队

目前自媒体经济的发展如火如荼，发展潜力较大，有经验的商家也开始重视自媒体的作用，利用互联网、新媒体平台打造自己的自媒体经济，构建直播团队，商家直播团队架构如图3-3所示。

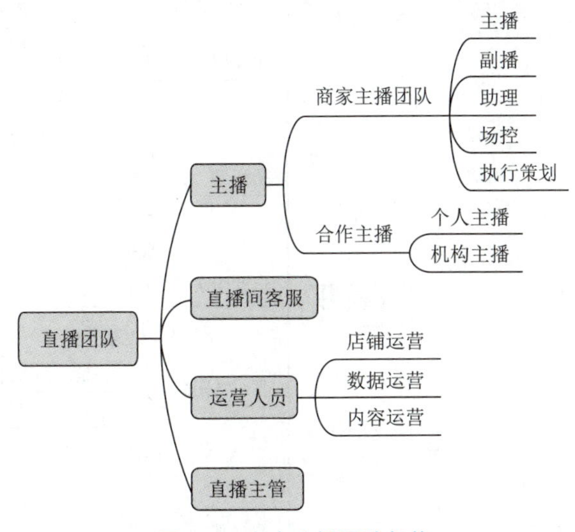

图 3-3　商家直播团队架构

1. 主播

商家在选择主播时，要寻找与企业特点相匹配的主播。形象、气质要与品牌形象相契合，并且熟悉企业文化和商品信息，主播人设要与商品的目标用户群体需求相匹配。另外，商家也可以通过机构推荐，结合实际需要选择比较成熟和匹配的主播资源。

2. 直播间客服

直播间客服要配合主播在直播间的互动答疑、商品催付、售后发货等。另外还要通过用户口碑、服务态度、物流发货速度这三个维度进行后期维护工作，提升店铺口碑分。

3. 运营人员

运营人员主要策划直播流程，做好整体人、货、场匹配，监控数据，反馈直播各环节短板等工作。具体职责如下：

① 店铺运营，负责配合与直播相关的店铺运营工作等。

② 数据运营，负责直播数据监测，分析优化方案等。

③ 内容运营，负责直播前后的内容宣传、造势与运营等。

4. 直播主管

直播主管主要负责主播的日常管理、招聘、培训、心理辅导等工作。

（三）MCN机构直播团队

MCN（multi-channel network），一种多频道网络的产品形态，是一种经济运作模式。这种模式将不同类型和内容的专业生产内容（professional generated content，PGC）联合起来，在资本的有力支持下，保障内容的持续输出，进而最终实现商业的稳定获利。

MCN机构在组建直播团队时，筛选或孵化直播达人，发现并运营优质内容，帮助直播达人获取流量和粉丝，进行粉丝管理、平台资源对接、活动运营、商业化变现及子IP的开发等系列工作。MCN机构直播团队组织架构包括直播业务、专业生产内容业务和直播商家业务，如图3-4所示。

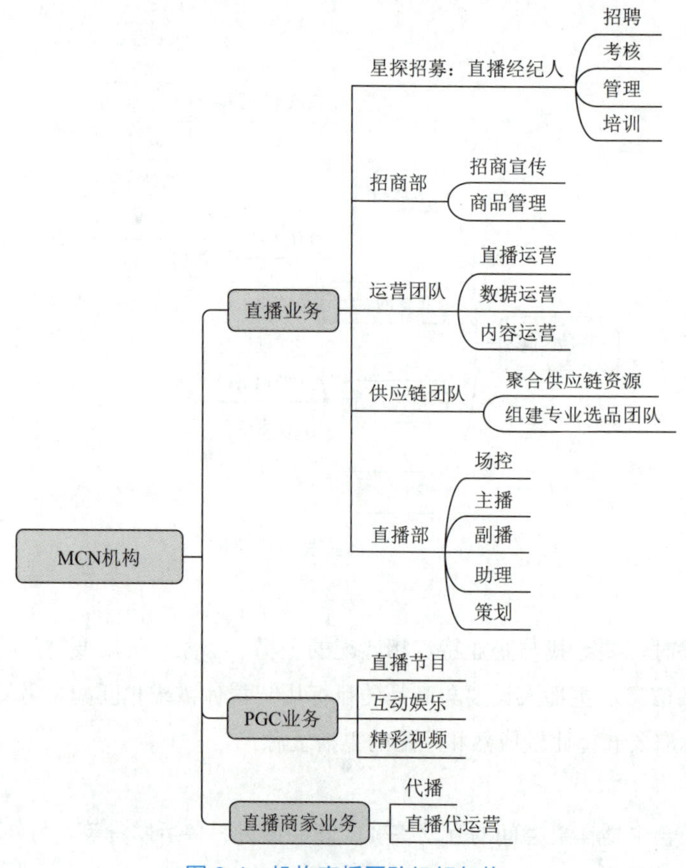

图 3-4　机构直播团队组织架构

1. 直播业务

直播业务的组织架构主要包括星探招募、招商部、运营团队、供应链团队、直播部等各组织架构的具体人员和工作内容。星探招募主要是直播经纪人，负责主播的招聘、考核、管理、培训等工作；招商部主要负责招商宣传工作（商家合作、商品招商等）和商品管理工作（负责商品的选品、更新、管理等）；运营团队主要负责直播运营（与各项直播业务运营相关的工作）、数据运营工作（负责直播数据收集、分析和优化直播方案、投流等）和内容运营工作（负责直播前后的内容宣传、造势、运营等）；供应链团队负责聚合供应链资源和组建专业选品团队工作（严格筛选商品，以保证质量）；直播部主要包括场控、主播、副播、助理、策划等工作。

2. PGC业务

PGC业务主要包括直播节目、互动娱乐和精彩视频。专业生产内容栏目需要具有专业领域视频直播制作能力的机构，为用户传播其感兴趣、有价值且与电商关联的直播视频内容。专业生产内容生态系统是从内容生产到内容推广再到品牌的形成、粉丝的汇聚，最终内容品牌被粉丝反哺并进行自推广的整套生态闭环。

3. 直播商家业务

直播商家业务主要包括代播（为商家提供主播、直播间等一系列直播服务）、直播代运营（为商家提供直播及一切相关业务的一条龙服务）。

（四）供应链基地直播团队

在MCN机构培养主播帮助商家卖货的初期，货源只能依托商家寄样或者购买样品。在孵化新主播的过程中，MCN机构发现仅仅依靠招商已经无法满足直播间对货品的需求。一方面行业发展越来越迅猛，主播成长得越来越快，用户对商品的要求越来越高；另一面却是直播带货“翻车”事件频繁发生，供应链不稳定、直播带货虚假宣传、产品质量无法保障、退换货难等问题已经成为制约行业发展的首要因素。消费者更重视货品性价比，过去是“人带货”，而现在更多是“货带人”。想要在激烈竞争状态的直播下半场活下来，带货自媒体博主们身后的整个商品供应链才是重点。于是便诞生了直播基地、直播产业带、线下市场、设计师直播基地等产业。供应链直播团队组织架构如图3-5所示。

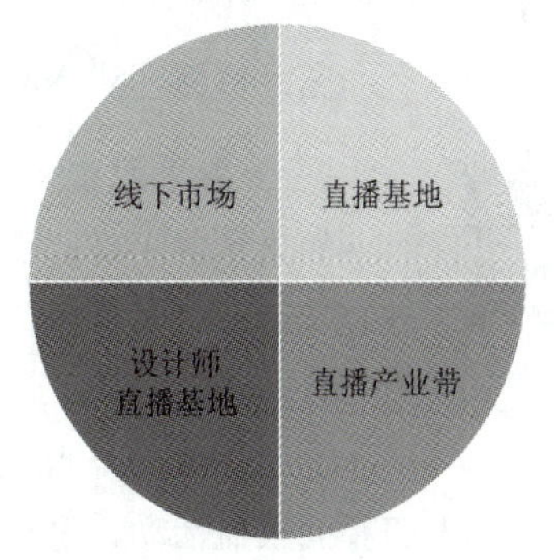

图3-5 供应链直播团队组织架构

当下，直播行业拼的就是商品供应链效率。每个供应链团队都要明确自身所具备的能力，瞄准自身所在的市场，打造自己的核心竞争力，进行精细化运营。再小的供应链直播团队也不能是草台班子，也应该五脏俱全。因此，选择与MCN机构捆绑，有利于长期运营；规模大的供应链基地可以做超级供应链，从而抢占更大的市场。

1. 直播基地

直播基地运营主体主要有以下两类。

（1）流量平台自建的直播基地

流量平台自建的直播基地运营主体，如京东、淘宝、快手等平台在全国建的直播基地，包括自建自营、委托第三方运营和合作运营等不同的运营方式。

（2）MCN机构建设的直播基地

MCN机构都希望延展链条，因此很多MCN机构也开始打造直播基地，如某文化传媒有限公司，旗下共有40余位主播，包括多位当红主播和演艺界明星，并建立了明星直播基地。直播基地为主播和MCN机构提供了绝对的便利，并提供了空间价值、流量价值和供应链价值，同时直播基地的聚集效应也提升了MCN机构的议价能力。

2. 直播产业带

直播产业带的组织架构包括“货源厂家（一级供应商）+直播团队+其他”，这是一种商品根源化的供应链，从源头上节省了成本和流程。产业带拥有大量商家和相对成熟的管理体系，商品的品质和售后服务更有保障。线上直播和线下的产业带供应链相结合，极大地提升了生产端到零售端的效率。对于主播而言，产业带的优势有效解决了商品供给问题；而对于产业带中的商家而言，主播背后的庞大粉丝群体也打消了商家在商品销售方面的顾虑。

3. 线下市场

线下市场的组织架构包括“二、三级供应商+直播团队+其他”，是一种以一、二级批发与流通市场、专业品类市场、百货大厦等线下实际正常经营的实体市场为货源的供应链。

4. 设计师直播基地

设计师直播基地是以设计师为核心和出发点而形成的特色型小众化供应链。这类直播基地的人员配备和普通直播基地相差无几，只是商品的来源更高端，相应的成本也更高。有些供应链直播基地和设计师品牌合作，或签约设计师进行设计打版，让合作的工厂生产样品，寄给主播后邀请其直播。这种多为轻奢型供应链，客单价（是指每一位顾客平均购买商品金额）较高，其优点是款式更新较快，毛利率相对较高，主播愿意合作，而且由于款式上具备优势，再加上存货不多，库存积压也不会太多。当然，这类直播基地也有不足之处，那就是签约设计师的成本较高，这要求电商团队必须能够准确判断市场的流行趋势，同时对主播有较强的把控能力。

三、直播团队岗位配置

扫一扫

直播团队组织架构

（一）基本配置

如果预算不高，那么可以组建基本配置版的直播团队，根据工作职能，团队需要至少设置1名运营，1名主播，人员任务如下：

1. 运营任务

① 货品组织、品类规划、结构规划、陈列规划、直播间数据运营等。

② 直播间权益活动、粉丝分层活动、排位赛制活动、流量资源策划等。

③ 商品脚本、活动脚本、直播语言脚本、封面场景等策划；下单角标设计、直播间打造、主播妆容、服饰、道具等设计。

2. 主播任务

熟悉商品脚本，熟悉活动脚本，做好复盘，控制直播节奏，总结情绪、表情、声音、肢体语言等。

基本配置直播团队这种职能分工方式对运营人员要求比较高，运营人员必须是全能型人才，懂技术、会策划、能控场、懂商务、会销售、能运营，在直播过程中集运营、策划、场控、助理等身份于一身，能够自如地转换角色，工作要做到游刃有余。另外，只设置1名主播的缺点在于团队无法实现连续直播，而且当主播流失、生病等问题出现时，会直接影响直播工作的正常进行。

（二）标准配置

企业或商家选择直播带货，一般会按一场直播的完整流程所产生的职能需求，组建标配版直播团队，至少包括运营1人，策划1人，场控1人，主播1人。人员任务如下：

1. 运营工作

运营工作包括货品组织、品类规划、结构规划、陈列规划、直播间数据运营等。

2. 策划工作

① 直播间权益活动、粉丝分层活动、排位赛制活动、流量资源策划等。

② 商品脚本、活动脚本、直播语言脚本、封面场景等策划；下单角标设计、主播妆容、服饰、道具等设计。

3. 场控工作

场控工作包括直播设备调试、直播软件调试、保障直播视觉效果、发券、配合表演、后台回复、数据即时登记反馈等。

4. 主播工作

主播工作包括熟悉商品脚本，熟悉活动脚本，做好复盘，控制直播节奏，总结情绪、表情、声音等。

标配版直播团队的核心岗位是主播，其他人员都围绕主播来工作。当然，如果条件允许，还可以为主播配置助理，协助配合主播完成直播间的所有活动，这种团队配置的人数基本为4～5人。

（三）升级配置

随着团队的不断发展，企业或商家可以适当壮大直播团队，将其改造为升级版直播团队。升级版团队人员更多，分工更细化，工作流程也更优化，升级版直播团队人员任务分工见表3-1。

表 3-1 升级版直播团队人员任务分工

<table>
<tr><th>成　员</th><th colspan="2">任务分工</th></tr>
<tr><td rowspan="3">主播团队
（3人）</td><td>主播</td><td>开播前熟悉直播流程、商品信息以及直播脚本内容；
介绍、展示商品，与用户互动，活跃直播间气氛，介绍直播间福利；
直播结束后，做好复盘，总结语言、情绪、表情、声音等</td></tr>
<tr><td>副播</td><td>协助主播介绍商品、介绍直播间福利、主播有事时担任临时主播</td></tr>
<tr><td>助理</td><td>准备直播商品、使用道具等；
协助配合主播工作，与主播互动等</td></tr>
<tr><td>策划
（1人）</td><td colspan="2">规划直播内容、确定直播主题、准备直播商品、做好直播前的预热宣传、规划好开播时间段，做好直播间外部导流和内部用户留存等</td></tr>
<tr><td>编导
（1人）</td><td colspan="2">编写商品脚本、活动脚本，关注语言脚本，控评语言脚本，做好封面场景策划、下单角标设计、妆容服饰道具、短视频文案等</td></tr>
<tr><td>场控
（1人）</td><td colspan="2">直播设备如摄像头、灯光等相关软硬件的调试；
直播中控台的操作，包括直播推送、商品上架、监测直播实时数据等；
接收并传达指令，例如，若直播运营有需要传达的信息，场控在接到信息后要传达给主播和副主播，由他们告诉用户</td></tr>
<tr><td>运营
（2人）</td><td colspan="2">营销任务分解、货品组成、品类规划、结构规划、陈列规划、直播间数据运营、投流、活动宣传推广、粉丝管理等</td></tr>
<tr><td>店长导购
（2人）</td><td colspan="2">辅助主播介绍商品特点，强调商品卖点，同时协助主播与用户互动</td></tr>
<tr><td>拍摄剪辑
（1人）</td><td colspan="2">视频拍摄、剪辑（直播花絮、主播短视频以及商品的相关信息），辅助直播工作</td></tr>
<tr><td>客服
（2人）</td><td colspan="2">配合主播与用户进行在线互动答疑；修改商品价格，上线优惠链接，转化订单，解决发货、售后等问题</td></tr>
</table>

任务实施

按直播基地要求完成售卖活动直播团队组织架构设置方案。

一、确立直播团队组织架构设置的指导思想

为实现售卖活动的直播目标，进行分工与协作总体安排。优化工作流程、推进岗位功能组合，设置科学有序、运转协调的直播团队组织架构。

二、明确直播团队组织架构设置原则

坚持高效、简洁、有序的原则，确保可以完成直播工作的各种流程。

三、确定直播团队岗位设置

根据直播团队的工作内容、工作特点确定具体岗位和人员编制数，确定管理层和各岗位相互协作关系。考虑商品售卖直播活动的实际情况，岗位设置至少满足标配版直播团队要求，包括运营、策划、场控和主播等岗位。

四、绘制直播团队组织架构图

（一）借助思维导图工具绘制组织架构图

绘制直播团队组织架构图要体现相互独立和全面覆盖的原则，即各岗位之间明确区分，没有重叠；且要全面周密，不遗漏任何一个岗位。可以借助思维导图工具，如GitMind、MindMaster等进行绘制。

（二）使用PPT制作组织架构图

使用PPT绘制直播团队组织架构图。在文本框中输入文字，然后为文字赋予层级，选择该行文字按住【Tab】键可以给文本降级，按住【Shift+Tab】组合键可以给文本升级。文本输入完成之后，选择“转化为SmartArt”，选择“组织结构图”即可。

（三）借助专业绘图软件制作组织架构图

可以借助专业绘图软件如Visio、OmniGraffle进行专业系统架构图的设计工作，也可以选择在线绘制网站，进行线上绘制。

任务2 直播团队岗位职责制订

任务解析

通过完成任务，学生能根据直播团队各岗位工作任务和应负的责任以及工作应达到的标准制订直播团队岗位职责。

一、岗位职责概述

（一）岗位职责

岗位职责是指一个岗位所需要去完成的工作内容以及应当承担的责任范围，无论兼任还是兼管均指不同职务，岗位职责是一个具象化的工作描述，可将其归类于不同职位类型范畴。

（二）团队岗位职责

团队岗位职责是指为达成团队工作目标，团队中各岗位所需要去完成的工作内容以及应当承担的责任范围。

（三）岗位职责的作用

岗位职责可以最大限度地实现劳动用工的科学配置；有效地防止因职务重叠而发生的工作拖沓现象；提高内部竞争活力，更好地发现和使用人才；组织考核的依据；提高工作效率和工作质量；规范操作行为。

二、直播团队岗位职责

（一）直播团队主要职责

扫一扫

直播团队岗位职责制定

直播在本质上仍然是一种商务活动，以直播的形式在互联网、自媒体平台等通过电子交易方式进行交易活动和相关服务活动。直播包括人、场、货三大要素，其中，“人”主要指直播团队及粉丝；“场”指平台；“货”则指产品或服务。直播团队将“货”和“粉丝”有效地整合在“场”内，满足粉丝对“货”的需求，将“场”里的“货”转变成“场”外收益。

基于以上对直播及其要素的认识，可将直播团队主要职责归纳如下：

① 产品或服务定位的确定及粉丝圈定。

② 平台选择及直播活动策划。

③ 选品及品源管理，确保平台上网络运营的顺利开展。

④ 直播策划、组织、粉丝互动及全过程管理。

⑤ 售前售后服务提供，确保咨询转化率和客户满意度。

（二）直播团队具体岗位职责

岗位职责是直播团队职责在各岗位的具体体现。岗位职责包括员工通则和具体岗位职责。

1. 员工通则

通则是指适合于一般情况的规章或法则。员工通则规定了各岗位在工作过程中的规范事项，作业程序和方法，检查与考核，适用于团队中各岗位，是所有员工共同需要遵守的规章或法则。现代组织的各项管理最终体现在对人的管理上，岗位通则适用于团队所有员工，通过科学的员工管理制度才能保证各个部门员工各就各位、各司其职，从而实现团队的高效运转。某直播团队员工通则如下：

直播团队员工通则

职业素养

（1）所有员工都必须严格遵守、自觉执行公司的各项规章制度。

（2）忠于职守，关心公司、爱护公司，自觉维护公司利益。

（3）按照公司规定的岗位时间上下班，完成岗位职责。

（4）爱护公司财产，不浪费，不损公肥私。

（5）服从上级领导的工作安排和调度，按时、按质、按量完成岗位任务和领导临时交办的任务。

（6）坚持客户至上、需求为王，为客户提供优质服务。

（7）遵守公司各项规章制度和工作流程，正确使用计算机、打印机等生产工具和劳动保护用品。

（8）敬业乐业，钻研业务，讲求效率，追求效益。

（9）顾大局、识大体，相互团结、主动配合，共同维护公司良好形象。

仪容仪表

工作时间内保持良好的精神面貌，举止得体、仪态端正、着装整洁、语言规范，不得奇装异服、言行失范。

岗位纪律

（1）履行岗位职责，不迟到、早退和脱岗。

（2）上班时间不允许玩游戏、吃零食、打瞌睡等与工作无关的行为。

（3）上班时间不允许因私事长时间占用工作电话。

（4）节约使用耗材、计算机、照明等办公资源。

（5）严守公司秘密，未经许可，不得将工作中形成的文档、文件或软件以任何形式传播到公司以外的计算机，严禁传播、转移和泄漏公司的各项信息、成果及商业机密。

（6）除公事外，任何人不得使用公司名义做其他用途，滥用公司名义可视作欺诈行为，公司有权提起法律诉讼，并保留索赔权利。

2. 具体岗位职责

分析具体岗位职责之前需要明确岗位职责与工作内容是有区别的。具体存在以下区别：

首先，定义不同。岗位职责是指一个岗位所需要去完成的工作内容以及应当承担的责任范围，职责是职务与责任的统一，由授权范围和相应的责任两部分组成。工作内容是指劳动者具体从事什么种类或内容的劳动，是劳动合同确定劳动者应当履行劳动义务的主要内容。

其次，制订原则不同。岗位职责根据岗位工种确定岗位职务范围；根据岗位的性质明确实现岗位的目标的责任；以及明确岗位环境和确定岗位任职资格；确定各个岗位之间的相互关系等。工作内容条款是劳动合同的核心条款之一，包括劳动者从事劳动的工种、岗位、工作范围、工作任务、工作职责、劳动定额、质量标准等。

第三，作用不同。岗位职责是为了最大限度地实现劳动用工的科学配置；有效地防止因职务重叠而发生的工作扯皮现象；提高内部竞争活力，更好地发现和使用人才；组织考核的依据；提高工作效率和工作质量；规范操作行为；减少违规行为和违规事故的发生。工作内容是用人单位聘用劳动者的目的，也是劳动者取得劳动报酬的依据。该条款的约定应当明确具体，便于劳动者判断自己是否胜任该工作，是否愿意从事该工作，也便于双方遵照执行。

因此，团队成员必须明确岗位责任，才能更好地提高工作效率和质量更好地完成团队工作目标。根据直播需求，一般直播团队具体岗位职责包含如下内容：

（1）主播岗位职责

扫一扫

直播团队具体岗位职责

① 担任公司在某平台的直播主播。

② 参与策划直播活动的规划，包括直播脚本、主题策划、流程执行等。

③ 直播现场产品介绍、实时互动、进度掌控。

④ 通过高效的语言引导客户下单，提升产品的销售转化。

⑤ 参与日常短视频的拍摄，提供优质的视频内容以提升账号的粉丝数。

（2）助播岗位职责

① 协助并配合主播开展工作，沟通能力强、工作积极主动、吃苦耐劳，有团队配合意识。

② 熟悉主播的带货流程，及时正确处理突发状况。

③ 协助主播及时响应回答用户在直播间的问题和要求。

④ 根据安排负责直播现场支持和协助运营工作，协助主播提升直播间的活跃度和氛围等，维护直播间的健康秩序。

（3）助理岗位职责

① 负责直播间维护、直播预告、直播内容及环节设计。

② 负责进行产品销售转化和品牌吸粉工作。

③ 负责粉丝互动工作。

④ 负责承接协调工作。

（4）策划岗位职责

① 负责各直播项目内容整体策划。

② 负责从产品、内容、用户、推广四个方面把握项目的整体运营，提升粉丝量、活跃度、黏度方案等。

③ 针对数据分析总结，策划推广并持续监控、调整直播方案。

④ 负责粉丝属性及用户分析培养，挖掘用户需求并调整直播运营方案。

⑤ 负责公司直播的各项设备维护，负责开播前和开播后的各项事宜。

（5）编导岗位职责

① 负责原创直播节目策划，收集整理节目素材。

② 负责把握节目风格，撰写脚本，对直播节目流程熟悉。

③ 负责组织拍摄和录制，负责现场的调度与控制。

④ 负责跟进后期制作，督促及配合后期工作。

⑤ 负责监控制作全过程，保证节目质量。

⑥ 负责协调与沟通制作过程中的各相关环节。

（6）场控岗位职责

① 负责配合主播直播产品上下架，更改库存，与主播配合。

② 负责及时做好客户信息回复工作，协助处理直播间各种突发情况。

③ 负责引导直播间氛围、流量和影响力，跟进、回答粉丝的问题，内容维护。

④ 负责场控管理优化，配合主播直播间产品策划及节奏把控。

⑤ 负责主播直播间渲染气氛，维护直播间秩序。

⑥ 负责配合主播与运营的一系列工作，完成领导交办的其他事宜。

⑦ 负责对应主播直播间的维护，确保直播灯光等设备效果。

（7）运营岗位职责

① 负责直播日常管理维护直播运营秩序。

② 负责策划及执行直播运营活动，包含活动策划、方案撰写、需求沟通、上线及后期跟进总结等。

③ 负责维护主播、经纪公司的关系，反馈处理各项问题，提出合理解决方案。

④ 负责关注直播行业动向，监测分析竞品动态并提出相应对策。

⑤ 负责直播运营和内容建设，提升用户黏性。

（8）直播导购岗位职责

① 负责产品的销售及推广。

② 根据市场营销计划，完成部门销售指标。

③ 负责开拓新市场，发展新客户，增加产品销售范围。

④ 负责辖区市场信息的收集。

⑤ 负责销售区域内销售活动的策划和执行，完成销售任务。

⑥ 负责管理维护客户关系以及客户间的长期战略合作计划。

（9）拍摄剪辑岗位职责

① 负责直播及短视频（B站、微博、抖音、快手等）拍摄及视频剪辑工作。

② 负责公司宣传片、课程视频的剪辑、后期包装工作。

③ 负责对各种素材包括视频、音频、字幕等按照策划思路进行有效剪辑处理，完成镜头的剪辑、包装工作。

④ 负责完成视频后期工作，实现导演的创作思路。

（10）客服岗位职责

① 负责执行客户服务规范，优化客户服务。

② 负责处理客户的咨询和投诉，对客户满意度跟踪及分析，以全方位优化客户服务质量。

③ 负责客户答疑解惑及售前吸引，定期整理搜集客户反馈，分析客户需求。

④ 负责处理交易数据，跟踪客户数据信息工作。

直播团队各成员要按照明确的员工通则和具体岗位职责的要求，规范地做好本职工作，才能形成有效合力，从而确保整体工作达到预期目标。

三、直播团队管理

（一）直播团队管理核心

直播团队有两个管理核心，分别是创造更多利润和为成员谋求发展前途。二者相辅相成，良性循环。直播团队创造更多利润才能推动企业更好地发展，从而为团队成员创造出更大的发展空间。在为企业创造更多利润的过程中，团队成员除了能获得更多的收入，还通过在直播的过程中提升自我能力、展现自我价值，为自己赢得了更好的发展机会。同时，直播团队通过直播带货给公司创造的利润以及团队中成员的收益和个人发展，也是考核直播团队绩效高低的指标。

（二）直播团队目标导向

直播团队需要以目标为导向，引导方向、集中力量。无论是电视直播、网络直播还是门店直播、仓库直播、原产地直播等，直播的相关工作最终都需要团队协作完成，差别仅仅是这个团队是自建自管还是第三方代为管理。无论谁管理，一个直播团队都需要有清晰的定位和明确的目标作为导向。这个团队是干什么的？团队存在的意义是什么？直播团队与其他团队之间的关系是什么？这个团队将来要成长为什么样子？达成什么样的目标？为了实现直播团队的目标，成员应该遵循哪些行为准则和规范？每个团队成员个体的目标是什么？团队成员是否清楚团队和自身的目标？……只有回答了上述问题，才能确保团队定位清楚、目标明确，才能使团队在运营过程中确保“一个声音”，坚持正确方向。

（三）直播团队管理标准

直播团队管理标准可以对照国家职业资格标准和职业技能等级标准的相关要求。比如《互联网营销师国家职业技能标准》对二级/技师和一级/高级技师的职业功能均包含团队管理内容。详见表3-2。

表 3-2　职业技能等级一级、二级团队管理技能要求表

职业技能等级	职 业 功 能	工 作 内 容	技 能 要 求
二级 / 技师	4. 团队管理	4.1 团队架构设置 4.2 团队文化建设	4.1.1 能制订团队考核标准 4.1.2 能解决跨部门协作的问题
			4.2.1 能建立员工的评价体系 4.2.2 能建立员工相互评价机制
一级 / 技师	4. 团队管理	4.1 团队架构设置 4.2 团队文化建设	4.1.1 能根据业务需求搭建团队 4.1.2 能根据业务方向调整团队分工
			4.2.1 能建立团队文化理念 4.2.2 能制订团队管理规范

另外《网络直播运营职业技能等级标准》高级职业技能等级也包含管理工作任务，详见表3-3。

表 3-3　网络直播运营职业技能高级等级管理工作任务表

工 作 领 域	工 作 任 务	职业技能要求
1. 直播运营	1.3 主播、KOL、明星等合作方管理	1.3.1 能够构建主播、KOL、明星相关渠道的合作机制。 1.3.2 具备优秀的商务谈判技巧，能与主播、KOL、明星进行合作坑位费、佣金等方面的谈判，做好合作谈判。 1.3.3 能根据主播、KOL、明星 IP 形象，挑选并对接合适的品牌产品。

续表

工作领域	工作任务	职业技能要求
1. 直播运营	1.3 主播、KOL、明星等合作方管理	1.3.4 能够保持好与主播、KOL、明星的关系，做好关系维护工作。 1.3.5 能够根据主播、KOL、明星历史直播数据做好 ROI 的评估。 1.3.6 具备商务谈判议价和抗压能力
2. 内容运营	2.1 全媒体内容创意规划	2.1.5 能对多个创意制作团队进行协调管理
4. 账号（IP）运营	4.3 综合运营管理	4.3.1 能根据实际制订组织构架岗位体系、晋升制度、运行机制，能对创意制作团队进行协调管理。 4.3.2 能孵化多个垂直类目短视频 IP，对不同类目的短视频 IP 能进行运营管理。 4.3.3 能对多渠道平台 IP 进行管理。 4.3.4 能够制订系统的直播培训框架，调动直播培训资源开发直播培训项目，对从业人员进行培训指导。 4.3.5 能够指导直播销售团队文化建设

（四）建立管理规范

直播团队的有效建设和管理，需要依靠规则、培训及奖惩，这三个方面可以理解为直播团队管理的支柱。

1. 规则

规则用以确保直播团队在一定的规范或约束下开展工作。一个团队没有了规则的约束，就无法形成良性风气。散漫、随意等恶习将逐渐滋生，从所谓的不重要的小事开始，最终蔓延到所有的工作环节。可以想象，如果直播间里的主播没有规则约束，与粉丝互动时毫无章法，毫不避讳，主播助理或场控不分场合和对象随意乱说，丝毫不顾及自身形象，这将直接影响直播效果，同时也会对社会产生严重不良影响。

2. 培训

培训是确保直播团队持续有效开展工作、促使团队成员个体不断成长及发展的重要保障。直播团队的每一个成员都担负着实现团队目标的重任，加强对团队成员的实操练习能更好地提升成员的能力。团队中的成员，不管是负责电商运营还是直播运营，无论是策划还是设计，也不管是主播还是场控，开展工作都需要具备一定的知识和能力。同时，这些知识和能力也需要在工作中不断优化提升，才能确保团队持续有效开展工作。培训工作可以依照《互联网营销师国家职业技能标准》和其他职业技能等级标准的相关技能要求和知识要求开展。

3. 奖惩

奖惩既是对直播团队及其成员工作成效的反馈，也是促使其取得更佳绩效的手段和方式。合理的奖惩制度有利于促进工作的推进。直播团队中必须有一套奖励和惩罚的制度，在明确团队及其成员的工作要求和绩效目标的基础上，明确奖惩标准，确定团队及其成员获得奖惩的条件、形式以及内容，做到达标必奖、超标有奖、不够必罚。要严格要求、奖罚分明、坚决落实，确保团队目标如期实现。

综上，岗位职责和规范说到底是保证团队团结的目的，使直播团队的各个成员凝心聚力，朝向团队共同的目标前行。团结的直播团队可以战胜一切困难，实现共同理想。

任务实施

A公司为开展大型商品售卖直播活动而招募主播。为了提高主播的工作效率和质量，请根据主播本岗位应承担的工作任务和应负的责任以及应达到的标准制订主播岗位职责。

根据直播团队组织架构，参考制订主播岗位职责。

一、梳理主播岗位工作内容

参照《互联网营销师国家职业技能标准》《网络直播运营职业技能等级标准》等，结合直播团队的工作实际，认真梳理工作内容。主播的工作内容是进行直播、介绍产品、与粉丝互动等。

二、明确主播岗位责任

根据《互联网营销师国家职业技能标准》《网络直播运营职业技能等级标准》等相关要求，结合工作实际，主播岗位责任包括要坚持信息传播的正确导向，弘扬优秀传统文化；规范引导消费，保护消费者权益；具备法律意识和风险意识，管理和控制个人情绪，使消费者有安全与良好的情绪体验等。

三、确认主播岗位标准

参照《互联网营销师国家职业技能标准》《网络直播运营职业技能等级标准》等，确认工作岗位标准。主播要熟悉并严格遵守《中华人民共和国广告法》《互联网直播服务管理规定》等相关法律、法规；掌握个人情绪管控技巧、直播间气氛调动技巧、直播间策略的调整原则和提升购买率的方法等岗位标准。

四、结论

综上，主播的岗位职责是指主播岗位所要求的需要去完成的本职工作内容以及应当承担的责任范围和应达到的工作标准的总和，详见表3-4。

表 3-4　主播岗位职责

工作内容	岗位责任	岗位标准
负责直播，介绍产品，与粉丝互动等工作	要坚持信息传播的正确导向，弘扬优秀传统文化；规范引导消费，保护消费者权益；具备法律意识和风险意识，管理和控制个人情绪，使消费者有安全与良好的情绪体验	要熟悉并严格遵守《中华人民共和国广告法》《互联网直播服务管理规定》等相关法律、法规；掌握个人情绪管控技巧、直播间气氛调动技巧、直播间策略的调整原则和提升购买率的方法等

任务 3　直播团队工作流程设计

任务解析

学生根据工作流程概念、直播团队工作流程、直播团队岗位特点和要求等完成直播团队工作流程图的设计工作。

知识链接

一、工作流程概述

（一）概念

① 流程：能够完成预定任务的一组顺序执行的步骤，一个流程包括活动和相关数据。流程可以看成一组有面向目标的有序执行或者交互的活动和相关资源的集合。

② 工作流程：指工作事项的活动流向顺序。工作流程包括实际工作过程中的工作环节、步骤和程序。工作流程中的组织系统各项工作之间的逻辑关系，是一种动态关系，包括三个要素。即

a. 任务流向：指明任务的传递方向和次序。

b. 任务交接：指明任务交接标准与过程。

c. 推动力量：指明流程内在协调与控制机制。

（二）工作流程图

人们常说“按流程办事”，想要全面了解工作流程，要用工作流程图。工作流程图可以帮助管理者了解实际工作活动，消除工作过程中多余的工作环节、合并同类活动，使工作流程更为经济、合理和简便，从而提高工作效率。

1. 概念

工作流程图是通过适当的符号记录全部工作事项，用以描述工作活动流向顺序。工作流程图由一个开始点、一个结束点及若干中间环节组成，中间环节的每个分支也都要求有明确的分支判断条件。所以工作流程图对于工作标准化有着很大的帮助。

2. 设计步骤

以一场直播活动为例，工作流程图要有以下五个设计步骤：

（1）目的分析

① 直播过程中实际做了什么？

② 为什么要做？

③ 该环节是否真的必要？

④ 应该做什么？

（2）时间分析

① 何时开展直播？

② 为何在此时做？

③ 可否在其他时间做？

④ 应当何时做？

（3）地点分析

① 直播在什么地方开展？

② 为何在该处做？

③ 可否在别处做？

④ 应当在何处做？

（4）人员分析

目的是分析人员匹配的合理性。

① 谁来做主播？

② 为何由此人做？

③ 可否用其他人做？

④ 应当由谁来做？

（5）方法分析

目的在于简化操作，使直播活动更合理顺畅。

① 如何做直播？

② 为何这样做？

③ 可否用其他方法做？

④ 应当用什么方法来做？

通过上述五个方面的分析，可以消除直播工作过程中多余的工作环节、合并同类活动，使直播工作流程更经济、合理和简便，从而提高工作效率。

二、直播团队工作流程

扫一扫

明确直播团队工作流程

流程用以确保直播团队成员按照一定的流程或标准有序开展工作。统一的操作标准、具体的细节要求会让所有人成为合格的“战士”，因此做好流程管理无论是对新人主播的成长，还是降低管理的难度，都有着一劳永逸的效果。网络直播工作应该遵循什么样的流程或标准，是组织、团队领导者及团队成员需要共同明确和清楚的。

（一）直播间工作流程

直播间工作流程大体分为直播前工作流程、直播中工作流程和直播后工作流程三个部分。

1. 直播前工作流程

（1）直播团队组建

从工作流程的角度看，明确岗位职责后，首先要做的工作就是直播团队的组建，而这项工作又包括以下工作流程：

① 确定直播人员，包括主播、副播和助理。

② 确定门店店长和导购人员。

③ 确定场控人员。

④ 确定拍摄剪辑人员。

⑤ 确定客服。

当然根据实际情况也可以将流程简化，比如：

① 确定主播。

② 确定直播运营人员。

（2）选品

① 确定引流款：为了给店铺和店铺商品带来流量的产品。同样，这样的产品价格不能过高，主要是为了吸引客户流量。引流款也不是利润的主要来源，一般情况下它是不获利或获利很少的商品。

② 确定利润款：相比较属于高价款，产品以营利为出发点，利润相对高。

③ 确定标品：价格透明，利润空间较小。因为标品类目的特殊性，产品规模化生产，所有的原材料成本、生产成本差异较小，产品附加值不高，导致相同规格的成品价格差异不大。例如：手机、洗衣机、电视等价格竞争很大，卖家利润空间有限，再就是品牌性的产品是纯标品。

④ 确定非标品：没有明确规格和型号的产品，如女装、女鞋行业，一样的款，但是因为做工质量不一样，价格也是天差地别，而且非标品对于产品自身的款式、创意、服务等的附加值很高。

（3）直播策划和脚本撰写

① 确定直播流程图，安排每段时间直播的产品，避免直播铺排失衡。

② 产品卖点、优惠措施、语言制订，将之前与商家沟通的商品卖点与自己的理解相结合，包括产品营销目标、重点销售的产品、必要的产品知识、促销利益点等信息，通常做成PPT在直播过程中作为提醒。

（4）直播预告

① 账号昵称，直播前添加直播时间预告。

② 短视频预热，利用新媒体开展直播，一般在直播前2 h会发送短视频，起到预热和引流的作用。短视频一般在20～30 s，预热短视频一般会加入直播日期和时间点，起到宣传作用。短视频一般不能含有秒杀、折扣、福利、优惠等营销信息。

③ 经营直播预告短视频评论区，评论区维护直播时间、引导其他用户发起评论。

④ 拍摄花絮短视频。

⑤ 设计字幕，添加字幕信息。

⑥ 视频加热，如抖音平台投放DOU+（DOU+是抖音平台推出的促进更高效传播的内容加热工具，可将视频推荐给更多兴趣用户，以提升视频的播放量和互动量，帮助企业更好地进行内容运营和品牌建设），增加人气，快手平台购买发现页和同城页等。

（5）直播场景搭建

① 背景，避免背景曝光，搭建货架背景，有重点陈列商品，增加背景纵深感。

② 灯光，设置补光调节，提前测试防止直播间背景过度曝光。

③ 收音，确保话筒收音清晰，声卡、麦克风等设备需要备份，防止直播事故发生。

④ 网络，测试网络是否稳定，准备备用网络。

⑤ 画面，多角度直播，远近景设置。

⑥ 道具，准备手机、活动提示板、尺码牌、商品标签等。

（6）直播测试

① 测试账号开播，测试观众端是否可以看到该账号的直播。

② 测试主播直播中会用到的直播间功能，观察基础功能是否正常。

③ 测试主播露出人像，观察直播清晰度是否满足直播需求。

④ 测试主播说话放音乐，观察直播声音。

⑤ 主播网络切换测试，观察直播间网络是否卡顿，容灾效果是否能接受。

⑥ 保持测试全步骤耗时，观察直播是否有卡顿。

⑦“连麦”测试，“连麦”是否正常，无黑屏，上下麦是否卡顿，“连麦”时声音、音乐、音效是否正常。

2. 直播中工作流程

（1）循环强调流程

贯穿全场直播，每隔一段时间进行简单循环流程，流程需要进行标准化设计。此外，还要进行主播语言设计，包括互动语言设计（增加主动性引导、话题引导等，拉近与粉丝的关系）、促单语言设计（引导客户下单购买商品）和循环提示语言（不断提醒新进直播间的客户，引发对商品的注意）。

（2）助理工作

① 全程检测直播情况，确保用户端观看正常，不仅包括本场直播也包括灯光、网络、收音等。

② 操作上下架商品，直播过程中通过PC后台监控数据及商品上下架情况。

③ 帮助主播进行直播，循环提示关注主播，提醒主播关注节奏，及时配合介绍相关产品，在主播直播空挡时，代替主播说话。

④ 直播内容合规，提前了解直播规范，确保直播语言符合规范。

（3）直播运营

① 商品秒杀，如增加改价环节，提升粉丝转化率，确保商品已添加到小店或橱窗。

② 直播间控评，提前设置管理员，提前设置敏感词屏蔽。

3. 直播后工作流程

① 按时发货及售后。

② 二次沉淀推广，如将直播业绩数据、精彩花絮做成视频进行二次宣传。

③ 数据复盘。数据复盘包括：独立访客和页面浏览量等是否达标，转化率是否达到预期，产品结构是否合理，主播语言是否熟练，促销策略是否成功，场控配合是否到位等。

三、岗位技能与知识要求

确定岗位职责，熟悉工作流程，是开展工作的首要步骤，同时要具备相应能力和相关知识才能做好工作。例如在《互联网营销师国家职业技能标准》中，五级选品员要达到以下技能和知识要求，详见表3-5。

表3-5 五级选品员相关职业标准

职业功能	工作内容	技能要求	相关知识要求
1. 工作准备	1.1 宣传准备	1.1.1 能搜集产品图文素材 1.1.2 能使用网络搜索工具核实、整理产品素材信息 1.1.3 能发布产品图文信息预告 1.1.4 能收集相关网络舆情风险信息	1.1.1 产品图文素材搜集方法 1.1.2 网络搜索工具使用方法 1.1.3 产品图文信息发布技巧
	1.2 设备、软件和材料准备	1.2.1 能连接硬件设备 1.2.2 能下载安装直播软件 1.2.3 能下载安装视频平台软件 1.2.4 能按照直播计划准备直播样品 1.2.5 能根据直播计划选择道具、场地	1.2.1 硬件安装调试方法 1.2.2 软件下载安装方法 1.2.3 直播样品搜集方法 1.2.4 道具、场地选择方法

续表

职业功能	工作内容	技能要求	相关知识要求
1. 工作准备	1.3 风险评估	1.3.1 能提出断网、断电等简单故障解决方法 1.3.2 能判断营销过程中法律、法规风险	1.3.1 断网、断电等故障的解决方法 1.3.2 营销过程中法律、法规的风险判断方法
2. 产品信息收集	2.1 市场调研	2.1.1 能收集和汇总营销产品相关信息 2.1.2 能收集和汇总产品营销方案的相关信息	2.1.1 产品销售信息收集和汇总方法 2.1.2 产品营销方案收集和汇总方法
	2.2 样品搜集	2.2.1 能选择销售产品的样品 2.2.2 能跟踪和查询样品寄送进度 2.2.3 能记录样品到达时的状态信息	2.2.1 样品选择方法 2.2.2 物流信息查询方法 2.2.3 样品到达状态的记录方法
3. 产品确定及规划	3.1 样品试用及分析	3.1.1 能试用样品 3.1.2 能对比分析产品信息与样品的差异点	3.1.1 样品试用注意事项 3.1.2 产品信息与样品的对比方法
	3.2 营销卖点分析	3.2.1 能汇总产品的优缺点 3.2.2 能根据产品特点编写产品介绍	3.2.1 产品优缺点汇总方法 3.2.2 产品介绍的编写方法
	3.3 商谈合作方式	3.3.1 能商议产品的报价 3.3.2 能与商家签订合作协议	3.3.1 产品报价商议方法 3.3.2 合作协议的主要内容和签订方法

五级直播销售员要达到以下技能和知识要求，详见表3-6。

表 3-6　五级直播销售员相关职业标准

职业功能	工作内容	技能要求	相关知识要求
1. 工作准备	1.1 宣传准备	1.1.1 能搜集产品图文素材 1.1.2 能使用网络搜索工具核实、整理产品素材信息 1.1.3 能发布产品图文信息预告 1.1.4 能收集相关网络舆情风险信息	1.1.1 产品图文素材搜集方法 1.1.2 网络搜索工具使用方法 1.1.3 产品图文信息发布技巧
	1.2 设备、软件和材料准备	1.2.1 能连接硬件设备 1.2.2 能下载安装直播软件 1.2.3 能下载安装视频平台软件 1.2.4 能按照直播计划准备直播样品 1.2.5 能根据直播计划选择道具、场地	1.2.1 硬件安装调试方法 1.2.2 软件下载安装方法 1.2.3 直播样品搜集方法 1.2.4 道具、场地选择方法
	1.3 风险评估	1.3.1 能提出断网、断电等简单故障解决方法 1.3.2 能判断营销过程中法律、法规风险	1.3.1 断网、断电等故障的解决方法 1.3.2 营销过程中法律、法规的风险判断方法
4. 直播营销	4.1 直播预演	4.1.1 能将产品特性整理成直播脚本 4.1.2 能根据脚本进行直播彩排	4.1.1 直播脚本编写方法 4.1.2 直播彩排方案制订方法
	4.2 直播销售	4.2.1 能介绍销售产品的基本特性及卖点 4.2.2 能对销售产品进行展示 4.2.3 能引导用户下单	4.2.1 产品特性及卖点的介绍技巧 4.2.2 销售产品的展示方法 4.2.3 引导用户下单的技巧
7. 售后与复盘	7.1 售后	7.1.1 能查询产品的发货进度 7.1.2 能处理用户反馈的问题	7.1.1 发货进度查询方法 7.1.2 投诉问题的处理方法
	7.2 复盘	7.2.1 能采集营销数据 7.2.2 能统计营销数据	7.2.1 数据采集方法 7.2.2 统计软件使用方法

四级选品员要达到以下技能和知识要求，详见表3-7。

表 3-7 四级选品员相关职业标准

<table>
<tr><th>职业功能</th><th>工作内容</th><th>技能要求</th><th>相关知识要求</th></tr>
<tr><td rowspan="3">1. 工作准备</td><td>1.1 宣传准备</td><td>1.1.1 能制订产品素材搜集计划
1.1.2 能制作产品专属宣传素材
1.1.3 能执行跨平台宣传计划
1.1.4 能制订宣传数据监控方案
1.1.5 能运用工具对素材进行转码
1.1.6 能汇总统计相关网络舆情风险信息</td><td>1.1.1 素材搜集计划的制订方法
1.1.2 数据监控方案的主要内容
1.1.3 音视频转码的方法</td></tr>
<tr><td>1.2 设备、软件和材料准备</td><td>1.2.1 能盘点样品库
1.2.2 能制订样品（道具）搭配计划
1.2.3 能制订出镜者形象方案
1.2.4 能根据销售需求选择硬件设备
1.2.5 能完成多种设备的搭建与联调</td><td>1.2.1 样品库的盘点方法
1.2.2 样品（道具）的搭配方法
1.2.3 出镜者形象方案的制订方法
1.2.4 硬件设备的选择方法
1.2.5 设备搭建与联调的方法</td></tr>
<tr><td>1.3 风险评估</td><td>1.3.1 能评估团队协作风险
1.3.2 能制订并执行风险应对计划</td><td>1.3.1 团队协作风险的评估方法
1.3.2 风险应对计划的制订方法</td></tr>
<tr><td rowspan="3">2. 产品信息收集</td><td>2.1 市场调研</td><td>2.1.1 能收集产品的溯源信息
2.1.2 能根据产品进行用户调研
2.1.3 能对竞品进行调研</td><td>2.1.1 产品溯源方法
2.1.2 产品及用户调研方法</td></tr>
<tr><td>2.2 调研结果分析</td><td>2.2.1 能对采集到的信息进行分类
2.2.2 能对采集到的信息进行比对</td><td>2.2.1 信息分类方法
2.2.2 信息比对方法</td></tr>
<tr><td>2.3 样品搜集</td><td>2.3.1 能根据营销方案提出样品的具体要求
2.3.2 能对收到的样品进行分类管理并制订试用计划</td><td>2.3.1 样品要求的提出方法
2.3.2 样品分类的管理方法
2.3.3 样品试用计划的制订方法</td></tr>
<tr><td rowspan="3">3. 产品确定及规划</td><td>3.1 样品试用及分析</td><td>3.1.1 能比对样品试用后效果与产品描述之间的差异
3.1.2 能比对产品在不同平台间的价格并进行分析</td><td>3.1.1 样品体验方法
3.1.2 平台搜索技巧</td></tr>
<tr><td>3.2 确定营销卖点</td><td>3.2.1 能结合自身营销定位选择适合的产品
3.2.2 能结合自身营销定位编写产品的营销语言</td><td>3.2.1 营销定位的方法
3.2.2 产品营销语言的编写方法</td></tr>
<tr><td>3.3 确定合作方式</td><td>3.3.1 能根据产品特性提出合作建议
3.3.2 能设计合作方式的结算方案</td><td>3.3.1 合作建议的主要内容
3.3.2 结算方案的设计方法</td></tr>
</table>

四级直播销售员要达到以下技能和知识要求，详见表3-8。

表 3-8 四级直播销售员相关职业标准

<table>
<tr><th>职业功能</th><th>工作内容</th><th>技能要求</th><th>相关知识要求</th></tr>
<tr><td rowspan="2">1. 工作准备</td><td>1.1 宣传准备</td><td>1.1.1 能制订产品素材搜集计划
1.1.2 能制作产品专属宣传素材
1.1.3 能执行跨平台宣传计划
1.1.4 能制订宣传数据监控方案
1.1.5 能运用工具对素材进行转码
1.1.6 能汇总统计相关网络舆情风险信息</td><td>1.1.1 素材搜集计划的制订方法
1.1.2 数据监控方案的主要内容
1.1.3 音视频转码的方法</td></tr>
<tr><td>1.2 设备、软件和材料准备</td><td>1.2.1 能盘点样品库
1.2.2 能制订样品（道具）搭配计划</td><td>1.2.1 样品库的盘点方法
1.2.2 样品（道具）的搭配方法</td></tr>
</table>

续表

职业功能	工作内容	技能要求	相关知识要求
1. 工作准备	1.2 设备、软件和材料准备	1.2.3 能制订出镜者形象方案 1.2.4 能根据销售需求选择硬件设备 1.2.5 能完成多种设备的搭建与联调	1.2.3 出镜者形象方案的制订方法 1.2.4 硬件设备的选择方法 1.2.5 设备搭建与联调的方法
	1.3 风险评估	1.3.1 能评估团队协作风险 1.3.2 能制订并执行风险应对计划	1.3.1 团队协作风险的评估方法 1.3.2 风险应对计划的制订方法
4. 直播营销	4.1 直播预演	4.1.1 能编写团队协作的直播脚本 4.1.2 能根据直播脚本测试营销流程	4.1.1 团队协作的直播脚本编写要求 4.1.2 营销流程的测试方法
	4.2 直播销售	4.2.1 能使用营销语言介绍产品特点 4.2.2 能介绍平台优惠及产品折扣信息	4.2.1 营销语言的表达技巧 4.2.2 平台优惠及产品折扣的介绍方法
7. 售后与复盘	7.1 售后	7.1.1 能分析和汇总异常数据 7.1.2 能建立售后标准工作流程	7.1.1 异常数据的分析和汇总方法 7.1.2 售后标准工作流程的主要内容
	7.2 复盘	7.2.1 能对售前预测数据进行复核 7.2.2 能通过复盘提出营销方案的优化建议	7.2.1 数据复核方法 7.2.2 营销方案优化方法

三级选品员要达到以下技能和知识要求，详见表3-9。

表 3-9 三级选品员相关职业标准

职业功能	工作内容	技能要求	相关知识要求
1. 工作准备	1.1 宣传准备	1.1.1 能建立第三方宣传供应商资源库 1.1.2 能计算预热投入产出比 1.1.3 能协调引流资源并扩大宣传渠道 1.1.4 能分析研判相关网络舆情风险信息	1.1.1 第三方供应商资源库的建立方法 1.1.2 投入产出比的测算方法
	1.2 设备、软件和材料准备	1.2.1 能建立样品出入库管理制度 1.2.2 能根据营销计划选购硬件设备 1.2.3 能制订道具采购计划 1.2.4 能制订设备状态检测标准	1.2.1 出入库管理制度的建立办法 1.2.2 设备采购要求 1.2.3 道具采购要求 1.2.4 设备状态检测方法
	1.3 风险评估	1.3.1 能制订风险管理奖惩制度 1.3.2 能评估风险防控方案的时效性	1.3.1 风险管理奖惩制度的主要内容 1.3.2 风险防控方案的评估方法
2. 产品信息收集	2.1 市场信息管理	2.1.1 能定期跟踪并整理产品销售数据 2.1.2 能维护供应商管理系统 2.1.3 能维护产品价格跟踪系统	2.1.1 产品销售数据的整理方法 2.1.2 供应商管理系统维护方法 2.1.3 产品价格跟踪系统维护方法
	2.2 市场信息分析	2.2.1 能依据调研信息做出产品选择 2.2.2 能分析产品价格设置的合理性	2.2.1 产品选择方法 2.2.2 价格分析方法
3. 产品确定及规划	3.1 竞品对比	3.1.1 能比对产品与竞品之间的价格差异 3.1.2 能比对产品与竞品之间的功能差异	3.1.1 产品和竞品价格的比对方法 3.1.2 产品与竞品功能的比对方法
	3.2 确定合作方式	3.2.1 能根据企业需求制订产品营销方案 3.2.2 能判定不同营销方式的合作风险	3.2.1 营销方案的编写方法 3.2.2 风险预判方法

三级直播销售员要达到以下技能和知识要求，详见表3-10。

表 3-10 三级直播销售员相关职业标准

职业功能	工作内容	技能要求	相关知识要求
1. 工作准备	1.1 宣传准备	1.1.1 能建立第三方宣传供应商资源库 1.1.2 能计算预热投入产出比 1.1.3 能协调引流资源并扩大宣传渠道 1.1.4 能分析研判相关网络舆情风险信息	1.1.1 第三方供应商资源库的建立方法 1.1.2 投入产出比的测算方法
	1.2 设备、软件和材料准备	1.2.1 能建立样品出入库管理制度 1.2.2 能根据营销计划选购硬件设备 1.2.3 能制订道具采购计划 1.2.4 能制订设备状态检测标准	1.2.1 出入库管理制度的建立办法 1.2.2 设备采购要求 1.2.3 道具采购要求 1.2.4 设备状态检测方法
	1.3 风险评估	1.3.1 能制订风险管理奖惩制度 1.3.2 能评估风险防控方案的时效性	1.3.1 风险管理奖惩制度的主要内容 1.3.2 风险防控方案的评估方法
4. 直播营销	4.1 直播预演	4.1.1 能组织团队进行直播预演 4.1.2 能根据预演效果调整营销方案	4.1.1 团队配合技巧 4.1.2 营销方案的调整方法
	4.2 直播销售	4.2.1 能对个人情绪进行控制管理 4.2.2 能调动直播间气氛 4.2.3 能根据用户反馈实时调整直播策略	4.2.1 个人情绪管控技巧 4.2.2 直播间气氛调动技巧 4.2.3 直播策略的调整原则
7. 售后与复盘	7.1 售后	7.1.1 能使用智能交互系统回复用户信息 7.1.2 能撰写售后工作报告	7.1.1 智能交互系统的使用方法 7.1.2 售后工作报告主要内容和撰写技巧
	7.2 复盘	7.2.1 能制订数据维度和分析标准 7.2.2 能制订数据采集操作流程	7.2.1 数据维度和分析标准的制订方法 7.2.2 数据采集操作流程的制订方法

二级选品员要达到以下技能和知识要求，详见表3-11。

表 3-11 二级选品员相关职业标准

职业功能	工作内容	技能要求	相关知识要求
1. 产品确定及规划	1.1 产品分析	1.1.1. 能参照产品标准组织产品检验 1.1.2 能跟踪产品发展趋势 1.1.3 能分析产品转化率的变化因素 1.1.4 能针对相关网络舆情风险信息提出解决方案	1.1.1 产品检验流程知识 1.1.2 产品跟踪方法 1.1.3 产品转化率分析方法
	1.2 选品策划	1.2.1 能根据主题活动设计选品方案 1.2.2 能监控选品规划的执行进度	1.2.1 选品方案制订方法 1.2.2 选品规划监控的方法
4. 团队管理	4.1 团队架构设置	4.1.1 能制订团队考核标准 4.1.2 能解决跨部门协作的问题	4.1.1 考核标准设计方法 4.1.2 协作沟通技巧
	4.2 团队文化建设	4.2.1 能建立员工的评价体系 4.2.2 能建立员工相互评价机制	4.2.1 评价体系建立方法 4.2.2 互评机制建立方法
5. 培训指导	5.1 培训	5.1.1 能制订培训计划 5.1.2 能编写培训讲义 5.1.3 能讲授专业基础知识和技能要求	5.1.1 培训计划的编写方法 5.1.2 讲义编写方法 5.1.3 培训教学与组织技巧
	5.2 指导	5.2.1 能指导三级 / 高级工及以下级别人员工作 5.2.2 能制订培训指导规范	5.2.1 专业技能指导方法 5.2.2 培训指导规范编写方法

二级直播销售员要达到以下技能和知识要求，详见表3-12。

表 3-12　二级直播销售员相关职业标准

职业功能	工作内容	技能要求	相关知识要求
2. 直播营销	2.1 营销策划	2.1.1 能制订主题直播间搭建方案 2.1.2 能制订个人品牌方案	2.1.1 直播间搭建技巧 2.1.2. 个人品牌塑造方法
	2.2 直播规划	2.2.1 能设定直播销售周期目标 2.2.2 能建立直播销售规范流程	2.2.1 直播销售目标编制方法 2.2.2 直播流程操作步骤
4. 团队管理	4.1 团队架构设置	4.1.1 能制订团队考核标准 4.1.2 能解决跨部门协作的问题	4.1.1 考核标准设计方法 4.1.2 协作沟通技巧
	4.2 团队文化建设	4.2.1 能建立员工的评价体系 4.2.2 能建立员工相互评价机制	4.2.1 评价体系建立方法 4.2.2 互评机制建立方法
5. 培训指导	5.1 培训	5.1.1 能制订培训计划 5.1.2 能编写培训讲义 5.1.3 能讲授专业基础知识和技能要求	5.1.1 培训计划的编写方法 5.1.2 讲义编写方法 5.1.3 培训教学与组织技巧
	5.2 指导	5.2.1 能指导三级 / 高级工及以下级别人员工作 5.2.2 能制订培训指导规范	5.2.1 专业技能指导方法 5.2.2 培训指导规范编写方法

一级选品员要达到以下技能和知识要求，详见表3-13。

表 3-13　一级选品员相关职业标准

职业功能	工作内容	技能要求	相关知识要求
1. 产品确定及规划	1.1 产品分析	1.1.1 能预判热销产品 1.1.2 能根据复购率预判产品销量 1.1.3 能建立产品信息数据库 1.1.4 能组织实施相关网络舆情风险预防工作	1.1.1 销售统计方法 1.1.2 复购率的计算方法 1.1.3 产品信息数据库的建立方法
	1.2 选品策划	1.2.1 能建立自有供应链渠道 1.2.2 能与相关企业共同开发新产品	1.2.1 供应链渠道的建立方法 1.2.2 产品开发的相关要求
4. 团队管理	4.1 团队架构设置	4.1.1 能根据业务需求搭建团队 4.1.2 能根据业务方向调整团队分工	4.1.1 团队架构的搭建方法 4.1.2 团队分工的调整方法
	4.2 团队文化建设	4.2.1 能建立团队文化理念 4.2.2 能制订团队管理规范	4.2.1 文化理念建立方法 4.2.2 管理规范制订方法
5. 培训指导	5.1 培训	5.1.1 能组织开展培训教学工作 5.1.2 能建立培训考评体系	5.1.1 培训教学工作的要求与技巧 5.1.2 考评体系的建立方法
	5.2 指导	5.2.1 能指导二级 / 技师及以下级别人员工作 5.2.2 能评估培训效果	5.2.1 专业技能指导的考评方法 5.2.2 培训效果评估方法

一级直播销售员要达到以下技能和知识要求，详见表3-14。

表 3-14　一级直播销售员相关职业标准

职业功能	工作内容	技能要求	相关知识要求
2. 直播营销	2.1 营销计划	2.1.1 能制订多媒介传播计划 2.1.2 能对营销效果进行评估	2.1.1 多媒介传播的方法 2.1.2 营销效果的评估方法
	2.2 直播规划	2.2.1 能制订直播用户管理方案 2.2.2 能制订提升用户购买率的计划	2.2.1 用户管理的方法 2.2.2 提升购买率的方法

续表

职业功能	工作内容	技能要求	相关知识要求
4. 团队管理	4.1 团队架构设置	4.1.1 能根据业务需求搭建团队 4.1.2 能根据业务方向调整团队分工	4.1.1 团队架构的搭建方法 4.1.2 团队分工的调整方法
	4.2 团队文化建设	4.2.1 能建立团队文化理念 4.2.2 能制订团队管理规范	4.2.1 文化理念建立方法 4.2.2 管理规范制订方法
5. 培训指导	5.1 培训	5.1.1 能组织开展培训教学工作 5.1.2 能建立培训考评体系	5.1.1 培训教学工作的要求与技巧 5.1.2 考评体系的建立方法
	5.2 指导	5.2.1 能指导二级 / 技师及以下级别人员工作 5.2.2 能评估培训效果	5.2.1 专业技能指导的考评方法 5.2.2 培训效果评估方法

以上岗位都有相应等级的技能和知识要求，也通过这些技能和知识要求对从事该岗位工作的人员进行考核。

四、职业道德要求

从业人员只有掌握相应的知识和技能才能胜任本职工作。当然，要达成团队整体目标不仅要掌握技能和业务知识还要符合职业道德要求。

职业道德的概念有广义和狭义之分。广义的职业道德是指从业人员在职业活动中应该遵循的行为准则，涵盖了从业人员与服务对象、职业与职工、职业与职业之间的关系。当下，中国社会职业道德有五个基本要求，即爱岗敬业、诚实守信、办事公道、服务群众和奉献社会，这也符合社会主义核心价值观基本要求。

狭义的职业道德是指在一定职业活动中应遵循的、体现一定职业特征的、调整一定职业关系的职业行为准则和规范。《互联网营销师国家职业技能标准》的职业守则要求是：

① 遵纪守法，诚实守信。

② 恪尽职守，勇于创新。

③ 钻研业务，团队协作。

④ 严控质量，服务热情。

任务实施

按公司要求制作售卖活动的直播工作流程图设计。

一、梳理工作流程

工作流程是工作事项的活动流向顺序。梳理工作流程需要指明任务的传递方向和次序（任务流向）；指明任务交接标准与过程（任务交接）；指明流程内在协调与控制机制（推动力量）。

二、设计工作流程图

根据直播团队组织架构和各岗位工作内容设计工作流程图。设计工作流程图要考虑以下内容：

（一）设计目的

考虑为什么设置这个工作内容，该环节是否必要，应该如何做，进而消除工作过程中多余的工作环节、合并同类活动，使工作流程更为经济、合理和简便，从而提高工作效率。

（二）工作地点

工作在什么地方开始，为什么在该处做，应当如何做。比如：直播在哪个直播间，为什么选择这个直播间等。

（三）工作顺序

设计工作顺序要尽可能合理有效。比如：直播前如何做，直播中如何做，直播后如何做等。

（四）人员设置

人员匹配的合理性，比如：该工作由谁来做，为什么由该人来做等。

三、制作工作流程图

工作流程图的制作方法很多，可以通过Word中的SmartArt功能来制作，也可以套用网上的工作流程图模板等。

任务4 团队粉丝社群维护计划

任务解析

通过完成本任务，学生能根据粉丝社群和社群营销的概念以及粉丝运营的相关知识制订适宜的团队粉丝社群维护计划，更好地维护粉丝社群。

知识链接

一、粉丝

粉丝是“心理忠诚客户”的别称。在忠诚营销领域，一向有“心理忠诚”和“行为忠诚”之分。“行为忠诚”的群体只是因为价格优惠或地点便利等因素不得不暂时重复购买的顾客，而一旦有了条件，他们会毫不犹豫投身于他们早已“心仪”的品牌。

人们将真正从心理上对品牌忠诚的顾客，称为“真粉丝”。拥有真粉丝的数量，是区分新时代营销成功与否的一个标志：它代表企业是否真的用心去制造产品、管理品牌、激发互动，并代表销售的产品、品牌是否真的占据了顾客的情感空间。

二、社群

（一）概念

社群，广义而言是指在某些边界线、地区或领域内发生作用的一切社会关系。它可以指实际的地理区域或是在某区域内发生的社会关系，或指存在于较抽象的、思想上的关系。简单来说就是一帮有相同兴趣和共同点的人聚集在一起，能够更好地、定期地举办一些活动，达到共赢的目的。

（二）社群的主要特征

特征是一个客体或一组客体特性的抽象结果。任一客体或一组客体都具有众多特性，社群作为客体主要包括以下三个特征：

① 有稳定的群体结构和较一致的群体意识。

② 成员有一致的行为规范、持续的互动关系。

③ 成员间分工协作，具有一致行动的能力。

（三）虚拟社群

根据社群的概念，我们可以这样理解虚拟社群，即在虚拟社区领域内发生作用的一切社会关系。虚拟社群冲破了原本以地理区域为界限的社群形式，在互联网上打造了更大的虚拟空间，可以称之为网络社会，这改变了原有的互动传播模式，具有去中心化的特征。同时因不受限于户籍、身份等的制约，社群成员只需要在相应的网站或者应用内注册成为用户即可，融入社群变得更加便捷，个体有着极强的自主选择权，个体可以同时加入多个不同类别的社群，也可以因自身对某一事物失去兴趣而离开社群，弱化了社群归属感，其中互动形式多为文本、语言、图片。不同于以地缘、业缘、血缘而构成的现实社群，虚拟社群因网缘而聚集，网络中个体可以选择隐藏自己的现实身份、年龄等涉及隐私的问题，只是对某一问题发表自我意见，因而虚拟社群的成员多积极参与社区的建设，信息的流动性更强，同时也满足成员的自我成就感和满足感。

进入21世纪移动互联网时代以后，伴随各路新媒体平台的快速发展，网络社群呈爆发式的成长。在2017年，《中华人民共和国网络安全法》正式实施，网络后台实名制也已经悄然开展。虚拟网络社群类型更加多元，个体也更愿意加入网络社群，在网络社群内部倾诉着自己的观点，个体产生更强的群体归属感。共同的归属感，产生共同的爱好，粉丝社群逐渐诞生。

三、粉丝社群

“粉丝社群”是粉丝自发形成的社会组织，随着网络对生活的渗透，粉丝社群的平台转移至网络，形成了全新的网络粉丝社群。网络粉丝社群的主要成员是青年群体。社交媒体为粉丝提供了与同好的交流表达平台、生产创意内容的展示空间和与偶像的线上接触渠道。

网络粉丝社群在管理上形成了独有模式，依托层级结构、制度设计维持粉丝社群稳定性、活跃度。自媒体时代下的网络社群在其组织传播过程中呈现出更强的主动性、话语权和传播力，这类社群是以核心粉丝为主导、普通粉丝参与、影响路人粉丝的群体。

（一）概念

网络粉丝社群是层级化、规范化的粉丝组织，具有相对成熟的运作模式与管理规范。

当下社交平台成为重要的营销阵地，通过社交圈的扩散，营销的传播效果可以成指数级扩散，营销的传播效果可以成指数级的扩大。根据不同的社交平台，粉丝社群可以分为互联网社群和自媒体社群。

互联网社群就是“一群被商业产品满足需求的消费者，以兴趣集结起来的固定群组”。具有聚合度高、交流效率高、一致行动的特点。而自媒体开启了全新的信息传播方式，形成了自媒体社群。

自媒体社群是基于在自媒体平台上的具有共同目标或兴趣，能够即时互动、高效沟通，并且能够一致行动的粉丝群体。自媒体社群的圈层化、人格化更加明显，成员表达方式更加多元，如微博、微信、抖音、快手、小红书、B站等各大平台对形成粉丝社群具有天然优势：

第一，聚众传播效应，是指“以自媒体系统为平台，将多种传播方式、传播渠道、传播类型、互动方式，通过信息和媒介的黏连作用相融合，将同质性的受众在异质的大众中凝结出来的传播方式”。

第二，通俗来讲，就是个性化的自媒体借助内容生产、多渠道传播可以形成内在的凝聚力，在无数的网民中聚集起一群人，把这群人变成自媒体的用户，同时自媒体要为这部分用户提供内容、产品，满足用户需求。

（二）粉丝常见需求

粉丝常见六种需求如下：

第一，获取垂直行业优质信息的需求。

第二，个性化咨询的需求。

第三，寻找专业报告和文章的需求。

第四，互相抱团激励的需求。

第五，众包（指的是一个公司或机构把过去由员工执行的工作任务，以自由自愿的形式外包给非特定的大众志愿者的做法）案例收集汇总需求。

第六，寻找同频交流的需求。

社群运营者要根据粉丝需求，定位受众、定位产品，提供原创、独家、新鲜的内容，才能增强社群吸引力。

四、社群营销

（一）概念

社群营销是在网络社区营销及社会化媒体营销基础上发展起来的用户连接及交流更为紧密的网络营销方式。网络社群营销的方式，主要通过连接、沟通等方式实现用户价值，营销方式人性化，不仅受用户欢迎，还可能成为继续传播者。

（二）社群营销优势

1. 低成本

相对于动辄上千万元投入的传统营销方式而言，社群营销低成本、高回报的优势是显而易见的。在传统的营销人看来，如何让更多的人知道自己的产品并将其转化为购买力是营销的重要工作。

而在社群中，每一个个体都是购买力与传播力的结合体，不管是“购买”还是“传播”，用户都能为企业带来巨大效益。

2. 精准营销

“广撒网，多敛鱼，择优而从之”代表了传统的营销模式，但“广撒网”的高昂成本是最初采取社群营销的小微企业或个人难以承受的。因此，它们必须在采取轰炸式营销的大企业中寻找突破口，而这个突破口，就是内容。

在“乱花渐欲迷人眼”的各种夸张的营销理念逐渐褪去之后，“内容为王”的时代再度回归。人们开始重新追求“干货”，追求“品质”，追求能触动心灵的内容。因此，直击心灵的精准营销也变得异常重要。

而精准营销也为许多企业找到了营销的新方向，从“茫茫人海”转向“特定社群”，这不仅节省了成本，更为企业带来了众多的“目标客户”，企业只需用少量的营销成本即可实现最精准的产品信息扩散。

3. 有效的口碑传播

口碑对于一个企业的长远发展来说是至关重要的，它不仅能在短时间内提高销量，还能铸就品牌、助力企业的长期发展。

而社群营销往往就能为企业带来有效的口碑传播。那么，企业到底如何实现口碑传播呢？在互联网时代，人们获取的许多信息都是筛选过后的信息，有的是互联网自动筛选的，也有的是由熟人进行筛选的。人们对熟人筛选的信息拥有一种天然的好感，这种好感，就是转化为口碑的最初动力。

4. 熟人传播

在数学领域有一个猜想，名为六度空间理论。该理论认为：人和任何一个陌生人之间所间隔的人不会超过六个，也就是说，最多通过五个中间人你就能够认识任何一个陌生人。这也是社群建立的基础。

扫一扫

开展社群营销

在互联网时代，六度空间理论实现的可能性更大。与传统营销相比，社群营销则是一种基于六度空间理论的营销，它更看重其影响力。社群的本质是连接，由手机端和PC端构筑的新媒体环境彻底突破空间和时间的限制，将人与人之间联系在了一起，且这种联系通常是一种基于熟人的联系。

熟人间是如何进行传播的？只要我们细心观察身边的事例，就可以发现，传播有用信息是熟人传播的重要手段。比如提到小红书，我们可能会想到“推荐”和“种草”，这种感觉就好像是朋友发现了什么好产品，然后分享给了我，这种熟人推荐的社区氛围，让小红书成为最值得做口碑和推广的地方。因为消费者可能不相信商家广告，但是她更愿意相信熟人推荐。

首先，对于用户来说，什么是有用信息？例如：在一个注重吃的用户看来，美食攻略是有用信息；对于一个痴迷手机的用户来说，手机测评是有用信息；对于一个爱好文学的用户来说，美文分享就是有用信息。

因此，如果能抓住用户的诉求点，在这个基础上包装自己的内容，那么，用户自然也会传播。毕竟，每一个用户都希望表现出自己的“精通”并分享有用的信息和知识。而出于对熟人的相对了解，其他在咨询信息、购买产品等方面也更为信任。如果能获得一个用户的信任，那么，熟人传播的力量往往会超乎想象。

五、粉丝社群维护与运营

理解粉丝社群和社群营销等相关概念，使我们认识到实现直播团队的最终目标是做好直播营销工作。根据直播团队架构、岗位职责和工作流程，我们知道粉丝社群运营是运营团队最重要的工作之一。如何做好粉丝社群维护与运营呢？首先要研究粉丝心理，达到“有用、有趣、有共鸣”的信息启示。

（一）粉丝维护

新媒体时代，互联网和自媒体平台虽然可以迅速聚集众多粉丝，但也更容易失去粉丝，因为在网络时代进入了买方市场，粉丝掌握信息更多，选择也会更多。直播过程中，直播间经常会出现进进出出的现象，这就需要维护好粉丝的忠诚度。那么如何构建、维护粉丝忠诚度呢？有学者提出了“激励相对论”的五条法则：

1. 匹配法则

这一法则有助于我们理清粉丝要的到底是什么。粉丝与用户的需求是有很大差别的。用户一般追求性价比（工具思维），而粉丝追求认同感、归属感、参与感、炫耀感等感性需求的满足（玩具思维）。相对而言，粉丝比用户对品牌或产品的贡献度要大得多。很多品牌或产品，以为自己拥有了众多粉丝，但其实这些粉丝中有很大一部分只是被性价比吸引而来的用户。

2. 变化法则

喜新厌旧是人之常情，粉丝黏度的构建与维护也脱离不开这一人性本能。变化可以细分为两类。一类是对传统产品或服务的颠覆，另一类是对自己的创新产品或服务的多次推陈出新。

如某公司用互联网改造装修业。该公司实现699元每平方米的低价，20天完工，手机监工，不用去现场，如有需要设计师可上门服务，完全颠覆了人们对传统家装行业的认知。

某公司打造新房代理模式。在新房销售链条中，该公司从上游开发商获得房源，下游整合海量中介售房，构筑起轻资产扩张模式。它的出现不仅打破了长久以来垂直房产网站依赖广告商业的模式，更将加速整个房地产行业与互联网的深度对接。

第一类变化相对容易做到，而要做到第二类变化则要难得多，毕竟，经常性地推陈出新并不是一件容易做到的事，一旦做不到，厌倦了的粉丝们很快会舍弃而去。

第二类变化还包括提供一些不可预测的惊喜。比如，设置神秘的礼盒，在粉丝不知情的状态下意外给予，这也会给粉丝带来增量的刺激，从而强化其黏度。

总之，当粉丝最初的新鲜感过后，如果缺乏后续变化，其黏度很快就会大幅跌落。不变化的激励，是无法构建粉丝黏度的。

3. 及时法则

及时法则比较容易理解。当明晰了粉丝的需求，并知道要多方变化时，仍然要注意及时地提供新鲜的刺激。所谓及时，就是要在粉丝厌烦之前推出新的产品或者新的玩法。同时，及时也是一个相对的概念。如果粉丝的忠诚度原本就较高，那么，其等待与忍耐的周期就会长一点，如果本身的魅力程度尚不足够，一旦不能及时，粉丝黏度会很快分崩离析。

4. 公开法则

粉丝的感性体验并不是绝对的，而是来自群体比较，这既包括对外群体的优越感，也包括群体内部的优越感。要想体现出这种优越感，就必须具备一种可供比较的公开机制。

5. 足额法则

足额法则，其实也是公平法则。每个粉丝的贡献度是不一样的，那么，在激励上就必须体现出相匹配的差异，确保付出最多的粉丝能够得到最多的奖赏，最大的荣耀。奖赏和荣耀既可以是物质层面的，但更多的是精神层面的，因为粉丝最大的追求是感性的满足。要建立足额匹配的激励机制，需要有一个相对公平的良好体系。当下正在如火如荼发展的大数据技术有助于精确地记录、分析、评估粉丝们的行为与贡献。

要特别注意的是，上述五条激励法则并不是割裂的。在建设粉丝黏度的时候，应将五种法则综合考虑，融合起来。运用好粉丝心理驱动机制的激励法则，可以延长粉丝迷恋周期，起到粉丝社群的维护作用。

（二）粉丝造就

一个品牌的粉丝是如何养成的呢？某款手机的成功案例值得深思。该款手机的创始人经常与粉丝互动，不断迎合粉丝市场的痛点需求，开发出一款能够引起粉丝共鸣的新款手机，取得了非常满意的市场效果，该手机的商业成功可以归功于粉丝的支持，它不但完美塑造了粉丝文化，让粉丝成了产品的代言人，还维护了品牌的荣誉。

粉丝造就应做好以下环节：

1. 聚力

在粉丝传播过程中，最核心、最有效的内容发布群体是“核心粉丝”。他们一般是发烧友级别的爱好者，充满专业的“鉴赏者心理”，对产品的研发历史、技术数据如数家珍。对这些核心的专业发烧友要吸引、推动他们为产品做好口碑传播和背书分享。

2. 加强互动

对于粉丝来说，单一媒体的发布显得渠道力量薄弱，如果没有多媒体聚合，没有互动，没有不断的信息点发布，往往会事半功倍。粉丝经济时代，各商家都在努力加强与粉丝互动，吸纳粉丝注意力。

3. 打磨产品

产品是否解决粉丝痛点才是粉丝关注的核心。某手机发布过程中主打的四个卖点——双核、超大屏、信号好、电池大，都是来自“发烧友”的建议。某位粉丝买了三台该公司的手机，就是因为她在微博上曾经给该手机评论“一定要大屏的”，她很高兴手机公司也响应了她的建议。

（三）粉丝社群运营策略

1. 培养群体认同

群体认同是群体成员对群体规范、传统、仪式，与目标的认同，以及怀有促进群体发展的意愿。若个人要发展出对一个群体的认同，需要以下三个重要组成部分：认知维度、评价维度，以及情感维度。

首先，认知维度是一个自我归类的过程。个体会比较自我和群体其他成员之间的相似性，然后根据自我认知和观察，强调与外人的差异。当个体感知到自己与其他成员拥有某些相似的特征时，群体认同感和群体成员身份就会形成。因此，参与群体活动的可能性就会增加。比如B站的核心用户以年轻人居多，喜欢动漫、尤克里里等，他们相互认同，对于其他平台如抖音、快手等的用户则没有那么高的认同度。小红书的关键词是“女性”和“消费”，适合做前端营销，也就是做种草和销售转化的征信；而抖音、快手则是更突出社交功能，相互之间用户的认同度也存在差异。然而，若缺乏这种成员意识，个人就没有定义其群体认同的基础。所以，这个维度先于另外两个维度发生。

其次，评价维度是指与成员身份有关的正面或负面的价值内涵。当个体认为这种成员身份是有价值的，他就会更有可能进行群体内的行为以支持整个组织，同时提升自我价值。

最后，情感维度是指个体对其他成员以及整个群体的感情投入，也是情感上的归属感。

当成员在情感上承诺于一个群体时，他们就会相互帮助并不断提供建设性的意见，同时成员忠诚度会随之增加，对于群体活动也会产生更高的参与动机。

在线上虚拟社群中，当成员认为自己与相同志趣的人属于同一群体时，参与活动的意向就会在目标导向的关系中形成。一旦参与社群活动的意向形成，再加上与其他成员的相互接触和互动而建立的集体身份，个人就很容易受到其他成员的建议或观念的影响。此时，增强的群体认同感不仅促进了对于虚拟社群里一致行为的愉悦感，而且也提升了个人和群体在群体活动中的有效性。

2. 培养规则认同

没有规矩，不成方圆。每一个人都不喜欢受到约束，但没有规则的约束，社会秩序就会混乱不堪。建立社群必须要建立社群规则，以方便日后管理工作。好的粉丝社群也有利于社群内容的生产和粉丝的成长。

对于网络粉丝社群来说，主要有三种社群规则保证了成员的“纯洁性”。首先是限制讨论内容。节目相关论坛仅可讨论节目相关话题，没有观看过节目的人很难参与其中。其次是设立准入门槛。节目相关的众多粉丝群都需要审核微博名、超话等级、选手代言购买记录，只有符合条件的人才可以进入社群。最后是社群的隐形屏障，即饭圈用语。饭圈用语是网络粉丝社群在沟通中普遍使用并赋予新的意义的词语所构成的话语体系。社群成员在交流中使用大量的新词、缩写和代号，一方面可以有效地区分和隔离社群外成员，另一方面也对社群交流的内容进行了加密，即使有人闯入群体中阅读了文本内容，也难以正确解码。通过这三种社群规则逐渐使粉丝达成了对社群规则的认同，粉丝会在实际行动中将履行群规则变成自觉行为，其底层逻辑是，群规则使粉丝有了归属感和对自我的身份认同感。

粉丝社群规则简单来说包括三个部分，即加入规则、日常规则和出局规则。以下为某社群规则：

（1）加入规则

① 门槛规则：邀请制、任务制、付费制、申请制。

② 入群规则：群名称、群资料、群公告、成员名、自我介绍等全部统一格式。

（2）日常规则

① 鼓励行为：

鼓励社群成员分享自己的原创文章（和社群主题相关即可），与大家一起交流。

鼓励社群成员踊跃提出合理化建议，检举各种违规人和现象。

鼓励社群成员文明交流，团结互助，有问题可以私聊群主或者管理员。

② 违规行为：

严禁群内争吵，聊天内容不得有谩骂、侮辱性语言，不得对他人进行恶意人身攻击。

严禁带有性别歧视、种族歧视、信仰歧视、个人侮辱、自侮辱等其他违反国家法律以及社会公德的不雅的昵称。

不讨论政治话题，不得发表敏感性言论，不得发送垃圾信息，不得发送广告，不得恶意刷屏，不得发送过大图片，严禁发送不雅文字与图片。

③ 退出规则：

违规后一次小窗提醒，给予警告。

两次群内通报，给予禁言。

三次请出群。

任务实施

按直播团队要求制订团队粉丝社群维护计划。

一、定位粉丝社群

根据粉丝社群与社群营销相关知识，结合直播团队发展规划等定位粉丝社群，根据不同平台粉丝属性，寻找目标用户，发掘粉丝特征，最终形成有稳定群体结构和较一致群体意识以及行为规范的粉丝社群。

二、对粉丝社群分层

对粉丝社群进行分层，划分出核心粉丝和外围人群，便于开展有针对性的营销与维护工作。

三、制订粉丝社群维护计划

制订粉丝社群维护计划包括整体思路、具体工作任务、阶段工作安排和日常运营细节等，以下为粉丝社群维护计划样例。

粉丝社群维护计划

一、整体运营思路

通过广撒网的方式，吸引粉丝加入免费社群，形成体量；通过辅助产品资料、干货分享、直播的形式吸引种子用户进入社群；精选划分出核心粉丝单独拉群，提供政策倾斜，使之发挥辅助社群纳新、运营等作用；按需形成其他交费社群、活动推广社群等。

二、社群阶段运营安排

（一）创建初期

1. 建立粉丝群

通过各种渠道官宣，邀请粉丝进群。

2. 建立群规则

便于日常管理、运营。

3. 确立群属性

围绕群目的，持续性产出运营活动、培养互动机制。

4. 挖掘忠实用户

通过日常活动确立忠实用户，重点关注，给予VIP待遇。

（二）创建中期

1. 进行用户分层

根据粉丝属性及行为（地域、年龄、活跃度等）对粉丝沉淀分层，方便后续定向运营。

2. 提升用户黏性

通过运营活动、粉丝调研、见面会等与粉丝建立更紧密的联系，增强粉丝存在感，培养正能量。

3．开展用户转化

通过全渠道宣传，结合线上、线下互动活动，增加用户参与机会，促进用户向核心粉丝转化。

（三）创建后期

1．下放权限

除定期举办的大型活动外，将日常群内管理权交给忠实粉丝，提升粉丝主人翁意识。

2．增强群影响力

通过即时通报粉丝人数增加情况和经常性宣传粉丝优享福利等方法，增强粉丝归属感，扩大社群影响力。

3．分层运营

对不同粉丝靶向定位、分层运营，提升工作效率和质量。

三、社群日常运营细节

1．制订入群须知

对加入粉丝表示欢迎，并向粉丝说明定期活动、优享福利；交代社群规则等，培养共同价值观。

2．介绍日常运营细节

介绍包括社群等级、升级说明、每日打卡、纪念日等，用带有仪式感的活动，增加粉丝黏性，增强对社群的认同度。

3．设置管理岗位

设置群主，并根据粉丝人数设置管理员和客服人员，以此方便与粉丝交流，推动社群良性运营。

项目总结

本项目围绕直播团队组织架构建设、直播团队岗位职责制订、直播团队工作流程设计、团队粉丝社群维护计划四个层面由浅入深开展任务实施，使参加学习的学生掌握了直播团队工作的组织架构、岗位职责，熟悉直播团队工作流程，学习经营社群相关理论知识，掌握与粉丝互动的技巧，提高人际交往的能力和团队意识，从而为将来参加直播团队工作夯实基础。

项目实训

一、实训目的

通过项目实训锻炼学生规范操作、履职尽责的工作能力，培养理解、共情的关爱精神和团结守纪的职业素养。

二、实训准备

相关绘图工具和软件、社群组织架构图、粉丝社群运营流程图表等。

三、实训要求及考核评价

根据项目实施与总结的全过程，商讨组建直播团队，开展社群运营。

具体要求：

① 6～8人为一个小组。

② 以小组成员内部自荐（推荐）的方式，选举小组组长，由组长带领组员实施任务。

③ 作为组长如何根据岗位职责和工作流程安排工作。

④ 以小组合作的形式完成任务实施。

⑤ 组长负责完成填写任务评价单，见表3-15，教师根据任务完成情况给出评价。

⑥ 在任务完成后，每位成员从职业素养、专业知识、专业技能、工作方法等方面完成该项目的总结，填写任务总结单（见表3-16）。

表 3-15　任务评价单

检查目的	监控小组的任务完成情况				
评价方式	小组自评（满分 40 分），小组互评（满分 30），教师评价（满分 30 分）共三部分				
序　号	评价项目	评价标准	小组自评	小组互评	教师评价
1	分工情况	安排合理、全面，分工明确			
2	学习态度	小组工作积极主动、全员参与			
3	纪律出勤	按时完成任务内容，遵守考勤与工作纪律			
4	团队合作	相互协作、互相帮助，听从指挥			
5	创新意识	看问题具有独到见解和创新思维			
6	完成质量	任务单记录完整，按照计划完成任务			
检查评价	班　级		第　组		
	评语： 检查人员签名：				

表 3-16　任务总结单

项　目 3	直播团队组建			
班　级		第　组	成员姓名	
职业素养	通过对任务的完成，你认为自己在社会主义核心价值观、职业素养、学习和工作态度等方面有哪些需要提高的部分？			
专业知识	通过对任务的完成，你掌握了哪些知识点？请画出思维导图			

专业技能	在完成任务的过程中，你主要掌握了哪些技能？
工作方法	在完成任务的过程中，你主要掌握了哪些分析和解决问题的方法？

项目 4
主播人设建构

项目导入

D电商公司为进一步开拓直播市场，近期准备培训一批主播，公司委派你负责主播人设建构项目。本项目通过学习如何提升表达能力、共情能力、学习能力使学生掌握主播基本素质的训练方法；通过明确主播自我定位、打造个人IP以及做好人格化传播工作，使学生完成主播人设风格定位；通过掌握情感劳动，调节与管理不良情绪，管理压力与挫折，培养心理弹性等塑造主播健康心态，成为合格、阳光的主播，从而顺利完成人设建构项目相关内容。

学习目标

知识目标：

（1）能说出产品共情、品牌共情、情境共情的定义和相关共情力的提升方法。

（2）能总结主播人格化传播的路径。

（3）能列举出主播不良心态的调节方法。

能力目标：

（1）能根据主播行业特点及需求，在直播中运用语言、文字、图形、表情和动作等清晰陈述主播的思想和情感并与粉丝进行有效沟通。

（2）能根据主播个人优势及特点，对主播风格进行定位与设计。

（3）能对个人情绪进行控制管理。

素质目标：

（1）具备弘扬社会新风尚、传递道德正能量的职业素养。

（2）具备全局意识和大局观。

（3）具备自尊自信、理性平和、积极向上的心态。

项目实施

任务1 主播基本素质训练

任务解析

通过学习如何锻炼表达能力、共情能力、学习能力，从而制订新人主播基本素质的训练方案。

知识链接

一、锻炼表达能力

表达能力又叫表现能力或显示能力，它是指一个人把自己的思想、情感、想法和意图等，用语言、文字、图形、表情和动作等清晰明确地表达出来，并善于让他人理解、体会和掌握。表达能力是主播最重要的能力之一。新媒体时代，主播要学会表达自己，为了增进粉丝对自己的认同度，锻炼良好的表达能力是必修课。表达能力通常通过语言表达、肢体语言表达、文字表达来体现。

（一）语言表达能力

语言表达能力是指在口头语言（说话、演讲、作报告）及书面语言（回答申论问题、写文章）的过程中运用字、词、句、段的能力，二者均以语言为基础媒介。恰当的语言表达能够迅速引起对方兴趣，拉近彼此心理距离，为以后交往打下良好的基础。

主播在直播的过程中最重要的也是语言表达能力，包括声音、音调、语速、语气等。直播间随时进入新的访客，主播的语言表达能力是访客对主播认知的第一点。主播在直播过程中，要具备较强的表达能力、感染力以及幽默感，切记不能用死板的方式和严肃的氛围直播。没有人会喜欢枯燥无味的主播，真正留住粉丝用户的直播，是有价值、有趣、有爱和有互动的。抖音上爆火的某主播，她的厉害之处在于她短时间之内极速的表达能力，比如："我没办法了，真的没有货了；倒计时10 s，抢不到就没了！ 10、9、8……；全部送、喷雾送、面膜送、再送一个正装……。"这种极速爆单的表达能力，完全带动和影响观众的购物情绪，观众根本没时间去全网比价，只会担心自己的手速、网速不够快，抢不到这么优惠的产品。

锻炼语言表达能力要做好以下四个方面：

1. 练习口齿

口齿要清晰，声线要稳定，这样会彰显说话底气，避免观众听不清主播的话语，弄不懂主播表达的意思。

2. 练习发声

加强腹式呼吸训练，会使声音更加浑厚有力，富有磁性。声音有特色的主播往往更能吸引粉丝的注意，例如，甜美、烟嗓、浑厚等，只要有特色，就能给用户留下不一样的印象。

3. 借鉴经验

借鉴各平台主播经验，观察热场、互动技巧，进行学习、模仿，提升自己语言表达能力。

4. 加强直播练习

每天练习直播2～5 h，提升语言反应能力和控场能力。

（二）肢体语言表达能力

1. 肢体语言

肢体语言指的是身体语言，即非词语性的身体信号，是人们在生活中通过身体各个部位的协调活动来传达情绪、思想的一种表现方式，也是除了语言、文字之外主播的又一必修课程。在建立人设的过程中，主播通过不同的肢体语言来表达含义、诠释情感，从而使形象更加鲜活立体。新媒体时代的用户对主播观赏的需求增多，对主播表情语、手势语等肢体语言传播能力提出了新要求。如果主播需要真切地表达自己，拉近与粉丝的距离，就要在了解肢体语言特征的基础上，充分发挥其作用。主播应具备通过面部表情体现情感、传递信息，激发用户好感的能力；也应具备使用手势语来辅助营造表达氛围，补充或强化观点的能力。

2. 肢体语言表达的特征

（1）无意识性

日常许多肢体语言在无意识中发生，比如说话时的手势，交流时的眼神、微表情等，都是人们日常的习惯性动作。

（2）广泛性

肢体语言具有广泛性，无论任何年龄和性别的人都会使用肢体语言，并对肢体语言进行回应。

（3）直观性

肢体语言具有直观性，表现更真切。人们会用手势来比划事物的形状，这些信息会直接反馈到人的视觉器官。当语言与非语言信号所表达的意思不一样时，人们更容易选择相信非语言信号，如当听到好消息时，瞳孔会放大，眉毛会舒展；愤怒时下颌收紧，眉头紧锁；说谎时眼睛会不自觉地躲避说谎对象等。

（4）文化性

肢体语言也有文化属性，在不同的文化背景下，同样的肢体动作代表不同的意思：在中国，人们赞同的时候会点头，不赞同会摇头；而在印度，人们赞同却用摇头来表示。

（5）跨文化性

肢体语言虽然有文化属性，但也有跨文化性。肢体语言是与生俱来的，在不同文化下也存在着一致性。比如人们在表示友好时会微笑，悲伤时会皱眉头甚至哭泣等。

3. 肢体语言表达的作用

（1）提高主播吸引力

对于主播来说，说什么话当然很重要，但是更重要的是怎么说。较好的姿势、更优雅的肢体语言都会增加主播的吸引力。

（2）带动情绪

情绪会从肢体语言中表现出来。通过肢体语言能够加强情绪代入感，引发粉丝共鸣。例如，鼓励“加油”的时候做出努力的手势更有气势。

（3）传达信息

相较于语言表达，肢体表达具有无意识性，更容易反映说话人的状态，更能传递准确信息。

（4）提升沟通效果

为达到有效沟通，人们会不自觉增加肢体动作，从而提升沟通效果。例如，朋友见面相互拥抱或握手都会增加感情促进交流，提高沟通效果。

（5）增强首因效应

首因效应是指个体在社会认知过程中，通过“第一印象”最先输入的信息对客体以后的认知产生的影响作用。在别人眼里的第一印象会影响后来对人的评价，所以塑造一个优秀的第一印象十分重要。主播善于运用肢体表达，将微笑挂在脸上将很受粉丝欢迎。

4. 锻炼肢体表达能力

① 保持眼神交流，但是不要盯着别人。保持目光平视。不要把目光集中在地上，给别人一种不信任的感觉。

② 人与人之间保持一定距离，双脚不要紧闭。微笑，讲一些笑话让对话环境更轻松。

③ 放松肩膀，放慢速度，保持冷静。

④ 当别人发表意见时，轻微点头表达对别人的尊敬。如果对别人的讲话很感兴趣，身体可以轻轻前倾表示自己的兴趣。

⑤ 加强“镜子”练习，与他人互相沟通的过程就像镜子一样映射彼此。

（三）文字表达能力

文字表达能力，也就是文字水平的能力。运用语言文字阐明自己的观点、意见或抒发思想、感情的能力，是将自己的实践经验和决策思想，运用文字表达方式，使其系统化、科学化、条理化的一种能力。

作为网络主播，文字表达能力非常重要。当下是内容创业者的黄金时代，互联网平台的免费、开放性，网络文学平台、视频网站、漫画主题网站应有尽有，只要有才华和创意，便不会再受困于传播渠道和漫长繁杂的出版程序。例如，某博主凭借各类创意文字全解、新解、趣解新闻热点、历史而成名，他通过码字而吸引了超过50万的粉丝，他在个人微信公众号上发布的几乎每篇文章都能获得10万以上的阅读量，其中热点文章可以获得100万以上阅读量。

锻炼文字表达能力要从以下方面入手：

1. 从自己擅长的写作领域入手

好文章没有统一的标准，同样的文章选题即使一千个人来写作必然也是千人千样。从自己擅长和感兴趣的领域入手很重要，对专业领域的深入研究和积淀决定了内容的持续生产能力和质量。例如，一位拥有700万粉丝的知名育儿类博主发布的每篇文章阅读量可以达到10万以上。其成功的原因之一是她本身就是知名大学的医学硕士，同时，她也是一位妈妈，对于育儿知识很感兴趣，所以才能洞悉新晋父母对专业育婴知识和经验的需求。

2. 时刻保持读者思维

写作领域的定位是自身兴趣领域和读者需求博弈的结果，作者就是一个个的产品经理，而推出的每一篇文章就是一件产品。主播要时刻保持读者思维（用户思维），系统思考文章的选题、形式、语言风格、发布、运营、粉丝维护整个环节。设想自己是读者，会不会喜欢这篇文章。一位知名文字博主在谈到自己的写作心得时强调：“要珍惜读者停留在你页面上的时间，永远不要低估网友追求美好内容之心。”

3. 提升文字创意设计

互联网让写作变成一件人人都可以参与的事情，也让内容生产泛滥。如何让作品在互联网海量信息中脱颖而出？创意便是法宝。独特的创意可以让你区别于其他传统作者。创意的表达往往让人印象深刻，如“世界上有一种专门拆散亲子关系的怪物，叫作长大。”“门外世界，门里是家。”——央视公益广告《门》。“妈妈的味道，是你回家的路标。”

二、提升共情能力

（一）共情

“共情”，亦被称作“同理心”“同感”“投情”等。共情可划分为情感与认知两个维度。其中，情感共情更多指向可以对他人感同身受，体味他人内心的真实感触。认知共情则多指向对情绪的精准识别与判定。主播上传短视频或直播即进入公众形象，更需要表达出期待、感谢、欢乐、喜爱、激动、自豪等积极情绪，从而带动观众的积极体验。

新媒体时代，主播需要提升共情能力，要对共情有全面认识。共情分为消极共情和积极共情，对他人消极情感的共情反应为消极共情；对他人积极情绪状态认知和情感分享的过程称为积极共情。当今时代人们的精神需求已经超越物质需求。主播在打造自己产品或直播带货过程中满足用户的精神需求则更需要注入共情的力量，包括产品共情、品牌共情、情境共情。

1. 产品共情

在新媒体的助推下，新生代的主流用户特别喜欢表达自己的情绪、爱好和价值观。用户选择产品，除了功能和颜值外，还非常注重产品所代表的精神价值，重点就是情绪、情趣和情义。产品爆红，往往是因为成为“替目标消费者表达情绪和价值观”的道具。如果产品能够替消费者表达情绪、情趣和情义，则产品就具备了与用户共情的能力。

某知名人士曾说，好产品与一般产品的差别，在于好产品能与用户共情。因为任何一个产品除了呈现在外的设计和功能，更重要的就是内在的东西：用户的想法和感受，以及产品如何影响用户的思维和行动。用户的感受决定了对产品的购买、使用、黏性等。

2. 品牌共情

品牌共情是品牌与消费者之间的一种情感联系，是品牌与消费者之间建立起的一种情感共鸣和情感互动。

3. 情境共情

创设情境，借助场景打造，加强受众体验从而形成体验同情。如某知名自媒体博主制作短视频产品往往选择乡村环境，穿着朴素典雅，这样的场景与视频内容高度契合，很快引发受众的情境共情体验。

综上可见，共情具有复杂的心理结构。首先是信息内容的基本刺激。在这一环节内，一些叙事方法、叙事技巧以及人物塑造技巧、特殊表现等呈现的相互交织会产生公益信息内容的相关环境框架，受众只有进入框架内才有可能受到其他具体信息的刺激，从而进入共情心理发展的第二环节——情绪感染。情绪感染是一个自动化、无意识的情绪传递过程。在这一基本环节下，受众会接收到基本情绪信息（如面部表情、语气、动作等）的刺激。在情绪感染的过程中，人们会在情绪刺激的牵引下，产生相应的焦点偏向，然后增加对信息中与共情相关场景的关注，即进入到共情心理发展的第三环节——共情关注。共情关注是个体关心他人的表现和动机。随着共情关注的深入，个体将逐步进入共情心理发展的第四环节——观点采择。观点采择是指个体从他人或他人所处情境出发，想象或推测他人观点与态度的心理过程。基于对目标内容从情绪到认知上的整体理解，个体将进入共情心理发展的第五环节——认知情感评估。认知情感评估是指个体对他人的实际处境或某些场景进行认知情感判断的过程，这一过程个体会结合自身的价值观、道德准则等来考察“我”共情他人的理由是否成立。若不成立，则过程中止；若成立，那么个体会融合认知与情绪情感并指向他人，最终产生共情心理，形成对品牌的支持。情境共情流程详见图4-1。

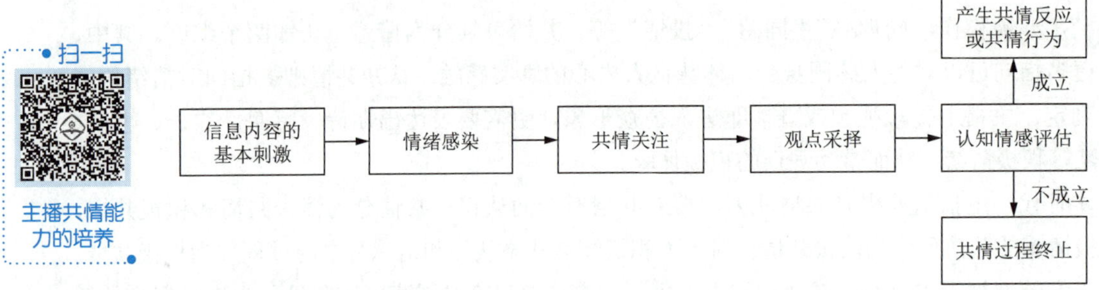

图 4-1 情境共情流程图

（二）提升共情能力

1. 换位思考

如果能够设身处地站在粉丝的角度，去领会并理解他们的情绪、想法和需要，进而满足他们的需要，就比较容易和他们打造好的人际关系。能换位考虑的网络主播，在日常势必也是人际交往的高手。为了更好地了解粉丝的想法，主播应该经常同具有代表性的粉丝进行沟通交流，了解他们的年龄层次、社会背景、经济实力、心理追求等；也可以进入相同种类的主播直播间，更换角色，站在粉丝的立场上去看待主播，去倾听直播间的各种声音。

2. 探寻共同点

为了让共情的力量更强，主播要防止以自我为中心，而要以维护与粉丝的关系为中心。主播应了解怎么样化解与粉丝之间事实存在的生活和情感屏障。当主播和粉丝在价值观、世界观、生活观和思维方法方面的交集愈加多时，粉丝就可以感受到与主播之间的共鸣感，就会将主播看作朋友乃至家人，支持主播。

三、锻炼学习能力

新媒体时代知识更新迭代的步伐加快，主播要锻炼学习能力，不断成长才能跟上时代的脚步。锻炼学习能力要做好以下几点：

（一）提升学习动机

学习动机是激发个体进行学习活动、维持已引起的学习活动，并使个体的学习活动朝向一定的学习目标的一种内部启动机制。学习动机对于学习的效率有重要的影响。

美国心理学家耶克斯、多德森研究发现，动机的最佳水平随着任务性质的不同而不同。在比较容易的任务中，行为效率随着动机的提高而上升；随着任务难度的增加，动机的最佳水平有逐渐下降的趋势，也就是说，在难度较大的任务中，应保持相对较低动机水平，如图4-2所示。学习动机存在一个最佳水平，在一定范围内，学习效率跟学习动机成正比，并随着学习动机的增强而提高，达到最佳的学习动机强度后，学习效率则跟学习动机成反比。也就是说，动机强度处于中等水平时，工作效率最高。

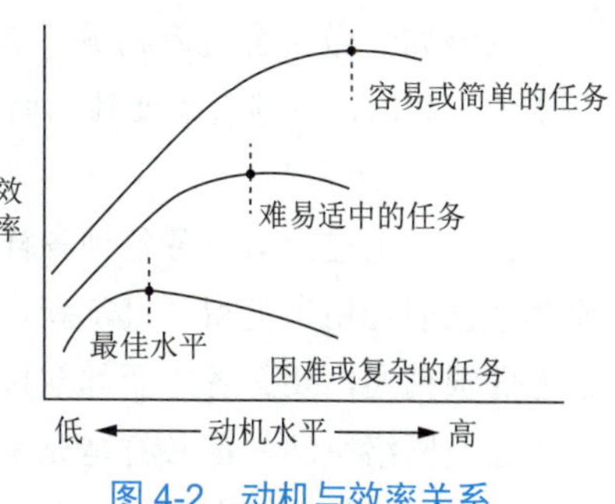

图 4-2　动机与效率关系

根据耶克斯-多德森定律，动机不足或动机过强的应对方法如下：

1. 动机不足

学习内在动力不足，没有明确的方向，求知欲低，甚至厌倦学习。主播的工作很忙，难得有时间放松自己。即便学习也易受外界干扰，对于知识只满足于肤浅的了解，难以深入研究和取得突破性发展。

产生动机不足的原因是多方面的，但个人原因是主因。个人学习目标不明确，对社会现象认识不清，容易受各种内外条件的影响，慵懒散漫、随波逐流。因此，主播要明确学习目标，制订工作计划，不断吸收新知识新技术，紧跟时代步伐，才能确保不被媒体洪流淹没。

2. 动机过强

耶克斯-多德森定律告诉我们，过强的学习动机反而会影响学习效率。学习动机过强容易让我们在学习上产生过度焦虑。长期压力大、精神紧张，会影响主播的情绪和身体状况，容易出现胸闷、头晕、失眠等症状。超强度的学习，不会自我减压，没有一丝娱乐和社会活动也不利于主播身心健康。

作为网络主播，自尊心强，注重荣誉感，这是积极的因素，但自尊心过强就会背上思想包袱，为此过高估计自己的能力，盲目尝试不切实际的目标，往往容易失败，增加挫折感。因此，主播要学会主动减压，降低预期，培养理性平和的社会心态。

（二）提高专业能力

在竞争日益激烈的直播行业，要成为专业的主播，必然要提升以下专业能力。

1. 增长技能

俗话说，“三百六十行，行行出状元”。作为一名主播，想要成为直播界的状元，最基本的就是拥有一门最为擅长的技能。一个主播的特色就是由他的特长支撑起来的。主播在自己擅长的领域，做自己擅长的事时散发出的感染力，是自然而不打折扣的。只要精通一门专业技能，行为谈吐优雅而接地气，必然收获粉丝的关注。比如，有人绘画水平很高，于是他专门做绘画直播；有人是舞蹈专业出身，对舞蹈又十分热爱，于是她在直播中展示自己曼妙的舞姿；有人天生有一副好嗓子，于是他在直播中与人分享自己的歌声。

2. 提炼观点

主播要受到用户认可，就要有清楚的观点，避免空谈。如果主播的观点既没有内涵，又没有深度，是不会获得用户长久支持的。网络直播的根本在于直播的内容，精彩的内容才能留住更多的人，但这种精彩的内容要表现在主播的个人能力上。主播必须要提炼观点，做到言之有物。

应该如何做到言之有物呢？首先，主播应树立正确的价值观，始终保持自己的本心，不空谈，不胡说。其次，主播观点要独到而明确。从而在收获粉丝支持的基础上获得专业能力的不断提升。

3. 培养才艺

首先，主播应该具备各种各样的才艺，让观众目不暇接，为之倾倒。才艺的范围十分广泛，只要其才艺能让用户觉得耳目常新，能够引起他们的兴趣，那就是成功的。才艺方面多多益善，要么某方面很精通，要么各方面都掌握一些。这是一个自我销售的过程，当把这一点做到位了，无论在现实还是网络空间中都必将是充满魅力的人物。游客与新人粉丝的点赞、评论等，都是对主播的认可，实力主播往往拥有巨大的粉丝数量，这是主播个人魅力的充分体现。近年来，随着直播游戏越来越透明，粉丝大都会被这类实力主播吸引，所以脚踏实地提升才艺和个人魅力才是正道。

在各大直播平台上，有不计其数的主播，每个主播都拥有自己独有的才艺。谁的才艺好，谁的人气自然就高。无论是什么才艺，只要是积极且充满正能量的，能够展示自己的个性的，就会有助于主播的成长。

4. 满足用户需求

在主播培养专业能力的道路上，有一点极为重要，即聚焦用户的需求，也就是能够聚焦用户的痛点。主播要学会在直播的过程中寻找用户最关心的问题和感兴趣的点，从而更有针对性地为用户带来有价值的内容。

挖掘用户的痛点是一个长期的工作，但主播在寻找的过程中，必须注意以下三点事项。

① 对自身能力和特点有充分了解，清醒地认识到自己的优缺点。

② 对其他主播的能力和特点有所了解，对比他人，从而学习其长处。

③ 对用户心理有充分的解读，了解用户需求，然后创造对应的内容满足这种需求。

主播在创作内容的时候，要抓住用户的主要痛点，以这些痛点为标题，吸引用户关注，并弥补用户在社会生活中的各种心理落差，在直播中获得心理的满足。

（三）做好时间管理

对于网络主播来说，日常工作量特别大，化妆、挑选服装、装饰直播间、设计直播内容等忙得心力交瘁，要在繁忙当中做好时间管理是非常必要的。如何做好时间管理呢？

1. 掌握时间管理工具

（1）设置时间模块

模块是一个标准单元。时间模块就是按活动类型将时间进行归类，便于人们安排活动达成目标。主播要有效管理时间，设置模块时间表是提高工作效率的好方法，详见表4-1。

表 4-1 模块时间表

时间模块	具体活动	时间段
直播前准备时间	设计直播脚本	
主播个人整饰时间	化妆	
直播间整理时间	整饰直播间	
……	……	……

主播要善于利用模块时间表，不使各方面活动发生设置上的冲突和时间上的混乱，保障工作同时还要安排好休息时间。只有这样才能拥有充沛的精力和高效率的生活。

（2）时间管理“四象限”

管理学家科维提出管理时间的“四象限”理论。将工作按照重要和紧急两个不同的程度进行划分，分为四个“象限”。时间“四象限”理论告诉大家人的精力是有限的，面对众多目标应分出轻重缓急，合理规划时间，优先考虑重要的工作。因此时间管理专家德鲁克说：“重要的事情先做，其他事情，根本不用考虑。”时间规划象限图如图4-3所示。

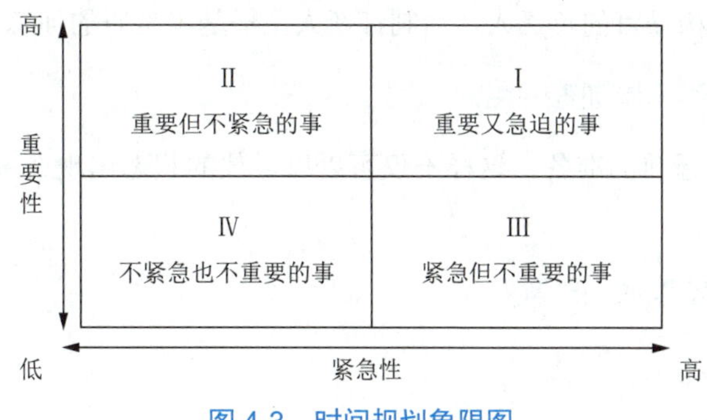

图 4-3 时间规划象限图

2. 合理安排时间

（1）安排规律的作息时间

主播的工作时间不容易固定，休息的时间也不规律。无规律的作息难免会影响主播的精力和工作状态。主播要安排规律的作息时间，既有利于精力的恢复，又能应对工作。另外直播时间要形成规律，固定直播时间有利于粉丝留存，提高粉丝的稳定性。

（2）制订合理的工作计划

网络主播工作繁杂，需要制订合理工作计划。在直播前要制订详实的计划，包括明确目标、分解任务、设计脚本、制订预案等。同时，制订计划要避免急于求成的心态，避免看中结果，忽略细节，影响直播效果，还要避免完美主义心态的影响，不允许出现一丝瑕疵，计划得事无巨细反而给工作增加负担。

（3）保持专注

保持专注的工作态度。主播的直播时间非常宝贵，需要保持专注力，用好每一分钟。调试好摄像头，端正坐姿，工作中不做与直播无关的事情，专注的态度也是引导用户关注的重要因素。

3. 严格执行计划

制订了目标和时间规划就要不打折扣地严格执行。网络主播在执行的过程中会遇到各种各样的困难和干扰，此时改变计划或裹足不前终将会带来失败。

严格执行计划意味着必须战胜拖延现象。拖延现象普遍存在，它是一种非必要却能产生有害后果的行为。主播因为工作繁忙，一旦有休息时就容易出现补偿心理，大量进行休闲活动。直播前的所谓“临阵磨枪”也是退无可退的无奈之举，其本质就是拖延心理影响的行为。将会直接影响直播效果，受众会很快体验到主播的不用心状态，对直播失去兴趣。因此，在执行计划时要注意改正拖延的习惯，提前做好功课，不能一而再，再而三地改变制订好的计划，白白浪费时间，最终无法收获成功。

为了战胜拖延可以采取很多办法。比如调低工作难度，使复杂的工作能够被一步一步完成；或者采用自问自答的自我暗示方式，激励自己战胜拖延。经常询问自己是否做完了今天的工作，是否离目标又近了一步。

总的来说，个人情况不同，网络主播需要找到适合自己的办法战胜拖延，取得成功。

任务实施

作为新人主播人设建构项目的负责人，请制订新人主播基本素质的训练方案。

一、明确新人主播基本素质训练的目的

作为新人主播做好直播前的准备，这样不仅可以以最佳的状态出现在屏幕前，还可以让直播取得更好的效果。

二、规定新人主播基本素质的时限

三个月。

三、准备训练方案具体内容

列举出来需要训练新人主播哪些方面基本素质？训练基本素质的方法是什么？

（一）根据前面学习的知识链接内容，可以了解主播基本素质训练包含三方面：分别是表达能力、共情能力、学习能力。

（二）训练基本素质的方法

通过语言及肢体语言表达能力、文字表达能力、共情能力、专业能力、时间管理等方式对新人主播进行基本素质的训练。

① 通过练习口齿、练习发声、借鉴其他主播经验等方式锻炼新人主播的语言表达能力；通过眼神交流、放松肩膀等方式锻炼其肢体语言表达能力；通过从自己擅长的写作领域入手，时刻保持读者思维，提升文字创意设计锻炼其文字表达能力。

② 采用换位思考和探寻共同点两种方式提升共情能力。

③ 通过提升新人主播的学习动机、专业能力、时间管理能力锻炼其学习能力。

四、主播基本素质训练的考核标准

选择相关直播平台和主题，新人主播可以顺利完成一场直播活动。

任务2　主播人设风格定位

任务解析

通过学习如何明确主播的自我定位、打造个人IP的方法以及掌握主播的人格化传播技巧，从而完成新人主播人设风格定位的PPT教程。

一、明确自我定位

知人者智自知者明，网络主播更应该清楚地认识自我，明确自我定位。

（一）明确个人特质

1. 个人特质

个人特质是一个包容性很强的概念，可内化到思维方式再扩展至情绪表达方式，可细化为对待一项具体事物的态度再延伸至世界观、人生观、价值观，也可具象为一个口头禅或习惯动作；可以是主播所拥有的独一无二的技能，可以是其所具备的严谨完备的专业知识，也可以是主播天生感染力很强的性格。如果一定要将所有个人特质的内容综合在一起，概括成精简的两个字，那就是“标签”。

标签的形成不仅是对主播个人特质的浓缩，也是主播对自身定位认识，以及对受众需求热度把握的综合体现。也就是说，一个成熟、成功的标签，不仅是建立在主播完全了解自己兴趣和优点的基础上，更是建构在主播全面分析受众或粉丝需求的基础上。成熟的标签一旦形成，其在主播活动中就具有提纲挈领的作用，主播不仅在打造自身形象的过程中注重标签中各类要素的体现，更要深化发展各类要素，使这些要素形成系统的语言习惯、动作习惯、直播场景细节，以及直播过程中侧面提及的生活习惯、各类作品包含的艺术冲突点等。总而言之，是将标签完全细化到主播活动的各个环节，不断强化该标签特征，在与受众、粉丝直播互动过程中，不断加深和印证该标签在受众和粉丝中的内心确认度。

2. 挖掘个人特质

充分挖掘自身的个人特质，并将个人特质与个人定位最大限度地有机结合才是更关键的问题。最切实可行的切入点是个人兴趣。不只是做主播，想要融入任何一个行业和实现个人价值，都与个人兴趣有着微妙的联系。能够将自己热爱的事物与自己的职业结合在一起，是一件异常幸福的事情。而主播这个行业，存在着实现二者结合的较大可能性。作为一个主播，可以将自己的兴趣展示给粉丝，每一种兴趣的展示都有自己或多或少的受众。有些主播的兴趣是美妆，对于彩妆单品的运用有自己的独门秘籍；有些主播爱美食又会做美食，懂得食材如何处理最健康和美味；有些主播爱好旅行，善于发掘旅行中的美好事物；有些主播沉迷健身，能够对自己的身材进行自我管理；有些主播则是电竞高手，在网络游戏的世界里运筹帷幄；有些主播深谙时尚搭配的技巧，能够把简单、基础的时尚单品通过巧妙地改造和搭配，化腐朽为神奇……

近年来又有许多新的兴趣展现点，比如：某自媒体博主直播写代码，也拥有大量稳定粉丝，粉丝表示看到整齐的代码治好了多年的强迫症，听到键盘敲击的声音内心得到了极大的宽慰；写得一手好书法的主播，直播练字并教大家各种练习方法，获得了大量粉丝；还有的主播专门去老旧楼房勘察，现场直播满足观众的好奇心……主播们各有吸引粉丝的法宝，但多数都由自身兴趣出发，这样一方面更易坚持，另一方面在个人认同与喜爱的前提下，更易引发观众共鸣。但是，个人兴趣或爱好并不能直接构成个人特质，了解个人特质之后也不代表就能进行精准的个人定位。个人兴趣到个人特质，再到个人定位，这是一个需要不断探索和尝试的过程。

3. 个人特质与个人定位相结合

个人特质与个人定位结合可以划分为以下两个过程：

（1）个人兴趣、教育背景转化至个人特质

这个过程一方面需要与主播的性格特点、教育背景等深层次融合；另一方面，多个不同的个人兴趣之间也会互相碰撞和影响，丰富和重塑个人特质。例如，针对个人兴趣与性格特点的融合，天真烂漫的性格特点搭配热爱旅行的兴趣爱好，与深沉内敛的性格类型搭配喜好旅行的兴趣所呈现的个人特质必然有所区别，如果要在大脑中为这两种“搭配”勾勒出一个具体的人物形象，势必存在不同的背景、色调乃至面部表情。前者热情洋溢，充满童趣与跳跃感，色调温暖或清新；后者则沉稳大气，举手投足间透露着淡定与从容。同样进行美妆直播，理工科的主播描述如何打造平眉与学艺术的主播讲解画平眉步骤的风格截然不同。相对而言，前者会更加注重逻辑与条理，而后者的讲解过程会出现更多唯美或极具张力的描述性词句。钟爱美食的小学生吃到大爱的食物会幸福感爆棚，欢呼好吃、好甜、好赞，而教育程度相对更高的大学生会给出美味食物更多元、更细致的形容，如弹牙、爽滑、绵密，等等。

（2）个人特质确定个人定位

第二个过程是以个人特质确定个人定位的过程。综合了个人兴趣与性格特点、价值观念、教育背景等诸多因素的个人特质，等于有了属于自己的画像架构，个人定位就像是为这个画像架构寻找一个适当的位置进行展示。

个人定位又是一个需要不断探索和尝试的过程。主播确定个人定位后还需要不断强化自身特色，包括符合个人定位的外在形象、语言表达方式等。如果探索不到位就容易出现定位偏差，如某主播认为自己口才很好，在直播中全程高亢地喊，却没有实质内容，毫无特色，导致用户纷纷离开直播间，场面尴尬。因此符合个人特质，充分展示个人标签才是正确的探索方式。如主播愿意深耕自己的学习领域来帮助用户持续获得新的知识，就会优先发展知识直播；如果擅长吹拉弹奏说学逗唱，一般会定位于音乐才艺主播方面；如果主播生活在农村或是三农领域的创作者，乐于分享农村相关内容，则倾向于乡野分类定位等。

（二）做好内容定位

自我定位的实现依靠内容的支撑，内容的持续性输出是主播在平台上立足的关键因素之一。直播盛行的时代，主播竞争激烈，要获得成功并不简单，首先要生产传播内容，然后要有一定的粉丝支持，好的内容是吸引粉丝获得支持的基础。

直播内容多以音乐、动漫、文学等形式来表现主题，如果想要自己的直播内容在众多的直播中脱颖而出，就必须打造符合用户需求的内容，做好内容运营，用高价值的内容来吸引用户。

1. 音乐

如今，直播已经进入了移动时代，“随走随看随播”成为一种新的直播场景，而音乐则是“领头羊”。多元化、个性化的直播应用场景，为传统音乐市场带来了更多可能，将来也会产生更多的爆款音乐。

2. 动漫

在所有的直播内容中，动漫虽然显得有些小众，但它却有很强的用户黏性，而且内容的持续性非常强，有的动漫作品甚至可以跨越几十年仍经久不衰。国内比较火爆的动漫内容直播平台主要有

“A站”和“B站”。“A站”是国内首家弹幕视频网站，主要特色是高质量的互动弹幕内容，并且这些内容都是基于原生内容的二次创作，将其打造成一个完整的内容生态，以此博得了广大用户的喜爱。“B站”是一个年轻人的潮流文化娱乐社区，特色也是“弹幕”，即用户在观看视频时可以将实时评论悬浮于视频上方，这种特性使其成为互联网热词的产生地。“弹幕”为用户带来了独特的观影体验，而且它基于互联网因素可以超越时空限制，从而在不同地点、不同时间观看视频的用户之间形成一种奇妙的“共时性”关系，构成一种虚拟的社群式观影氛围。

3. 文学

“书中自有颜如玉，书中自有黄金屋”。互联网时代，文学的魅力仍然不减。在新媒体时代变换了不同的形式，以一种崭新的面貌出现在大众面前。当今有几大知名的文学类直播节目，大多都是由自媒体人独家打造的。如某App创始人的著名节目就是以创新、历史、社会等为主要内容，广受大众欢迎。

4. 其他形式

直播内容形式多样，近年来又出现了很多新的形式，如户外直播、汽车之家等专业直播。

（三）树立正确的价值观

网络主播应该建立正确的价值观，加强对受众的引导。网络直播话语权其实掌握在主播手中，直播的内容直接面向观众。有深度、有内涵、新鲜有趣的内容，当然会吸引观众，如果将低俗的内容呈现给观众，是在掩盖内心空虚、思想贫乏、创意的枯竭。若自身素质不够，无力推出正面且有新意的作品，也必将会失去受众的支持。对网络直播的正确价值观引导，应该是让主播们能够把有内涵有品位当作风尚，把引人奋发向上当作责任。网络直播应该成为文明的传播平台，每一名主播都应该树立积极向上的价值观。

二、打造个人 IP

IP是可以通过持续性产生具有连贯性和内在关联性的个人原创内容，那么这个人就可以成为一个领域的垂直IP，而打造IP的过程就是通过持续产生个性化的原创内容并且可以通过多平台进行内容分发从而形成对特定粉丝群的直接影响力的过程。

人格化IP自带流量，只要有渠道，获利能力立刻就能体现。IP是有内容的品牌，某作者在一本书中说，尽管我们知道大部分的领域最终能够拥有个人品牌的都是万里挑一的少数人，但是努力去经营自己的个人品牌，在小范围内成为一个有影响力的人，也能遇到更好的工作，过上更有趣的生活。这是对个人品牌IP化最现实的一种说法。IP是当今互联网营销的一个重要手段和模式。为了更好地了解主播如何通过直播平台进行营销，有必要事先了解主播的强IP属性。

（一）明确主播IP属性

1. 传播属性

无论IP人还是事物，都需要在社交平台上有较高的传播率。只有传播的范围够广，才能影响到各个方面，从而得到更多的利益回报。这也是主播需要学习的地方，在各个不同的平台推广自己，才能成为影响力更强的IP。同时，口碑也是IP传播属性的重要体现环节。所谓口碑，也就是人们对一个人或一种事物的评价。很多时候，人们的口耳相传往往比其他宣传方式更加直接有效。

2. 内容属性

如果一个IP想要吸引更多平台用户，就应该打造优质并且真正有价值的内容。随着时代的发展，平台的多样化，从微博到微信公众号，再到自媒体，内容生产者的自由度也越来越高。他们拥有更多的机会生产碎片化的内容，相应的，内容也开始变得多彩多姿、个性十足。

3. 情感属性

一个IP的情感属性容易引起人们的情感共鸣，能够唤起人们心中相同的情感经历，并得到广泛认可。主播如果能利用这种特殊的情感属性，将会得到更多用户的追捧和认同。

4. 内涵属性

一个IP的属性除了体现在外部的价值等方面，还应注重其内在特有的情怀和内涵，而内涵则包括很多方面。例如：积极的人生意义、引发人们思考和追求的情怀等。

5. 故事属性

故事属性是IP吸引用户关注度的关键属性，一个好的IP，必定是有很强的故事性的。

（二）掌握人物IP特点

人物IP的兴起并不是偶然现象，而是社交网络媒体发展过程中的一种新产品。

1. 标签化

所谓标签化，就是个人最为显著的特征，最能引起他人共鸣的要素。长相气质、言谈举止、兴趣特长……都可以是个人IP的重要标签元素。

2. 有价值

标签化只是第一步，只能让对方知道你或者认识你，仍然不能称为是成功的优质IP。自身有价值、能够带给对方价值，对方才会基于标签化的外在印象上对你产生更深层次的好感，才会有更强的黏性和影响力。

3. 能互动

在当前社交电商时代，光有以上两点还不足以支撑起一个成功的个人IP，尤其是在社媒营销风起云涌的大背景下，如何从社交平台上的几百人甚至上千人中脱颖而出，让别人主动置顶？还需要通过巧妙有效的互动，将标签不断强化，更好地体现线上社交价值。

（三）确立个人IP品牌

1. 建设跨界知识体系

对于主播而言，有专业方向还远远不够，还应当主动跨界，学习专业知识，搭建跨界专业知识结构，如学习项目管理、金融管理、预算管理、合同谈判、销售预测、工程设计、运用办公软件、网页设计、摄影视频等。即便不是专家，也至少有全面的理论知识体系。

2. 做好自我包装

对一个品牌来说，第一印象很重要。这个印象是视觉、听觉、嗅觉、触觉等感知觉的组合，称之为空间印象。在这个大的概念下，还要有细节，往往细节更能加深空间印象。对于主播个人，可以有自己一句标志性的话，类似于某知名相声艺术家的“我想死你们了”，某博主的“一个集美貌与才华于一身的女子”等等；也可以用一些标志性的配件打造自己的识别度，如某足球教练一直戴一条天蓝白条围巾，在所有足球领域从业者中独树一帜。

3. 提升演讲水平

掌握自我介绍和演讲技能将为主播赢得更多的机会。提高演讲技能的方法就是多听、多总结、多练。每次听完能引起你共鸣的演讲，解构别人演讲的逻辑，关注其切入点和收场方式，如何一点点引人入胜？如何在铺垫后给受众心灵带来巨大的震撼？如何留白，让听众有无限想象的空间？这都是需要不断积累的。主播通过长期专注的练习，势必会带来更好的个人魅力，逐步建立起个人IP品牌。

三、主播的人格化传播

（一）人格与虚拟人格

1. 人格的概念

现代社会带给人们的心理压力日渐沉重。有的人虽然生活安定、富足，但常常觉得百无聊赖；有的人不肯原谅别人的过错，对一些小事总是耿耿于怀；有的人由于自己认识不足，未能充分发挥潜能而整日怨天尤人……这些都是人格不健全的表现。健全的人格能够帮助人们充分体验生活的乐趣，挖掘人自身的潜能，充实人的精神世界，有助于营造健康的心理环境，提高生活质量。

人格一词，来自拉丁文persona（面具），即戏剧中演员所戴的特殊面具，表现了剧中人物的角色和身份。从词源上讲，personality是指用面具进行的角色表演，指人从自身筛选出来的公布于众的某些侧面，即向外展现的特质。把面具指为人格，实际上说明人既有表现于外的特点，也有某些外部未必显露的东西。

人格是构成一个人的思想、情感及行为的特有统合模式，这个独特模式包含了一个人区别于他人的稳定而统一的心理品质。它包含了两个意思：一是指一个人在人生舞台上表现出来的种种言行，人遵从社会文化习俗的要求而做出的反应，它表现出一个人外在的人格品质；二是指一个人由于某种原因不愿展现的人格成分，即面具后的真实自我，这是人格的内在特征。就好比一台运行良好的计算机，个体可以选择自己想要呈现的界面，而决定这个界面如何呈现的程序却隐藏在后台，是我们看不到的，对个体来说，人格就是驱使个体行为表现的一组程序。

扫一扫

人格

2. 虚拟人格

生活中，少言寡语的人，在网络中却总是妙语连连；生活中温和平静的人，在网络中却总是言辞激烈；生活中小心谨慎的人，在网络中却总是冲动鲁莽。也就是说现实中是A，而到了网络中却成了完全不同的B，为什么会出现这种现象呢？

网络构筑了虚拟的“第二现实世界”，现实世界中的一切都可以在网络中被模拟出来。如果人们长期生活在这种虚拟的环境中，被网络特有的文化所影响，就必然会使现实社会中形成的人格特质发生变化，并按照网络虚拟世界的行为模式去组织虚拟主体的行为方式，这样最终会导致心理层面的模式化，形成网络虚拟人格。也就是说个体在网络中拥有过多的自由，自由到可以选择并演绎另一个自己，这个自己的实质是人格的改变，即虚拟人格。

虚拟人格具有情境依赖性，只在相应的网络环境中呈现。人格会以行为的方式表现出来，在网络环境中某些在现实生活中没有机会显露的人格或是期待的人格会通过不同的行为表现出来，有些是有意识的，有些是无意识的，当个体的现实人格与虚拟人格不统一时，可能会感到哪个都是自己，哪个又都不是自己。

（1）虚拟人格的分类

人们在网络交往中产生的虚拟人格可以分为两种，一种是在现实世界中的人格，另一种是在现实世界中无法实现的人格，即理想人格。

①现实世界中的人格。

网络给人提供了这样一个“解压”的场所。在网络世界里，现实世界中被束缚的“本我”（本我是指原始的自己，包含基本欲望。它按快乐原则行事，它不理会社会规范，它唯一的要求是获得快乐，避免痛苦，不被个体所觉察。）和被束缚的“自我”（自我是指“自己”，是自己可意识到的执行思考、感觉、判断或记忆的部分，自我的机能是寻求“本我”冲动得以满足，而同时保护整个机体不受伤害，它遵循的是现实原则，服务于本我。）通过虚拟人格表现出来。在网络世界中，由于没有了现实世界中的那些限制条件，被束缚的“本我”和被束缚的“自我”才有了得以展示的空间。

②理想人格。

网络世界为理想人格的实现提供了条件。个体可以在网络虚拟世界中尽情发挥其理想人格，重新塑造一个“理想的我”。在网络游戏中，个体对虚拟角色的选择或是对角色赋予的人格特点都体现出对相应人格的选择。例如，有研究发现，某在线角色游戏的用户在游戏中的人格更接近于他们的理想自我，而不是现实自我。虽然这是一种暂时性的满足，但这种暂时的满足所带来的体验可以被整合、积累到现实人格中，从而促进人的成长及人格的完善。

（2）虚拟人格在网络中的特点

①身份的假定性。

网络本身就是一个由数字构成的虚拟空间，它最大的特点就是虚拟性。网络中的虚拟主体可以随意创造出虚假的身份，并且在网络中以虚假的身份与人交流已成为一种惯例。

②行为的去抑制性。

所谓行为的抑制，是指现实生活中人们因各种内心准则或社会规范的制约而表现出的行为自我克制。在网络虚拟世界中，网络传播与交流是在匿名的状态下进行的，所以其行为可以脱离内心准则或社会规范的制约。

③角色的多重性。

因为网络传播使虚拟人格具有了“去抑制性”，基于这一点，虚拟人格在网络传播中可以相对自由地不受任何约束，这便使其具有了多重性的特点。

④存在的依赖性。

虚拟人格是在网络这个特殊的虚拟世界中产生的，因此它对网络世界有一定的依赖性。也就是说，当虚拟主体离开网络虚拟世界，其虚拟人格也就消失于现实世界中了。

网络主播要了解虚拟人格，既方便了解自我也方便与网络受众和粉丝的互动。互联网进入新媒体时代，给大众提供了更多的平台。而无论任何平台，主播作为公众人物都要维护良好形象，都要主动弘扬社会新风尚，传递道德正能量，合理合法地开展工作。

（二）人格化传播

主播的人格化传播，就是指主播用自身的人格力量所赋予的文化品位、思想情感、语言修养和独特的个性魅力，去塑造形象、传达信息、沟通情感，使节目更具亲切感和人情味。网络主播在传播过程中充分发挥其个性特征，通过人格魅力、语言行为等方式，重点是以人为中心，使受众感到亲切感和人情味并能引起受众共鸣的传播方式。网络主播的人格化传播有两个重要维度，其一是发挥个性，其二是以人为本。

1. 主播人格化传播面临的问题

① 同质化。

网络主播的同质化现象是从秀场直播发展时期就存在的，点开一个直播平台中热门位置展示的几个主播，经常会发现都是清一色的高颜值主播在和粉丝进行闲聊，主播从外貌、服装、直播风格、直播内容都有非常高的相似度。短视频文案也同质化严重。

② 负面标签过多。

一些主播为了吸引眼球，在直播中内容低俗，打擦边球。由于网络主播人数越来越多，这也给平台的管控带来了一定的难度，相关部门正在着手严控直播内容。在直播平台中从来不缺乏高颜值的主播，但是能够达到良好的人格化传播效果并在直播平台维持高人气的主播还是凤毛麟角。

2. 突破人格化传播面临的问题

主播的直播时间和直播专注度会对维持高人气起到重要作用，但也有一些主播在人格化传播方面的塑造方法不恰当，使得自己在直播中遇到瓶颈，无法突破。破解这个问题需做好以下两点：

① 差异定位。

主播要避免同质化，做到不一样，才能脱颖而出。这就需要主播真正了解自己，生活中没有完全一样的两个人，直播间也同理。确立自己的独特人设非常关键。

② 打造标签。

主播要打造自己的个性化标签。要做到以下两点：

（1）让自己变得有温度

某知名主播的直播间，每次都会有万人围观，因为其卖的不是产品，而是自己的温度——“我使用了、我感觉特别好、我特别推荐……”网友选择其产品，并非因为产品，而是他是有温度的。所以，必须将自己真正融入自己的事业中：带货类主播必须认真去感受产品，传达出自己对于产品的理解和评价，越主观，意味着可信度越高；才艺类主播，要表现出自己是真的热爱艺术，而不是机械地写书法、跳舞，要融入自己对于舞蹈的理解，这样才能让人感到你是“专业的、可信的”。让自己变得有温度，甚至不必做过多的推广，粉丝就愿意接受主播的推荐。

（2）提升自身素养，形成“人无我有”的个性风格

移动互联网时代虽然是一个“快餐化”时代，但受众依然渴望看到有价值的内容，哪怕只是蜻蜓点水，也会立刻对直播主播留下极佳的印象。在日常生活中，我们依然需要不断提升自身素养，包括个人经历、见识、认知、文学素养等，这些都会影响我们的语言组织方式与内容，形成“人无我有”的个性风格。

任务实施

D电商公司邀请你就“新人主播如何进行人设风格定位”做一个PPT教程，可以让公司相关人员进行学习。

一、明确 PPT 标题

如何进行人设风格定位。

二、制作PPT内容目录

人设风格定位包含三大范畴，即明确新人主播的自我定位、打造个人IP的方法、掌握主播的人格化传播技巧。

三、制作PPT

第一部分：如何明确主播的自我定位？通过挖掘主播个人特质、将个人特质与个人定位进行结合、做好直播内容定位、树立正确的价值观从而达到主播自我定位的目的。

第二部分：如何打造个人IP。

步骤一：界定打造IP的概念。通过持续产生个性化的原创内容并且可以通过多平台进行内容分发从而形成对特定粉丝群的直接影响力的过程。

步骤二：明确主播IP属性。传播属性、内容属性、情感属性、内涵属性、故事属性。

步骤三：了解人物IP特点。

步骤四：通过跨界知识体系、自我包装、演讲等方式确立个人IP品牌。

四、了解上述相关知识、技巧后，提供网络主播快速定位的攻略

① 主播的直播形象很重要，因为游客进入直播间的第一眼就是看到主播的个人形象，打扮一般和形象靓丽会有两种截然不同的结果，形象决定主播粉丝的数量和收入。

② 主播的直播定位或者直播风格会直接影响直播间的人气和游客的活跃度。具备自尊自信、理性平和、积极向上的心态的主播会给观众带来正向、积极的情绪体验，必然会带来更高的关注度，增强粉丝黏性。

③ 如果新人主播不知道如何定位自己的风格，可以在直播平台上找到一个和自己形象差不多、才艺相似的主播进行参考，或者直接模仿，然后再进行创新。

五、留出十分钟自由交流讨论的时间

任务3　主播健康心态塑造

任务解析

通过学习主播情感劳动、不良情绪管理与调节、压力与挫折管理等相关知识，从而对新人主播遭遇的压力与挫折、产生的不良情绪制订干预计划，塑造其健康心态。

知识链接

一、情感劳动

劳动作为人类主体在社会中维持自我生存与发展的活动形式，是人创造物质或精神财富的一种特殊运动形式，按照传统的劳动理论主要将劳动分为体力劳动与脑力劳动两种。而在当下的网络环境中，互联网平台已经成为人们进行情感投入的重要场域，情感劳动成为继体力劳动与脑力劳动后

出现的第三种劳动形式。

情感劳动是劳动主体为达到其职业要求而进行的情感管理，它很大程度上是作为劳动者职业工作过程的辅助与附属品而存在的。而对于主播等职业而言，虽然要求拥有些许才艺表演，但是其娱乐性特征要求情感互动成为主播工作的主要内容。

网络直播过程中能展现出实时性，建构了更为接近日常对话的真实感。这在很大程度上扩展了人们在互联网世界中的情感表达空间。因而，大量的观众进入直播间与网络主播进行互动，寻求情感满足与情感支持。相应地，主播在直播互动过程之中，或多或少地付出自己的情感能量。由此可见，网络主播职业是一个充满情感交流的行业。

在网络直播场景中，主播对于直播时间、内容、方式等具有较高的自主权。但是，网络直播用户黏贴性低这一特性，决定了主播们在商业逻辑的操控下，必须要有意识地、充满情感性地表演和共享话语权，进而获得流量以及流量带来的物质回报。当然，这一商业逻辑也决定了主播必须精心装扮外貌形象，反复斟酌直播内容，展示个人魅力，以维护自己在他人心中的完美形象。甚至为了达到理想化表演，主播还需要掩饰与社会规范、价值不一致的行为，并倾向、迎合那些已经得到认同的价值。可以看出，在商业逻辑和网络直播特性的共同影响下，主播必须要有意识地整饰和呈现情感。在此意义上，主播的劳动是一种情感劳动。

（一）主播情感劳动内涵

主播情感劳动与传统服务行业的一线员工的情感劳动还具有差别。首先，不同于传统一线员工在服务三角（管理者、员工与顾客之间三维关系）中处于权力地位的最底层，网络主播与观众处于更加平等甚至优势的地位，这赋予网络主播更多的自主性；其次，互联网的参与性文化要求主播成为一个更加能动的服务主体，这一特性也让网络主播更少地受到签约网络平台的控制，具有更多灵活性。这些特性赋予和建构了网络主播独特的情感空间，进而促使其在情感劳动方面具有特殊表现。再次，与线下面对面的交流方式不同，网络上的情感劳动是一对多的交流过程，且具有不确定性。最后，主播们劳动的对象也具有未知性，这就说明要想获得既定的利益转化，主播们要比传统的服务行业人员付出更多的心力对其粉丝进行维护。

（二）主播情感劳动特点

1. 主播的情感劳动具有表演性

主播的表演性体现在根据不同的直播场景，根据具体情况的差异刻意表现出的情感。而在线下的人际交往中，面对面交流可使劳动者根据对象的相关反馈袒露自己真实的一面来获得交际的效果，而在网络平台由于其一对多的交流形式让主播无法照顾到每个粉丝的情绪，且数字空间的距离使隔着屏幕的双方通过弹幕评论等方式表达想法，主播与粉丝间缺少眼神或肢体上的直接接触。

2. 主播情感劳动具有规制性

网络情感劳动强调释放个性，但绝不是肆意妄为的。主播要具备全局意识和大局观，要遵循社会各方面的规则。以往的情感劳动主要受制于企业制订的各种规则，在规制下控制自身行为。但网络上的情感劳动不仅受制于社会企业等层面，还受制于粉丝与平台。

3. 主播情感劳动具有个体性

相比于传统的服务业的员工统一化的职业式微笑、整齐划一的服务手势等来说，网络上的情感劳动更为自由且更具个性差异化。主播的工作特点要求在众多的主播里给粉丝留下深刻印象，促进与粉丝的黏合性。这就要求主播要形成自己的直播风格，且直播是一个长时间的互动过程，主播的直播风格很大程度上受制于本身性格与认知结构，长时间劳动无法展示绝对共性和全部掩饰自身的个性。

二、主播不良情绪的管理与调节

主播的劳动是一种情感劳动。作为一名网络主播，可能会遇到不同层面的不良情绪的困扰，这就需要了解常见的不良情绪并有效地管理、调节情绪和情感才能更好地胜任网络主播这一角色。

（一）主播常见的不良情绪

情绪活动是人类生活的一部分，人们在工作生活中，不仅会有不同类型的情绪体验，也可能受到各种情绪的困扰。许多资料表明，引起人们身心不健康的原因是多方面的，但是与情绪这一因素的关系最为密切。情绪对人的影响具有双面性，既是人们工作、生活的发动机，又可能因发动机故障而影响个体的生活。一般认为，适度的负面情绪是正常的，但如果人们不能够很好处理学习生活中的情绪问题，则会影响其身心发展及身心健康。

主播常见的情绪困扰有：焦虑、抑郁、愤怒、恐惧、自卑、嫉妒等。

1. 焦虑

扫一扫

主播常见不良情绪一

焦虑是一种消极的情绪状态，是个体主观上预料将会有某种不良后果产生或模糊的威胁出现时而产生的一种不安的情绪，并伴有忧虑、烦恼、担心、紧张等情绪体验。焦虑导致自主神经系统高度激活，过分的焦虑使个体常表现出坐立不安、注意力不集中、思维混乱、记忆力下降、办事效率低下。焦虑对网络主播的影响是复杂的，既可以成为主播成才的内驱力，起促进作用，也可以起阻碍作用。实验证明，中等焦虑能使主播维持适度的紧张状态，注意力高度集中，促进直播，但过度焦虑则会对主播带来不良的影响。

网络主播常见的焦虑情绪主要涉及以下几个方面：

（1）自我形象焦虑

即担心自己不够漂亮、没有吸引力，体貌过胖或矮小等，也有的因为粉刺、雀斑等影响自我形象而引起的焦虑。这类焦虑主要与自我认知有关，需要通过调整自我认知重新接纳自我，建立新的自我形象。

（2）情感焦虑

它多数由于与粉丝互动受挫而引发的自我否定，认为自己不具备成为主播的能力，因而过度担心引起焦虑。

（3）生活适应焦虑

由于生活环境的变化、生活方式的改变及社会活动的变化，主播对新环境难以较快适应而引起的焦虑。

2. 抑郁

抑郁是主播常见的情绪困扰，是一种感到无力应对外界压力而产生的消极情绪，常常伴有苦闷、厌恶、烦恼、自卑等负性情绪体验。一些主播由于担心直播内容不够新颖、粉丝取关等原因，导致缺乏信心，对前途感到悲观；或是有的主播由于与粉丝关系处理不当，导致情绪抑郁。他们的主要表现是：情绪低落、思维迟缓、郁郁寡欢、闷闷不乐、兴趣丧失，体验不到生活、工作的快乐，并伴有食欲减退、失眠等。

抑郁情绪和抑郁症不同，抑郁情绪几乎人人都曾体验过，持续时间较短，不会对个体正常的社会功能有太大影响，但个体如果长期处于抑郁状态就会严重影响学习、工作、生活，无法适应社会，对身心健康造成不良影响，那个体就可能患有抑郁症了。

抑郁情绪的产生有内、外两方面的原因。外因主要是个体受到重大应激事件的影响，如躯体疾病、家庭发生重大变故、亲人离世、失恋等；内因主要表现为个体不当的归因方式、消极的自我评价、缺乏对挫折的应对方式等。

3. 愤怒

扫一扫

主播常见不良情绪二

愤怒是由于客观事物与个体的主观愿望相违背，或愿望一再受阻、无法实现时，个体内心产生的一种激烈的情绪反应。心理学研究表明，愤怒这一消极情绪体验对人的身心有着极其不利的影响，会引发心律失常、心悸、高血压、胃溃疡等躯体疾病，还会让人减弱或丧失自制力，甚至做出一些让人后悔的蠢事或造成不可挽回的局面。

主播愤怒产生的原因，一是与他们的性格因素有关，如以自我为中心，对他人缺少理解和宽容，当他人稍稍违背他们意愿时就表现出愤怒；二是与他们不恰当的认知有关，认为发怒可以在他人面前立威，发怒可以挽回面子，发怒是男子汉气概的体现等。事实上，发怒者并没有为主播树立威信，反而令粉丝厌恶，事后也令自己心绪不宁、懊悔不已。

4. 恐惧

恐惧是个体企图摆脱、逃避某种情景或事件而又无能为力时所产生的情绪体验。恐惧作为一种情绪反应，在某种程度上来说是正常的，并不一定有害，它可以及时提醒人们危险的来临，能够使个体做出自我保护。而在这里所指的恐惧是不合理的、非现实的情绪状况，即对常人不害怕的事物感到恐惧，或是恐惧的体验强度和持续时间远远超出了常人反应的范围。

恐惧在网络直播中最常见的是社交恐惧，他们不愿与粉丝接触，害怕在公众面前讲话，甚至不敢抬头直视粉丝的眼神，在不得不与粉丝交往时，他们则感到十分紧张，时常伴有面红耳赤、紧张慌乱、胸闷气短、浑身发抖等躯体症状。除了社交恐惧，主播恐惧还表现在场所恐惧、生存恐惧、单一恐惧（即对某一具体的物件、动物等有一种不合理的恐惧）等。

主播恐惧情绪产生的原因：一是与精神因素有关，即与早年的创伤经历有关，当个体再次面临给自己带来创伤的情景或事物时，就会发生恐惧，并固定下来成为恐惧对象。二是与个体的性格有关，即性格内向、胆小、羞怯、依赖性强。

5. 自卑

自卑是自我情绪体验的一种形式，是个体由于某种生理、心理上的缺陷或其他原因而产生的对自我认识的态度体验，主要表现为对自己的能力、品质评价过低，轻视自己或对自己不满意，担心得不到别人的尊重，对他人的评价很敏感，总感觉自己不如别人，丧失了实现自我的信心。

在主播中，自卑心理有两种表现：一种是在直播竞争压力中退缩、逃避，明明成功的概率较大，也会放弃机会，害怕因为失败而得不到他人的尊重，有这种表现的主播常常减少直播次数或时长，避免别人看出自己的缺陷和不足；另一种是掩饰自卑，他们常常列数自己的种种成绩，不断夸耀自己的作为，总想一鸣惊人，有时他们还会表现出较强的虚荣心，在与粉丝互动中，往往让粉丝感到不够真诚，很虚伪。

主播自卑情绪产生的原因：

① 生理方面：生理方面的缺陷对心理方面有很大影响，如有的主播因为相貌而深感自卑；

② 家庭因素：有的主播因家境贫寒而感觉低人一等；

③ 个性因素：自卑的人往往性格内向、孤僻、不合群，常把自己封闭起来，规避人际交往，此外，自卑的人一般比较敏感脆弱，抗挫折能力差，容易意志消沉。

6. 嫉妒

嫉妒是指他人在某些方面胜过自己而引起的不快甚至是痛苦的情绪体验。它会影响主播的人际关系，造成主播之间的隔阂甚至对立，同时使自己处于烦躁、痛苦的情绪中。嫉妒是自尊心的一种异常表现，在主播中普遍存在，具体表现为当他人的外表、成绩、能力、物质条件等超过自己时，内心产生的一种由羞愧、不平、愤怒、怨恨等组成的复杂的情绪；当别人深陷不幸或处于困境的时候，则会幸灾乐祸，甚至落井下石，在人后恶语中伤、诽谤。

主播的嫉妒情绪有以下特点：一是有一定的指向性。嫉妒同性者多，嫉妒异性者少，嫉妒的对象多是与他们相同或相似的人，他们往往是主播身边的朋友。二是有一定的方向性。主播一般会嫉妒比他们直播能力强的人，而不嫉妒比他们差的人。嫉妒是一种情绪障碍，嫉妒心强的人容易得心身疾病，长期处于不良的情绪状态中，产生压抑感，容易引起忧愁、消沉、痛苦、自卑等消极情绪，会严重损害身心健康。

（二）主播情绪管理

扫一扫

主播不良情绪管理

部分新手主播直播后自我感觉良好，盲目自负，认知不明确、有惰性；急于求成，有部分主播在直播中看没人说话，没有互动就会烦躁、不耐烦；直播中经常出现负向情绪等；直播没有达到期望值而感到挫败抑郁等。所以，对于网络主播而言，掌握情绪管理的技巧尤为重要。

网络主播的情绪管理，也叫管理网络主播情绪，指用科学的方法使网络主播有意识地调适、缓解、激发情绪，以保持适当的情绪体验与行为反应，避免或缓解不当情绪与行为反应的实践活动。换句话说，就是要主播成为情绪的主人，要让情绪为主播的理想、目标服务，不能让情绪为所欲为，不能让情绪决定其人生之路，不能让情绪破坏其前进的步伐。“在处理问题之前，先处理你的情绪，”这句话充分表达了情绪管理的重要性。

1. 客观接纳情绪

客观接纳情绪，就是觉察到自己的情绪之后，不忽视，不排斥，不抵触，而是正视它，感受它，承认它的存在，以便有效地驾驭它。首先，情绪是躲不开，甩不掉的。活人不可能没有情绪。情绪就像光线下的影子一样，每时每刻黏着我们。无论你喜不喜欢，它总是要来的。其次，严格地说，情绪是没有好坏之分的。无论是正向情绪还是负向情绪，都有其积极的意义。对负向情绪的一味排斥和厌恶，可能使你置于巨大的风险之中。最后，即使是不良情绪，你只有先接纳了它，才能仔细研究它，看看它是怎么产生的，它能给你带来哪些危害，才能决定怎么对付它。

2. 正确表达情绪

正确表达情绪是指情绪的表达要符合以下三条原则：一是不伤害他人，二是不伤害自己；三是符合社会规范。一般地说，不符合社会规范的表达总是会伤害他人或伤害自己。

（1）正确表达就是要适时表达

了解自己的情绪感受，在适当的时候准确地表达出来。当对方无暇顾及或聆听时，最好的办法就是换个时间来讨论自己的情绪问题。如果他人没有心情、没有时间关注你的情绪，而你自己又没有意识到这点时，沟通可能会受阻，你的情绪可能得不到理解或正确的解读。可见，时机是否恰当对情绪表达的效果有很大的影响。

（2）正确表达情绪还要适地表达

视地点表达情绪很重要，有时，我们在娱乐、休闲、工作等公共场所，会看到一些人由于与他人发生矛盾或情绪突然失控而不顾形象地大吵大闹，甚至大打出手。

（3）正确表达情绪还需要适对象表达

倾诉对象的选择也很重要。如果在某一件事上，自己能够冷静地探讨问题，向引起自己不快的人平和地表达情绪，也能达到让对方理解自己感受的目的。但是，如果自己很难冷静下来，根本无法面对冲突环境，最好选择与此事无关的人来帮助自己从中立的角度看待问题。

（4）正确表达情绪更需要适度表达

适度表达自己的情绪，能使我们的情感处于更加平衡的状态。但我们不能为了平衡自己的情感，不顾及他人的感受随心所欲地发泄，而影响了正常的生活、工作和交往。情绪的表达要适度，避免过犹不及、大怒伤肝、大喜伤心。范进中举、周瑜气绝身亡都是情绪表达过度的结果。适度的情绪宣泄是运用理性表达，把不良情绪释放出来，使心情趋于平静。

（三）主播情绪调节

情绪调节是个体管理和改变自己或他人情绪的过程。情绪调节在于学会保持愉悦情绪，维持良好的心境，学会克制不良情绪的表达。情绪无论是积极的还是消极的，都属于正常的心理现象。但是消极情绪会对身心健康有不良影响，当消极情绪不断累积、无法释放的时候，就会升级为心理疾病。

网络主播的情绪极易受到外界的影响，因此，帮助主播在了解自己情绪状态的基础上，提高自己管理和调节负面情绪的能力，学做情绪的主人，对他们的身心健康具有重要意义。

1. 从认知方面有效调节情绪

美国心理学家艾利斯强调，人们的不合理信念是导致情绪障碍和神经症的主要原因。其主要观点认为：个体的情绪和行为并非是由外部事件本身引起的，而是由个体对事件的评价和解释造成的。他的理论简称为ABC理论。

在ABC理论中，A代表诱发事件（activating events）；B代表信念（beliefs），即个体对这一事件的看法、解释及评价；C代表继这一事件后，个体的情绪反应和行为结果（consequences）。一般情况下，人们都认为是外部诱发事件A，直接引起了情绪和行为反应的结果C，即A→C。但ABC理论认为A并非引起C的直接原因，最多只是个间接原因，而人们对诱发性事件所持的信念、看法和解释才是引起情绪的直接原因，即A→B→C。

扫一扫

主播的情绪调节

人的情绪及行为反应与人们对事物的看法有直接关系。在这些想法和看法背后，有着人们对一类事物的公共看法，这就是信念。

合理的信念会引起人们对事物适当、适度的情绪和行为反应；而不合理的信念往往会导致不适当的情绪和行为反应。当人们坚持某些不合理的信念，长期处于不良的情绪状态之中，将会导致情绪障碍。

不合理信念有三个主要特征：

① 绝对化要求，指人们以自己的意愿为出发点，对某一事物怀有认为其必定会发生或不会发生的信念，它通常与“必须”“应该”“一定”等字眼连在一起。比如：“别人都应该对我好”“我必须非常能干、完美，而且在各方面都有成就，这样才有价值”等。对于怀有这样信念的人，当某些事物的发生与其对事物的绝对化要求相悖时，他们就会受不了，感到难以接受、难以适应并陷入情绪困扰。

② 过分概括化，是一种以偏概全、以一概十的不合理思维方式的表现。比如：“如果没赢得我必须赢得的赞赏，那我就是毫无价值的人！”当个体面对失败时，往往会认为自己“一无是处”“一钱不值”、是“废物”等。以自己做的某一件事或某几件事的结果来评价自己整个人、评价自己作为人的价值，其结果常常会导致自责自罪、自卑自弃的心理及焦虑、抑郁情绪的产生。

③ 糟糕至极，这是一种对事物的后果有非常可怕、非常糟糕，甚至是灾难性的预期的非理性观念。比如：“如果事情不是我想象、喜欢和期待的样子，那实在是太可怕了”“一旦这种事情（挂科、退学、失恋、受处分等）发生在我身上，那我一切都完了。”糟糕至极的想法将导致个体陷入极端不良的情绪体验，如耻辱、焦虑、悲观之中，而难以自拔。当一个人讲什么事情都糟透了、糟极了的时候，对他来说往往意味着碰到的是最最坏的事情，是一种灭顶之灾。

对不合理信念，我们一旦发现，就要进行处理，防止它败坏我们的情绪。处理的方法首先是对这些不合理信念进行驳斥，然后用合理信念代替。

举例：请对以下不合理信念进行处理。

“我必须非常能干、完美，而且早日成为知名网络主播，这样才有价值。”

第一步：驳斥。

①“必须”这样，这是不合理的要求，难道有价值的人都是这样的吗？

② 一个人很有能力，各方面都有成就，才有价值吗？

③ 如果我不是很有能力，不是每个方面都很有成就，不能成为知名网络主播，结果就很糟、很可怕吗？

…………

第二步：用合理信念代替不合理信念。

① 虽然我想能力十足、想早日成为知名网络主播，但不是一定非得如此，如果不能这样，我还是可以忍受的。

② 一个人不可能在每一方面都很有成就，那是不切实际的期望。

③ 事实上我在许多方面表现不错，应该自我肯定。

…………

2. 从行为方面有效调节情绪

（1）宣泄法

当情绪发作时，人体内会潜藏着一股能量，如果过分压抑情绪情感，可能使其愈加扩大。在遇到负面情绪时，进行适度宣泄，使压抑的心境得到缓解和改善，有利于身心健康。

① 眼泪宣泄。哭是人类的一种本能，是一种自我心理保护的措施。日常生活中，人们常把哭当作懦弱的表现，其实，爱哭的人不一定就是弱者，不哭的人也不一定就很坚强。人会流下3种眼泪：一种是眨眼时出现，有润泽眼球的功能；第二种是反射性泪水，即眼睛受到外界刺激时涌现的泪水；第三种是情感性泪水，即情绪波动时流出的泪水。眼泪宣泄可以有效缓解内心的紧张、忧愁和悲伤。

在情感性泪水中，蛋白质的种类比反射性眼泪多20% ～25%，钾含量更是后者的四倍，而且锰浓度要比血清中高30倍，这种眼泪还富含激素，比如肾上腺皮质激素和催乳素。科学家还发现，哭泣时流下的眼泪，能清除人体内过多的激素，而正是这些激素让我们产生了烦恼。所以很多人在痛哭以后，会感觉轻松不少。

② 运动宣泄。运动不仅可以起到锻炼身体的效果，还能改善个体的心理状态。医学研究表明，运动可以促进大脑分泌激素多巴胺，使人的情绪得到振奋。运动有助于释放强烈、持久的不良情绪带来的能量，为积压的情绪提供一个公开合理的发泄渠道。不良情绪困扰时，不妨试试以下运动：慢跑、快走、爬山、游泳、骑自行车、跳健美操、跳舞等，在运动中释放消极情绪带来的能量。

③ 倾诉宣泄。每个人都体验过负面情绪。当遇到不愉快的事情时，不要自己生闷气，把不良的情绪压抑在内心，而应当学会倾诉。注意平时多交几个知心朋友，当产生不良情绪时，同学朋友聚一聚，相互倾吐一番，把自己积郁的消极情绪倾诉出来，以便得到他人的认可、同情、支持、开导和安慰。

此外，对于一些不善交流、性格内向的同学，通过纸上宣泄，写日记或给自己写封信的方式来宣泄情绪可能更有效果。把经历的感受写下来，清晰地描述造成消极情绪的事件，并分析其原因等，这也是缓解情绪压力的一种倾诉方式。

（2）放松训练法

放松训练是指身体和精神由紧张状态朝向松弛状态的过程。放松训练是一种自我调整方法，通过机体主动放松来增强对自我控制的有效手段。一般是在安静环境中按要求完成特定的动作程序，通过反复练习，使个体学会有意识地控制自身的心理、生理活动。

渐进性肌肉放松训练法基于以下理论基础，即个体的心情包含着“情绪”和“躯体”两方面。如果能改变“躯体”的反应，“情绪”也会随着发生变化。在日常生活中，当人们心情紧张时，不仅“情绪”上紧张、恐惧、害怕，而且全身肌肉也会变得沉重僵硬；但当紧张情绪松弛后，沉重僵硬的肌肉也会松弛下来。基于以上原理，渐进性肌肉放松训练法就是训练个体能随意放松全身肌肉，以达到随意控制全身肌肉的紧张程度，保持心情平静，缓解紧张、恐惧、焦虑等负面情绪的目的。

（3）转移注意力法

注意力是指人的心理活动对某个事物的指向和集中。在短暂的某一刻，个体的注意力只能集中在某一事件上。因此，把注意力转向中性事件或愉快事件时，个体就可以从负面情绪中解脱出来。分散注意力，可以打破忧虑性思维的恶性循环，从而阻止负面情绪的不断升级。

① 找一些自己感兴趣的事，比如找朋友逛逛街、下下棋、打打球、听听音乐、唱唱歌、玩玩游

戏、看看电影，使自己能够从原来的思维中解脱出来，忘记原先的不愉快。

② 转移话题，当双方意见不一致产生冲突或冲突升级时，最好是在“怒发”尚未“冲冠”之际，巧妙地转移话题。

③ 转换环境，离开现场。和引发不良情绪的事物或人保持距离。到大自然中去观赏景物，找个能让自己冷静下来的空间。

3. 从人格方面有效调节情绪

人格是个体在先天的生理基础与后天的社会环境交互作用下，所形成的独特、稳定的心理行为特征。外倾性人格倾向的人善于倾诉和排解情绪困扰；内倾性人格倾向的人遇事喜欢埋藏心底，独自承受情绪压力。所以，我们要培养积极开朗、乐观向上的人格。

（1）感恩生活，善待他人

善于发现生活中的美，怀抱感恩之心去对待身边人或事，能够体谅他人、关心他人。

（2）自我激励，树立自信

看到自己的优点和长处，树立自信；面对挫折，不要退缩，激励自己，勇往直前。

（3）三思后行，积极应对

做事之前，做好计划和安排，遇到突发事件要沉着面对，保持平和心态，坚信办法总比问题多。

（4）挥手昨天，活在当下

如果你觉得昨天的成绩很了不起，只能证明你今天做得不够好；如果你觉得昨天做得不够好，请把握当下，充实今天。

（5）自我暗示，积极乐观

积极的自我暗示，令我们保持乐观、愉悦的情绪，从而调动内在因素，发挥主观能动性。

（6）学会幽默，营造轻松氛围

学会通过风趣诙谐的语言或行为应对困境、化解尴尬。留心观察生活，发现消极事件的积极意义，对不如意一笑而过。

三、主播的压力与挫折管理

扫一扫

主播的压力管理

很多主播直播到一定的影响力的时候往往会对未来发展的不可预期有很大心理负担，生怕自己走下坡路；一些大主播因为需要维护粉丝，保证直播质量等原因往往会有比较多的支出，甚至会导致个人破产；主播成为大主播之后粉丝对主播的期望值也会增加，也会给主播带来一定压力。相较于传统行业，网络主播需要有更好的抗压能力。这就需要正确认识压力与挫折。

（一）认识压力与挫折

压力这个词有多种定义。对于举重运动员来说沉重的杠铃就是他要挑战的压力。而对于大多数人来说，压力并不一定是压在身体上的物体的重量，它往往给人们造成很大的心理负担。当压力袭来时，人们往往感受到愤怒、紧张、焦虑、无助等情绪。有时，面对压力一筹莫展，不知所措。同时人们也发现，面对相同的事件，人们的感受不同，有人认为有压力，有人认为没压力，有人认为有压力而且压力山大，难以承受。人们还发现，有时面对压力部分人感受相似，可是造成压力的压力源却不一样。人为什么会产生压力，压力到底是什么呢？这些问题也激发了人们对压力研究的兴趣。

1. 压力

（1）压力的定义

压力的物理学定义是指物体所承受的与表面垂直的作用力。但更多时候我们感受压力是心理的压力。心理学上压力的概念首先是由加拿大心理学家汉斯·谢尔耶于1956年正式提出的，他认为压力是个体受到环境中的刺激所引起的一种非特异性反应，产生于个体无能力、无资源应对“外在需求”的时候。

理性情绪疗法的提出者——美国心理学家阿尔伯特·艾力斯认为，应激情境本身很少作为压力而存在，压力来自人类内部认知系统，与个人的“认知系统”及“价值系统”相关。如果适当修正自我的完美主义思考，大半的压力情绪即可减轻。

由此可见，心理压力包括以下两个方面的含义：一是心理压力强调的是一种内心感受；二是心理压力是对压力源的反应而形成的。心理压力是个体对压力事件的持续存在而产生较为紧张的一种综合性心理状态，即个体心理真正意识到了压力存在而无法摆脱时形成的带有紧张情绪的心理状态。

在压力状态下的心理反应主要体现在认知、情绪和行为三个方面。

认知反应，主要表现为认知偏差，影响到人们的工作能力和思考能力；情绪反应，在压力状态下，人们往往出现焦虑、恐惧、无助、易激惹等情绪状态；行为反应，心理压力对人的影响不仅仅表现在认知和情绪上，对人的行为也有很大影响。如行为慌乱、行动刻板等容易导致意外事件的发生。

（2）理想压力水平

人们通常认为压力对人是有害的，比如引起情绪上的不良反应，进而有可能造成身体上的不适，引起多种疾病，但压力也有积极的一面。其实压力就像是乐器上的琴弦，太紧容易崩断，太松同样不能演奏出好的音乐。演奏出优美乐曲的一定是松紧适度的琴弦。

人们研究发现，生活中适度的压力可以激发人的能力，提高工作效率。如果压力过大超过了人们承受的限度，就会造成严重后果。

压力水平居中属于压力的理想水平，压力太小人们对工作提不起热情，压力过大人们工作效率下降，容易失眠、易怒、抑郁，当压力达到临界点，人可能会崩溃，可能造成工作上的事故，详见图4-4。

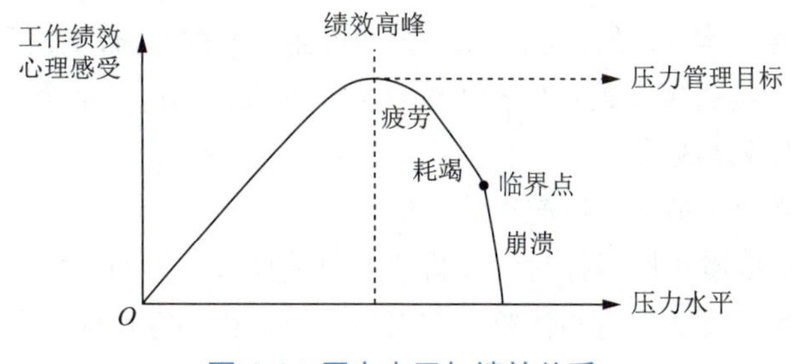

图 4-4　压力水平与绩效关系

（3）性格与压力

①A、B、C性格分类。

性格是一个人对现实的态度和在习惯的行为方式中表现出来的较为稳定的心理特征，即人对现实的稳定态度和习惯性的行为方式。20世纪30～60年代为了方便研究，科学家将性格进行了分类。将人的性格分为A、B、C、D、E五大类型，主要研究的是A、B、C这三种类型。

20世纪60年代，心脏病专家弗雷德曼和罗森曼发现，许多冠心病（CHD）患者是好胜的、挑衅性的工作狂和有野心的高成就者。他们通常是敌对的，几乎总是匆匆忙忙，很少放松，于是把这种行为模式称为A型性格。把与A型性格相反的性格归为B型性格。另一部分多愁善感，情绪压抑，性格内向，常常克制自己情绪的类型称为C型性格。

② A、B、C性格特征。

A型性格的特征：性格急躁，没有耐心；争强好胜，求胜心切，追求成就，有很强的事业心；动作敏捷；时间观念强；情绪容易波动；对人有戒心；缺少运动。

B型性格的特征：性情随和，不喜欢与人争斗；生活方式悠闲自在，不争名利，对成败得失看得较淡，不太在意成就的大小，对工作生活较容易满足；工作生活从容不迫，有条有理；时间观念不强。

C型性格的特征：多愁善感，情绪压抑，性格内向，常常克制自己的情绪。

③ 性格与压力的关系。

性格的分类和特征的不同决定了其与压力的关系也不相同。研究发现，A型性格者容易将责任外归因，总看到他人的阴暗面，并对他人表示怀疑和不信任。不管什么，只要A型性格者判断它是错误的，就总能引发这种泛化式敌意。这样的反应和思维模式容易给自己带来伤害，而从这个意义上说，他们的压力又是自己主动寻求的结果。

B型性格不像A型性格那样过分争强好胜，也不像C型性格人那样低沉抑郁，他们常常满足于现状，知足常乐，内心很平静，没有较大的情绪波动。正是因为他们这种不温不火的性格特征，致使B型性格者较能抵抗压力，很少发生应激反应。他们善于处理压力，能够转换不良情绪，保持心理平衡状态。弗雷德曼还曾经提出要向B型性格学习，改善个性，和蔼、大度、遇事不急躁。

C型人格的典型特点是忍气吞声，他们承受压力心怀不满，却又不愿意或不敢讲出来，最后只能把愤怒引向自身，让自己受伤。久而久之，容易导致抑郁或其他疾病。

2. 挫折

（1）挫折的含义

挫折是指人们有计划、有目的的活动，由于内外环境的干扰与限制，导致自身需要或动机难以满足或不能实现的内心感受。包括挫折情境、挫折认知及挫折行为三方面。

① 挫折情境：即阻碍个体行为的情境，比如东西被偷、考试失利、失恋等。

② 挫折认知：个体对挫折情境的认知和评价。如有的人认为自己是个失败的人，失败后就再难成功，而有的人则认为失败是成功之母。

③ 挫折行为：个体在挫折情境下所产生的反应。

挫折认知影响着挫折情境与挫折行为，挫折情境致使挫折行为的产生。个体在遭受挫折时经常伴随强烈的紧张、愤怒和挫败感等内心体验，或表现为特定行为等反应，通过特定的反应达到心理的再平衡，详见图4-5。

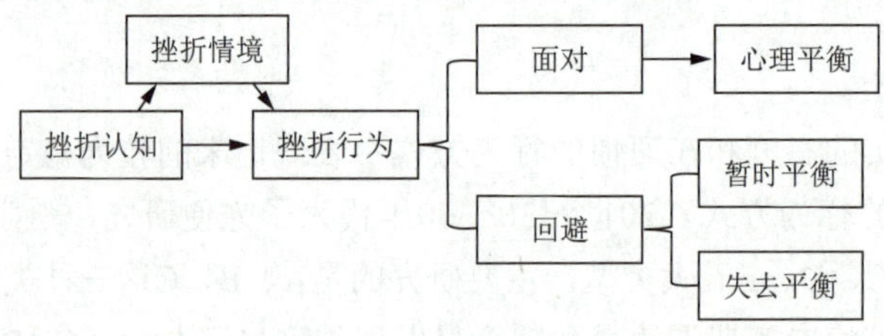

图 4-5　挫折反应模式

（2）挫折的特点

① 挫折的必然性。

人类作为大自然的一部分，最基本的属性仍然是以本能的需要为基础的，与某些动物相类似的自然属性，包括饮食、繁衍和自保等基本需求。人类要生存、发展、延续就必须同自然抗争，向自然索取，这种活动的过程必然充满困难和挫折。

从人的社会属性来看，人的本质是一切社会关系的总和。人的各种需要、各种行为也必然受到社会文化的制约。在人与人的社会关系运行的过程中也必然会遇到各种矛盾和挫折，如人际交往中的矛盾与冲突、劳动和分配中的矛盾与冲突等。无论在自然界还是人类社会矛盾都是客观存在的，因此，挫折的产生就具有必然性。

② 挫折的普遍性。

每个人都同时具有自然和社会属性，都不免会遇到挫折。虽然人人向往平静和安宁，但事物发展过程的不平衡性、偶发性还有影响事物发展因素的多元性往往带来挫折和磨难，这就是挫折的普遍性。这种普遍性包括两方面，一是人人都会碰到挫折；二是挫折将伴随终生。挫折会出现在人生的每个不同阶段。如幼儿学步时时常摔倒；学生可能由于犯错误而受到老师和家长的批评；网络主播会面临直播内容缺乏新意、吸粉能力较弱等各方面的挫折。

③ 挫折的两面性。

挫折让人们经受打击，倍感烦恼和痛苦，这是它消极的一面，但挫折也能够磨炼人们的意志，让人们变得更加坚强、成熟，这是它积极的一面。正如《孟子・告天下》中所讲“故天将降大任于是人也，必先苦其心志，劳其筋骨，饿其体肤，空乏其身，行拂乱其所为，所以动心忍性，曾益其所不能”。因此我们要有正确认识挫折的两面性，学会在失败中汲取教训，激励自己继续努力，才可能有成功的一天。

（二）化解压力、应对挫折

1. 正视压力，面对挫折

压力与挫折是必须要应对的人生课题，战胜的第一步就是要对它们有正确的认知。主播要敢于正视压力，面对挫折。了解压力与挫折往往也是有积极意义的。正如艾默生所说：“每一种挫折或不利的突变，都是带着同样或较大的有利的种子。”当我们用积极乐观的态度去滋养它，有利的种子就会发芽、成长。那么如何才算正视压力与挫折呢？

首先，要明确压力与挫折的关系。压力是一种心理状态，是心理能量和外界能量失衡时个体的一种体验。挫折会带来压力，过度的压力也容易让人产生挫败感。有压力不一定会有挫折，压力也是探索我们内在潜力的契机，当把压力看成是机会的时候，我们就可以应对挫折了。正确的认知会带来心态的积极转变，也是战胜挫折的第一步。

其次，我们要了解压力与挫折的以下特点：

第一，挫折是人生常态。人生道路是充满荆棘、曲折的，社会生活非常复杂，挫折是个人生活的组成部分，在人生各个阶段随时随地都可能遇到各种挫折。面对挫折要有充分的心理准备，不要惊慌失措，更不要灰心丧气。挫折发生后，要分析原因，吸取经验教训，不断提高自己应对挫折的能力。

第二，压力与挫折是成长的机会。“宝剑锋从磨砺出，梅花香自苦寒来”，苦难是天才的垫脚石，是人生的财富。屈原在放逐中成就《离骚》，贝多芬身患重病，双耳失聪谱写出《命运交响曲》。要认识到在奋进的过程中必然会遭遇各种挫折的阻碍，但这恰恰是成就我们的财富，是我们成长的机会。

2. 积极应对挫折的方法

（1）宣泄法

遭遇挫折人们会产生很多负面情绪，这些情绪积压过久势必要影响个体的身心健康。采取宣泄法就是将积蓄的负面情绪通过言语或行为进行代偿性输出，使心理尽快恢复平衡状态。感受挫折的时候可以找亲朋好友一吐为快；也可以将令自己不快的事情诉诸文字写出；或者在适当的时候大哭一场，将所有不快之气发泄出来，从而平复不良情绪。

（2）转移法

转移法主要就是转移注意力。把自己的注意力从负面情绪中转移到其他令自己感兴趣的事情上来。比如爬山、游泳、打球、听音乐或参加各种竞赛活动、公益活动等。当把注意力放在帮助他人的时候，关注点就离开了曾经让我们难过的负面情绪，这样就走出了负面情绪。

（3）聚焦法

当遭遇挫折时，聚焦到解决问题上。审时度势、冷静分析，以积极进取的态度解决困难。哪里不足就锻炼哪里，挖掘潜力增强实力，解决问题，获取胜利。在拼搏的过程中，虽有痛苦，但目标明确，必定不会永久沉沦在负面情绪中。

（4）冥想放松法

冥想放松一般采用催眠和正念两种方法。催眠（包含自我催眠）是一种通过引导使知觉窄化的聚焦状态，身体和感官感受舒适、放松。正念是将注意力集中于当下，关注、觉察当下身体的体验和脑海中的任何想法，同时不做判断、分析和反应，只是单纯地觉察与注意。

通过放松身心可以有效缓解压力，从而将个体从挫折焦虑中解放出来。

（5）寻求支持

人的社会属性决定人不可以脱离群体独自存在，当遭遇挫折、心灵受到创伤后，当事人更需要社会的支持。产生挫折心理后，应及时寻求家人与亲朋的帮助，与此同时，也可通过心理咨询寻求专业帮助，减轻痛苦，获得支持，尽快使自己从挫折中走出来。

四、培养主播心理弹性

心理弹性是一种克服困难和适应特殊性环境的个人品质。也就是说，这个特质可以保护个体免遭逆境或者挫折的影响。一方面，判断心理弹性高低的标准取决于个体面临外部环境的危险程度有多严重。另一方面，个体是否具备心理弹性，也需要从事件的最终结果来看。外部存在的不利因素只是提供了呈现心理弹性的一种可能，而个体最终在绝境下的触底反弹程度，才是最终判断其心理弹性高低的决定因素。

（一）影响心理弹性的因素

1. 高期望与信念

高期望是对个人生活目标和成就的感受。高期望的感受加上信念是影响心理弹性的因素之一。

2. 积极的人际关系和社会支持

积极的人际关系是心理弹性的基础。良好的社会支持能够在个体遇到困难时及时提供帮助。

3. 自尊自信

自尊自信通常来自已有的成功经验。当遇到困难时个体经验越丰富心理弹性越体现得好。

（二）增强心理弹性的方法

1. 接纳自我，探索自我

认识自我的过程是在一生中不断进行的，心理弹性也是在不断自我探索中逐渐增强的。

2. 调节情绪，化解烦恼

遇到困难产生消极情绪是正常的，情绪是信号，产生必有其道理，接纳情绪是调节情绪的第一步，化解烦恼才是真正的解决办法，将自己从负面情绪中抽离出来，聚焦在问题的解决上才能更多地产生积极情绪，使困难迎刃而解。

3. 掌握步骤，培养解决问题的能力

积极心态是解决问题的第一步，学习解决问题的策略，选择可以利用的资源，提高解决问题的能力。取得成功需先从小的事情着手，比如，当感觉到不开心的时候可以先打扫一下房间或者做一道简单的饭菜，不需要付出很大的脑力，只要去做就能成功，这种成功会增加自信。主播面临工作困难时，可以从自己擅长的方向增强自信，更有利于解决问题。

4. 寻求社会支持，在困难中守望相助

马克思认为人是一切社会关系的总和。因此社会支持对个体十分重要，处在安全、和谐和轻松的社会氛围中，能够随时获得身边人的支持和鼓励，个体的整个环境都是积极的，会变得更开朗乐观。网络社群也存在着同样的社会属性，主播和粉丝之间良性的互动，在困难中的守望相助都会增进彼此的感情，提升成就感。

任务实施

D 公司的一些新人主播在遭遇流量瓶颈、粉丝互动、人际矛盾等诸多方面压力时，产生焦虑、抑郁等消极情绪，特邀请你就此情况制订干预计划，从而塑造其健康心态。

一、制订干预主题

主播健康心态塑造。

二、干预目标

培养心理弹性，学会自主成长。

三、干预措施

对 D 公司全体新人主播进行焦虑、抑郁程度测试自评量表如下：

焦虑自评量表（SAS）

指导语：下面有20句话，请仔细阅读每一条，把意思弄明白，然后根据你最近一星期的实际感觉进行评定。每一个条目均按1、2、3、4进行四级评分，主要评定症状出现的频度，“1”表示没有或很少时间有；“2”表示有时有；“3”表示大部分时间有；“4”表示绝大部分或全部时间都有。

	没有或很少时间	有时有	大部分时间	绝大或全部时间
1．我觉得比平常容易紧张和着急。	1	2	3	4
2．我无缘无故地感到害怕。	1	2	3	4
3．我容易心里烦乱或觉得惊恐。	1	2	3	4
4．我觉得我可能要发疯了。	1	2	3	4
5．我觉得一切都很好，也不会发生什么不幸。	1	2	3	4
6．我手脚发抖打战。	1	2	3	4
7．我因为头痛、颈痛和背痛而苦恼。	1	2	3	4
8．我感觉容易衰弱和疲乏。	1	2	3	4
9．我觉得心平气和，并且容易安静坐着。	1	2	3	4
10．我觉得心跳很快。	1	2	3	4
11．我因为一阵阵头晕而苦恼。	1	2	3	4
12．我有晕倒发作或觉得要晕倒似的。	1	2	3	4
13．我呼气吸气都感到很容易。	1	2	3	4
14．我手脚麻木和刺痛。	1	2	3	4
15．我因为胃痛和消化不良而苦恼。	1	2	3	4
16．我常常要小便。	1	2	3	4
17．我的手常常是干燥温暖的。	1	2	3	4
18．我脸红发热。	1	2	3	4
19．我容易入睡，并且一夜睡得很好。	1	2	3	4
20．我做噩梦。	1	2	3	4

计分方法：

20个条目中有15项是用负性词陈述的，按上述1～4顺序评分。其余5项（第5、9、13、17、19），是用正性词陈述的，按4～1顺序反向计分。将20个项目的得分相加，即得粗分。用粗分乘以1.25取整数部分，就得到标准分。

结果解释：

中国常模结果：SAS标准分为50分，其中，50～59分为轻度焦虑，60～69分为中度焦虑，69分以上为重度焦虑。

抑郁自评量表（SDS）

指导语：下面有20句话，请仔细阅读每一条，把意思弄明白，然后根据你最近一星期的实际感觉进行评定。每一个条目均按1、2、3、4进行四级评分，主要评定症状出现的频度，其标准为："1"表示没有或很少时间有；"2"表示有时有；"3"表示大部分时间有；"4"表示绝大部分或全部时间都有。

	没有或很少时间	有时有	大部分时间	绝大或全部时间
1．我感到情绪沮丧、郁闷。	1	2	3	4
2．我感到早晨心情最好。	1	2	3	4
3．我要哭或想哭。	1	2	3	4
4．我夜间睡眠不好。	1	2	3	4
5．我吃得跟平时一样多。	1	2	3	4
6．我的性功能正常。	1	2	3	4
7．我感到体重减轻。	1	2	3	4
8．我为便秘烦恼。	1	2	3	4
9．我的心跳比平时快。	1	2	3	4
10．我无故感到疲劳。	1	2	3	4
11．我的头脑跟平常一样清楚。	1	2	3	4
12．我做事情跟平时一样不感到困难。	1	2	3	4
13．我坐卧不安，难以保持平静。	1	2	3	4
14．我对未来感到有希望。	1	2	3	4
15．我比平时更容易激怒。	1	2	3	4
16．我觉得决定什么事很容易。	1	2	3	4
17．我感到自己是有用的和不可缺少的人。	1	2	3	4
18．我的生活很有意义。	1	2	3	4
19．假若我死了，别人会过得更好。	1	2	3	4
20．我仍旧喜爱自己平时喜爱的东西。	1	2	3	4

计分方法：

20个条目中有10项（第1、3、4、7、8、9、10、13、15和19）是用负性词陈述的，按上述1～4顺序评分。其余10项（第2、5、6、11、12、14、16、17、18和20），是用正性词陈述的，按4～1顺序反序计分。将20个项目的得分相加，即得粗分。用粗分乘以1.25取整数部分，就得到标准分。

结果解释：

SDS标准分为53分，其中，53～62分为轻度抑郁，63～72分为中度抑郁，72分以上为重度抑郁。

对于上述量表结果出现轻度异常的主播，进行现场干预。

步骤一：营造温暖支持性的团体氛围，邀请主播们谈一谈自己遇到的压力和挫折。

步骤二：列举主播常见的不良情绪。

步骤三：讲解不良情绪的管理与调节技巧。例如：运用知识链接内容的“ABC”理论、放松训练等方法。

步骤四：学习压力管理技巧，介绍缓解压力的简单方法，主播们进行现场支持性的拥抱。

项目总结

本项目围绕主播自身素质修炼方法、主播人设风格定位和主播健康心态塑造三个层面由浅入深开展任务实施，使学生掌握提高自身素质的基本方法，明确自我定位，学会如何管理情绪，应对压力与挫折的方法。从而实现成长，清晰建构独特鲜明的主播人设。

项目实训

一、实训目的

通过项目实训锻炼学生沟通、表达能力，培养理性、平和、抗压能力强的职业心理素养。

二、实训准备

主播人格调查相关问卷、主播心理压力测试相关量表、直播间和直播设备等。

三、实训要求及考核评价

根据项目实施与总结的全过程，商讨符合自身特点的主播人设。

具体要求：

① 6～8人为一个小组。

② 以小组成员内部自荐（推荐）的方式，选举小组组长，由组长带领组员实施任务。

③ 作为组长如何通过自我意识、人格发展理论帮助组员建构符合自身特点的主播人设。

④ 以小组合作的形式完成任务实施。

⑤ 组长负责完成填写任务评价单，见表4-2，教师根据任务完成情况给出评价。

⑥ 在任务完成后，每位成员从职业素养、专业知识、专业技能、工作方法等方面完成该项目的总结，填写任务总结单，见表4-3。

表 4-2　任务评价单

检查目的	监控小组的任务完成情况				
评价方式	小组自评（满分 40 分），小组互评（满分 30），教师评价（满分 30 分）共三部分				
序　号	评价项目	评价标准	小组自评	小组互评	教师评价
1	分工情况	安排合理、全面，分工明确			
2	学习态度	小组工作积极主动、全员参与			
3	纪律出勤	按时完成任务内容、遵守考勤与工作纪律			
4	团队合作	相互协作、互相帮助，听从指挥			
5	创新意识	看问题具有独到见解和创新思维			

6	完成质量	任务单记录完整，按照计划完成任务			
检查评价	班　级		第　组		
	评语： 检查人员签名：				

表 4-3　任务总结单

项　目　4	主播人设建构			
班　级		第　组	成员姓名	
职业素养	通过对任务的完成，你认为自己在社会主义核心价值观、职业素养、学习和工作态度等方面有哪些需要提高的部分？			
专业知识	通过对任务的完成，你掌握了哪些知识点？请画出思维导图			
专业技能	在完成任务的过程中，你主要掌握了哪些技能？			
工作方法	在完成任务的过程中，你主要掌握了哪些分析和解决问题的方法？			

项目5 直播脚本创作

项目导入

F公司是一家为企业提供数字文化创意内容应用、电商直播营销等服务的知名企业，近期公司委派你负责对参与直播人员开展直播脚本创作培训，以便使相关人员能够完成既定的脚本创作目标。通过本项目学习，要掌握用户生产内容、专业生产内容和职业生产内容等不同脚本的相关知识和创作要点，以便在直播中更好把控节奏，增强粉丝互动，达成既定的目标。

学习目标

知识目标：

（1）能说出用户生产内容脚本特征和创作要点等。

（2）能列举出不同脚本的撰写技巧。

（3）能总结用户生产内容和专业生产内容的联系与区别。

能力目标：

（1）能根据直播销售主题，拟定脚本大纲。

（2）能根据脚本大纲，完成脚本撰写。

（3）能根据直播脚本，测试营销流程。

素质目标：

（1）具备知法、遵法、守法的法律素养。

（2）具备直播内容脚本创作突破性思维。

（3）具备深入思考，认真求知的研究精神。

任务 1 用户生产内容创作

任务解析

学生通过掌握直播脚本的分类、设计、撰写以及用户生产内容（UGC）创作的特点、结构等知识和技能，锻炼基于用户生产内容创作模式下的脚本创作能力，能完成整场发布会直播大纲脚本的创作。

知识链接

扫一扫

直播脚本的认知

一、直播脚本

（一）概述

1. 脚本

脚本是使用一种特定的描述性语言，依据一定的格式编写的可执行文件，也可以指表演戏剧拍摄电影等所依据的底本，又或者是书稿的底本，这层意义上也可以说脚本就是剧本。

2. 直播脚本

不管是做什么内容，主播的直播内容重要的是输出，有内容特色的直播，才能吸引粉丝，点燃热度，完成直播目标。所以，进行一场成功的直播离不开直播脚本，就像做一场活动也需要策划出步骤以及侧重点，方便执行。

3. 直播脚本分类

（1）从直播内容看，脚本大致可以分成三类

① UGC直播脚本，也称为用户生产内容创作脚本，核心信息是主播个人、商品、互动信息。

② PGC直播脚本，也称为专业生产内容创作脚本，有主播、嘉宾、商品、游戏、互动，核心信息还是商品和互动。

③ OGC直播脚本，也称为职业生产内容创作脚本，常见于企业自媒体。

（2）从直播对象看，脚本大致可以分成两类

① 单品解说脚本。

单品解说脚本，顾名思义是围绕“产品”来写的，产品卖点是核心。以服装为例，解说商品时可以围绕尺码、面料、颜色、版型、细节特点、适用场合、如何搭配来讲，解说过程中与粉丝进行实时互动，及时回答粉丝问题。脚本内容举例，详细见表5-1。

表 5-1 单品解说脚本

目 标	宣 传 点
品牌介绍	品牌理念
利益点强调	最低价

续表

目　标	宣 传 点
引导转化	对自己好一些
直播间注意点	关注店铺
	分享直播间
	点赞
	下单

② 整场直播脚本。

整场直播脚本用以规范整场直播流程与内容，在直播过程中，最重要的就是对直播方式、方法进行规划和安排，重点是直播逻辑和方法的编写以及直播节奏的把控。要做到五个明确：

a．明确直播主题。

直播主题是回馈粉丝？还是新品上市？要让粉丝明白能在直播中能得到什么。

b．明确给谁看。

这需要做好粉丝画像，挖掘粉丝的欲望点和深层需求。

c．明确直播节奏。

直播中要安排好商品解说的顺序，控制解说时间，提前安排好福利发放。例如，在每个整点抽奖，或观看人次达到某个数量时送粉丝礼物。

d．明确直播卖点和看点。

直播中要介绍清楚发放的福利和直播中的有趣环节设置，激发粉丝的期待感。

e．明确预算。

设计好能发放多少优惠券面额，多少赠品支出等。

一般来说，一场直播4～6个小时，下面以一场直播4 h（240 min）为例，对整场直播的脚本进行阐述：

第0～1 min：开播就直接进入直播状态，和最先来的粉丝打招呼，拉近用户距离。

第1～5 min：近景直播，跟粉丝互动的同时渲染本场直播产品，可以从产品产地、口碑、销量等数据说起，吸引眼球，勾起用户好奇心，并且不断强调每天定点开播时间。

第5～10 min：这个时段开始宣布本场直播福利，比如互动抽奖、派发红包等，可以烘托直播间氛围，聚集人气。设置分享榜奖励，可以激发用户帮助转发直播间信息，带入新流量。

第10～20 min：按照提前规划好的场景，将本场直播的所有产品走马观花走一遍，不做过多停留，本场主推款可以多做介绍。整个介绍持续10 min，服装、日化、食品等商品可以配套展示。整个过程不看粉丝评论，按脚本规划的节奏逐一剧透。

第20～135 min：正式进入产品逐个推荐时段。主播可以根据粉丝需求来介绍，每个产品的五分钟直播脚本设计可以参考表5-1的单品脚本。

第135～195 min（最后1个小时）：做呼声较高产品的返场演绎。

第195～225 min（最后半个小时）：完整演绎爆款购买路径，教粉丝怎么领优惠怎么成功拍下货品。

第225～235 min（最后10 min）：主播剧透明天的新款，或者见缝插针回复今日产品的问题。

第235～240 min（最后5 min）：强调关注主播、下期开播时间，以及下期福利。

直播结束后，还需及时跟进订单、奖品名单公布和发放、做好粉丝维护等，确保用户的消费体验。特别是在发货环节，一定要及时。另外，可以调研粉丝对于本场活动的评价，便于改进优化；还可以对直播视频进行剪辑，包装成一篇推文，进行多渠道的宣传。

除了上述要点外，还要注意直播脚本绝不是永远固定的，每一场活动都会有变化，所以每一场直播都应该做一份直播脚本。然后，以每周为一个单位，更新一次。总之，优秀的直播脚本，是要考虑到以上这些流程的各个细节，可以让正式直播的内容有条不紊，而不是处处随机。简而言之就是直播时间、场景、人员、道具、产品的综合性调度。

（二）脚本设计

扫一扫

通用脚本要点与核心环节

1. 通用直播脚本要点

直播间比较通用的直播脚本一般包含以下要点：

（1）直播目标

本场直播希望达到的目标是什么，需要数据化的具体要求：观看量、点赞量、进店率、转化率、销售额等。

（2）人员安排

要注意直播参与人员的分工，比如主播负责引导观众、介绍产品、解释活动规则；助理负责现场互动、回复问题、发送优惠信息等；后台客服负责修改产品价格、与粉丝沟通、转化订单等。

（3）直播时间

定好直播时间，并严格执行，直播时间最好固定，并能够准时开播，如此能够促进粉丝养成按时观看直播的习惯。直播终点时间到后，不要恋战，即使还没介绍完产品，也要放到下一场直播，这也是一种留悬念的营销方式，及时预告下次的直播，让粉丝持续关注下一场直播，促进粉丝观看习惯养成的同时，还能让粉丝对主播保持新鲜感。

（4）直播主题

定下本场直播主题能够保证直播在预设的主题方向上进行，确保不会跑题。比如主题是唇膏，就要突出颜色、涂唇膏的技巧、效果等。比如介绍养发产品，直播的主题可以定为防脱发，那就围绕防脱发来展开。如果介绍儿童教育产品，每节课的直播都要围绕儿童教育展开，而不要过多介绍儿童饮食、穿搭等。

（5）流程细节

直播流程设计要具体到分钟，比如早8点开播，8点到8点10分就要进行直播间的预热，和观众打招呼等，做前期烘托气氛的工作。

（6）主推产品的选择

梳理产品的卖点，在产品卖点中梳理产品的特点，包括产品功能卖点及产品的价格卖点，帮助主播在介绍产品时给粉丝的信息更为真实和准确。

（7）优惠和活动

优惠信息和活动，在活动环节主播来提示活动和参与方法，能够更好地调动直播间的气氛以及引导粉丝消费。

（8）直播分享

直播开始后，注意直播分享，分享群体包括直播粉丝群、商家粉丝群等多元化的分享推荐渠道，确保每个渠道都能正常连接上直播间。

（9）活动总结

活动过后进行总结可以更好地积累经验，同时也能及时汇报活动内容与进度。总结中要肯定成绩，总结教训，并提出改进措施，以利于下一步工作。

2. 直播脚本核心环节

撰写直播脚本需要掌握以下核心环节：

（1）直播主线清晰

直播主线清晰就是要从需求出发，选择鲜明的主线。这是直播的核心，一般来说，整场直播的内容都应该围绕主线展开，比如配合品牌上新、店庆活动，或是回馈客户等，这些都可以成为直播主线。

在直播的过程中，如果主播的直播内容偏离了直播主线，比如，主播要做店庆抽免单的直播，结果观众进来发现主播一直在讲省钱技巧，迟迟不进行抽奖，观众可能马上就走了。再比如，主推的产品是美妆，如果主播在其他非美妆产品上花费太多时间，讲解太多细节，那么直播很容易本末倒置，观众不知道直播核心是什么，这样便会造成观众的流失。所以，在撰写直播脚本时，要抓住的第一个核心环节就是明确直播主线。

（2）直播节奏把控

直播节奏把控是指要确定每个时间段的直播内容。简单来说是指控制每段时间的直播内容，这样有助于主播从容不迫地把控整个直播间走向，同时，这样也能帮助主播提高直播的流畅度，优化观众的观感体验，让主播不至于在直播途中突然卡住不知道该做什么或是遇到突发状况乱了方寸，或是时间把控不好，铺垫太多，造成观众疲劳，反而不利于达成直播目标。这里涉及一个心理学效应——超限效应，是指刺激过多、过强或作用时间过久，从而引起心理极不耐烦或逆反的心理现象。

把控时间节奏，避免超限效应，具体来说，以下两点需要在直播脚本中得到规划并加以体现：

① 根据直播内容对海报、软文进行设计，多渠道宣传。

在直播过程中，主播不能坐等流量进来，而要主动出击，在开始前广而告之让大家知道要做直播了，对这个主题感兴趣的人都可以来参加，参加的人还可能会抽到小礼物。这也是专业的直播团队流量往往多于普通商家流量的原因。普通商家过于依赖某一个渠道的帮助，而无法结合各个渠道的资源增加曝光和流量，比如在直播带货活动中，成熟的卖家一直在思考如何增加渠道引入更多的流量，而不成熟的卖家直播带货活动仅仅是为了节省推广费。

② 在直播中反复强调直播目的。

无论是开场预热还是品牌介绍，或者是整场直播活动的简单介绍，向观众传达直播的目的是非常关键的一点，要让观众明白“我在看什么”，“我能得到什么”，“有哪些福利和产品”。

主播通常会用15～20 min讲解、演示一件产品，然后用5～10 min来重复自己直播的目的，直播希望达到的目标或者消费者互动能够得到的好处。把控节奏很重要，这也是专业主播和业余主播本质的区别。把控节奏在于直播的内容要和最开始确定的直播目标要相互呼应。而要做到这一点，主播需要着重注意两点：一是在直播中强调自身的专业性，以建立用户信任，增加用户关注度；二是在直播中强调产品的特殊性、适用性等内容，以提高产品的转化率和客单价。

（3）加强直播分工调度

直播分工调度是指要注明直播人员、场景、道具。直播是动态的过程，涉及人员的配合、场景的切换和道具的展示，前期在脚本上一定要做好标注，这样做的好处：一是更方便进行直播的筹备工作，二是让现场的配合更默契。

（4）加强直播互动引导

直播互动引导主要是增加趣味性，吸引用户停留。互动、游戏、福利等都是卖货直播的常规引流手段，这些手段在什么时段插入也需要提前制订好执行计划并体现在脚本上，以便主播有一个明确的操作动作。

（5）做好复盘工作

直播的脚本并不是一成不变的，而是需要不断优化的。一场直播在按脚本执行的时候，工作人员可以分时间段记录下各种数据和问题，在结束后进行复盘分析，对不同时间段里的优点和缺点或强化或改进，不断地调整脚本，这样一来，主播直播久了，心中自然就会有制订直播脚本的策略和方法，对于直播脚本的运用也会更加得心应手。

根据以上环节我们可以做出简单的直播脚本模板，见表5-2。

表 5-2　直播脚本模板

<table>
<tr><td>直播主题</td><td colspan="4">55 尖货打榜</td></tr>
<tr><td>直播类型</td><td colspan="4">打榜</td></tr>
<tr><td colspan="5">如果大家付款价格不是 ×××，可以联系我们退差价，但一定是这次 55 打榜直播间拍的！这是我们直播间的优惠</td></tr>
<tr><td colspan="5">直播流程</td></tr>
<tr><td>序　号</td><td>时　长</td><td>项　目</td><td>主要内容</td><td>备　注</td></tr>
<tr><td>1</td><td>10 min 左右</td><td>开场</td><td>1. 自报家门：茶友们，大家好！这里是 ××× 旗舰店的直播间，我是主播 ××，很高兴在直播间与大家见面。我们这次的直播，会有很多堂主私藏，会不定时给大家放出。跟大家剧透一下，会有 27 款产品，包括茶叶、茶具、肉干、蜂蜜和红糖，还会有很多茶叶的故事以及养生知识，在后续的直播时光中，我们会将这些分享给大家。
2. 演示购买方式：如果大家喜欢我们的产品，那么要怎么购买呢？
（1）这是我们直播间的购买方式（拿一部打开直播间的手机，进行演示）
（2）这是我们店铺的购买方式（拿只有淘宝的手机，进行演示）
3. 点赞、关注、加为最爱</td><td></td></tr>
<tr><td>2</td><td>10 min 左右1个</td><td>赠品介绍</td><td>我们为大家带来了两款赠品（1），第一名得斗彩凉水壶（2）第二名，得万花不落地杯。
1. 大家都知道，我们这次是 55 尖货排行榜，在介绍产品之前，我先向大家介绍几款赠品，第一个是斗彩凉水壶（把水壶放在镜头前，给大家看一下），这个水壶上的花纹……
2. 下一个是万花不落地杯……
3. 下面我们直播要开始了，上第一个产品</td><td>需要准备好赠品，把两个赠品一个一个放在镜头前展示</td></tr>
</table>

3	10 min	老岩泥壶	茶的味道是千变万化的，或浓烈，或清淡，或甜如蜜糖，或淡如清风。饮茶往往离不开好的茶具。从古至今对茶之道除了茶叶本身的意蕴以外，茶具本身也是一种茶文化的艺术。看着片片茶叶随着水流在茶杯中旋转，一片片叶子都从包裹中舒展开来，印着光滑清澈的茶杯釉面，心头抑郁的心事也会烟消云散。下面为大家带来的就是我们几款无论是热销量还是回购度都非常高的老岩泥壶	
4	10 min	无名	1. 下一款是我们的无名（下面是无名的产品介绍……） 2. 我们直播间无名只有4款，只有4款。在我们店铺中要卖980元。这次在直播间挂价760元（**这不是售价**），今天您只需680元就可以买到手了，为什么可以那么便宜呢？ 3. 因为淘宝活动有跨店满300减30，优惠券可以叠加使用，所以满减可以叠加共减60，再加上我们店铺里有优惠券20，总计可以减少80元。一把那么好看又实用的壶，直接降了300元	
5	10 min	无尘	下面给大家介绍3款老岩泥壶，分别是**无尘/有趣/小红**。 咱们这3款壶取料是一种由岩矿沙砾与陶土特殊配方烧制而成的泥料	

3. 直播脚本注意事项

扫一扫

脚本设计的注意事项

（1）不得使用广告法禁用的广告词

广告法禁用的广告词主要包含但不限于“最”“一”“级/极”“首/国”及其他极限词汇。不要使用上述词汇进行商品宣传（包括形容商品的功效、成分、品质、价格、市场地位等）。另外，当提及产品销量等数据排名时，直播中需同步说明数据来源、提供数据的机构、数据统计时间、统计的具体类目等。

（2）不得虚假宣传

不得对所分享商品的信息及各项参数进行虚假或夸大的描述，对商品效果过度承诺，进行效果性宣传，发布虚假活动信息，或恶意贬低第三方或第三方产品等，以及其他可能导致用户对产品或服务的真实情况产生误解的行为。

① 不要宣传伪科学，无事实依据随意断言。

② 不要夸大宣传，超出商品的功效范围，尤其是非特殊化妆品宣传特殊化妆品功效、普通食品宣传医疗保健功效等。

③ 不得进行效果性承诺或保障。

为了表达商品效果好，而宣传多少天可以达到怎样的效果，属于效果性宣传。每个人的使用感受和效果都不尽相同，过度承诺很有可能会被判定为虚假宣传。商品的效果因人而异，不得随意承诺用了××商品就会变得如何。

④ 不得宣传封建迷信。

⑤ 涉及价格，避免宣传原价（指具体商品或服务的经营者在本次促销活动前七日内在同样交易场所或同样交易方式成交，有交易票据的最低交易价格），建议用市场推广价、市场参考价等表述，原价有明确的法律定义。误用可能构成价格欺诈或侵害消费者权益，故平台不鼓励达人在直播推广、视频、商品标题、图片及其他商品宣传中出现“原价”描述。

（3）不得涉及第三方的不当表述

① 不得引导私下交易。

② 不得贬低第三方品牌。不得直接表明或展示大众熟知的包装等使人直观知晓为第三方品牌，并传达对其贬低或负面感触等表达或者行为。

4. 爆款封面和标题设计

不管是发布直播预告，还是正式直播，一个好的封面设计都是加分项，它能够吸引更多的用户点击观看，起到锦上添花的作用。一般来说，封面设计又包括封面图和封面标题两部分。

（1）封面图

卖货直播的商品类别已经越来越多，在不久的将来，只要是出现在网上的商品，都可以被搬进直播间。然而，不管是哪一类型的产品，直播的封面图的设计都应该做到简洁、美观、大方，这也是封面图设计的基准线。在设计直播封面图的时候，我们首先要考虑平台规定的封面图尺寸。以淘宝为例，封面尺寸不能小于500 mm×500 mm，且要呈正方形等比，以保证美观度。除了遵守平台要求外，直播工作人员在设计直播封面图时，还应该注意以下几点：

第一，图片上不要出现文字。

第二，不要出现拼接图、边框图。

第三，图片色彩要明亮，主题要突出，不要过于花哨。

第四，尽量保持图片完整。

第五，尽量不要选择有大面积白色背景的图片。

第六，禁止所有的直播都用同一张图片或者类似的图片做封面图。

此外，我们需要注意当直播涉及一些垂直行业时，直播团队在做准备工作时还应该考虑垂直行业自身的属性和产品的特点。下面是三类产品的直播封面图设计的具体要求：

① 服饰类。

首先，封面图选用的图片最好是服饰搭配后的美照；其次，封面图选用的图片应该和直播标题保持一致，比如，如果直播标题是“手把手教你一衣多穿”，封面图就应该是主播穿着搭配好的服饰的图片，请注意，这里使用的图片应有版权。

② 美妆类。

首先，美妆类直播的封面图最好选用主播的人物照片，而不是产品照片；其次，选用的图片最好是主播的妆后美照；最后，选用的图片应该和直播标题保持一致。比如，如果直播标题是“舞台妆”，封面图就应该是舞台妆容的有版权的照片。

③ 母婴类。

母婴类直播的封面图不要放置孩子的图片，而应该选择主播或者商品的图片。

（2）封面标题

一个好的封面标题不仅能引起用户在众多直播内容中的兴趣，吸引更多用户进直播间观看，还能起到促进销售的作用。应该如何撰写封面标题呢？首先需要了解好标题的标准。

① 好封面标题的标准。

对于“什么是好标题”这一问题，或许每个人的答案都不相同，一般来说，一个好标题的标准主要有以下四点：

a．精准。所谓精准就是要表达态度，同时，突出主题。直播封面标题一定要精准，要能够准确地传达直播主题，让目标用户一眼就知道直播的核心内容。

b．真实。所谓真实是体现在标题与内容一致。直播封面标题一定要从事实出发，切忌虚假宣传、夸大事实，导致直播内容和封面标题毫不相干，这会让用户感到莫名其妙，从而降低对产品的期望值，也会影响主播和用户建立真实长久的互动关系。从本质上来说，标题好不好是一回事，真不真实又是另一回事。简单来说，一个真实但不那么出彩的标题永远比一个不真实但很出彩的标题更适合直播间。

c．用心。用心就是要充满情感，引发受众共鸣。不管在任何时候，用心的内容，充满情感的内容，能引发共鸣的内容，永远是最高级的。这一点对直播封面标题同样适用。拟定标题的一个重要目的就是吸引用户关注，而一个不带感情的、冷冰冰的标题显然是无法达到这一目的的。要想减少生硬感、拉近与用户之间的距离，拟定的直播标题就必须带着情感，带着温度。

d．创意。创意就是标新立异，拒绝沉闷。在标题中加入一些富有创意的元素也是拟定直播封面标题的一个重要原则。这是因为标新立异的创意往往能更好地吸引人的注意，从而使直播达到更好的引流、吸粉的效果。

② 好封面标题的类型。

a．开门见山型。直接说明直播的内容和主题。直接点明产品优势（比如价格优势、质量优势），让用户不需要过多地思考，就可以迅速了解产品的卖点，吸引用户点进直播间观看直播。例如，某服装店的卖货直播标题：羊毛衫39元甩！厂家清仓！

b．诉诸效果型。这种类型的标题就是告诉用户在使用直播间的产品后会达到怎样的效果，从而打动用户，吸引用户点进直播间观看。

c．紧贴热点型。这里的“热点”包括节日、产品最适合的场景等信息。例如，在七夕节之际，有许多主播的直播内容和推销产品都会与七夕节有一定的相关性，借此来吸引用户点进直播间观看并购买产品，卖货直播标题就可以这样起：一招解锁七夕约会装、七夕省钱攻略等。

d．紧贴生活型。紧贴生活型的直播标题会给用户一种生活的气息，让用户感觉平易近人，同时拉近主播与用户之间的距离，从而促成用户点进直播间。例如，某卖零食的主播就拟定了这样一个直播标题：吃过，就会爱上。这样的直播标题就像是一个朋友在向你推荐他喜欢吃的零食。让用户产生“真的这么好吃吗？”的疑问，并且在好奇心的推动下，主动点进直播间。

③ 封面标题的注意事项。

a．杜绝无病呻吟和口水词，文字要干净，不能啰嗦。

b．字数控制在12个字以内。

c．不要放让利折扣信息，如“秒杀”“送衣服等”。

d．把用户的痛点信息放在封面标题上。

e．切中用户在工作、生活中最常见的场景。

以上我们分析了直播封面图和直播封面标题的相关内容。按照直播卖货的逻辑，当主播通过各个渠道进行了直播预告，并设计出了有趣、有料的直播封面，写出了足够吸引人的封面标题时，主

播已经为后面的直播做好了铺垫，接下来，这场直播究竟能不能带货、能带多少货，就取决于其在直播中的具体表现了。

5. 撰写直播脚本的意义

（1）有利于确定直播主题和内容

撰写直播脚本最大的意义，就是脚本能够更好地帮助主播确定直播的内容和主题。熟悉直播的人都知道，直播的内容和主题正是直播的核心，这直接决定着一场直播的效果。

那么如何通过直播脚本去确定直播的内容和主题呢？首先，在确定直播内容和主题时，主播可以从商家的需求出发，明确商家通过这场直播想要达成的目标，然后主播围绕这个目标，思考直播的方式；然后，主播可以从用户的感受出发，洞悉用户的心理，了解用户喜欢看什么样的直播，愿意为什么样的直播买单。最后，再结合以上两步，确定直播的内容和主题。在这个过程中，主播如果缺乏灵感，苦苦思索仍然想不出适合的主题，那么也可以通过查看用户和买家的反馈获得灵感，比如粉丝群聊、微博评论、微淘回复等。

（2）有利于把控直播节奏和流程

一个规范的脚本则能够很好地帮助主播把控直播节奏和流程，从而避免直播的失误。根据实践经验，在直播前，如果主播已经撰写了脚本，那么在直播的过程中，主播就会按照流程，一步一步有条不紊地进行直播。同时，在写好直播脚本后，主播能够清楚地知道自己在什么时间，该做什么事情，还有什么没做，这样一来，直播就会非常有节奏，直播脉络也会非常清晰，直播过程中也就不会出现混乱的场景。

（3）有利于直播的梳理和总结

直播脚本其实和工作记录一样，对直播能够起到梳理和总结的作用。当直播结束时，主播可以对照事前撰写的脚本，回顾今天直播过程中出现的问题，针对问题进行反思、总结，并形成经验，给今后的直播工作提供参考。从这个角度来说，撰写直播脚本其实也是收获“复利”的绝佳方式，主播通过不断总结，不断获得提升，长此以往，主播就能不断积累自己的直播经验，增长直播技巧。

总之，直播脚本就像电影的大纲一样，能够帮助主播更好地把控直播的节奏，规范直播的流程，减少突发状况，让直播达到预期的目标，产生最大的效益。所以，无论主播的能力有多强，在决定走进直播间之前，都不可以忽略直播脚本这一步。

（三）脚本撰写

直播脚本撰写要考虑直播流程，包括直播时间、直播主题、直播地点、主播、预热、产品解说等内容。直播脚本撰写的时候就是考虑各个流程，从开始的直播预告到最后结束总结都需要仔细研究，以达到直播预期，产生最大效益。

其中直播预热是非常重要的环节。预热除了能够在一定程度上“试探”粉丝的反应，及时调整营销策略外，其本身的神秘感和不经意透露出来的细节，往往也是最能够吸引粉丝好奇心的方法。就如同电影需要宣传片，好的宣传片甚至能够起到出其不意的作用。较为常见的预热方法，就是直播预告和视频引流。

1. 直播预告

一般直播平台都有开播提醒功能，只要是关注的主播开播，粉丝会在第一时间收到App的提醒。

但这种突然地提醒容易因为各种各样的原因被人忽略，也不利于职业主播对直播内容的规划统筹。因此大部分主播都会选择在微博上进行“站外链接”。如荔枝直播某主播在微博公告配上自己午餐的插图，插图注上“其实并不希望自己的微博都是#直播预报#，但是又怕大家看不到荔枝的通知，每次都要手动删博，今晚还是九点九点九点，荔枝的直播间（下面配上网页链接）！”“我也发一下中午的午饭。”这样吸引了粉丝的注意，也拉近了彼此的感情。

有的主播采取点明主题+搞笑+优惠的方式来直接写直播预热文案，效果也很好。如果是卖美食之类，海报上就可以直接放上诱人的美食，然后用轻松搞笑的语言点明主题，让人一看就有新意。最后再用优惠价格醒目标注，很容易让粉丝形成对直播的期待。

发布微博直播预告，也需要注意格式。

① 圈出话题。微博通常用“#”开头和结尾，把话题隔出来，如“#直播预告#”这样的格式，就能够与微博话题榜推荐相关联。虽然可能不会有太大的粉丝量提升作用，但互联网流行的偶然性也比较强，随时准备好，才能够更好地“蹭热度”。

② 点明时间。无须赘述，直播预告的首要任务，就是通知粉丝是否开播以及什么时候开播。

③ 生成链接。一般需要包含直播间的链接，如果是兼职视频、电商，还可以在最后另起一行，说明相关平台的网址。注意，一定要在末尾，不要影响通知正文内容。

④ 内容选择。如果预告的直播有特定内容，可以制作简单的海报或截图，并简单指明此次直播的主题。如果没有，最好也能放一些拍摄好的照片等，以免让公告太过苍白。

⑤ 活动提醒。抽奖等具有活动性质的内容，也能够在公告中起到很好的作用，让更多观望的粉丝加入此次直播活动中来。

2. 视频引流

视频引流是通过各种实用短视频的推广引流方法吸引观众通过某种方式构成联系。站在营销人的角度，自媒体平台本质上只是工具，是传播信息的载体。所以，做自媒体视频的目的就是为了引流，吸引人们的注意。想要吸引平台用户的注意，自媒体的视频文案就必须足够吸引人。要达到预期效果就要做好以下几点：

（1）吸引人的标题

自媒体视频文案要写好标题才会吸引人。写文案的第一步就是写文章标题，当下每个用户日常关注的视频号都很多，想要用户在这么多视频号里打开你的视频，就必须使标题吸引人。

① 标题要引发用户好奇，常用的框架公式：产品+热词陈述+说反话=引发好奇。

② 标题要满足用户渴望，常用的框架公式：热门问题+数字表现+引发好奇。

这种标题写法一般用在技能分享、经验分享上。比如：想拍好全家福，这几个小技巧，99%的人都不知道。

③ 有的标题会制造用户恐惧，常用的框架公式：适度恐吓+引出方案推荐。

标题虽然重要，但切记，不可沦为标题党，达到引流效果做好内容才是关键。

（2）把观众当成朋友

撰写自媒体视频文案要把观众当成是朋友才能吸引人。这样可以使用户产生共鸣，可以提高粉丝活跃度，提高粉丝黏性。不管是做视频内容还是自媒体视频文案内容，要能引起用户的共鸣，让用户一看就觉得说得特别对，让用户觉得你讲出了他们的心声，这样的自媒体视频文案才能吸引用户。

比如：别傻了，一个人的努力是无法改变两个人的关系的。语气就像是在安慰老朋友，很可能引发正处于恋情中，有这种正在付出却没得到对方回复情感的用户的关注。用户就会点赞、评论，甚至转发，希望自己在乎的那个人可以看到。对于自媒体视频营销文案来说，能吸引人的文案才能达到营销的目的。

扫一扫

脚本撰写的小技巧

（3）做好数据分析

写自媒体视频文案要做数据分析才会吸引人。如果想写出用户喜欢的文案，就要了解用户。怎么了解呢？利用数据就可以了解用户。各自媒体平台基本上都有数据统计的功能，可以利用平台提供的数据分析用户的观看习惯和需求，这样就可以有针对性地创作内容。

（4）展示独特的观点

自媒体视频文案要引入自己独特的观点才会吸引人。用户不单喜欢看热点事件，更要看的是对事件的分析、观点，这是与用户产生连接的桥梁。因此单纯地去模仿、抄袭别人，没有任何意义，不会吸引粉丝的关注。

（四）直播语言

直播脚本设计的目的是让主播的直播工作顺利开展，达到拉近与粉丝的心理距离和提高直播间商品销售收益的目的。这就必然要认真设计好直播语言，直播语言大体上分为以下两类：

1. 营销语言

从本质上来说，直播带货是一种销售，衡量一场直播成功与否的重要标志，便是其销售业绩如何、带货能力如何。在现实的直播行业中，直播间销售业绩差距大，之所以存在这种差距，除了产品的品质、价格的优势和主播的个人魅力之外，关键的因素还在于营销语言，而营销语言也是直播脚本提前设计的。

（1）FAB法则

FAB即feature、advantage、benefit首字母大写。feature（属性）是指产品的客观现实和属性；advantage（作用）是产品的优点和自身的用处；benefit（益处）即给用户带来的利益。FAB法则，就是从用户的实际出发，分析产品的优势，进而得出产品给用户带来的利益。这种典型的说服性演讲结构，能够使演讲有理有据，更具说服力。

FAB法则在销售中的运用非常广泛，在日常生活中，我们经常会遇到这种销售方式。比如，当女生去商店买鞋子时，售货员一般都会这样对她说："这双鞋子是皮毛一体的，非常暖和，不管天气有多冷，只要您穿上它就不会感觉冻脚。"售货员的这番话，其实就是运用了FAB法则。具体来说，FAB法则的运用可以分为以下两个步骤：

① 确定需求。

当用户选择在直播间买东西时，他们往往并不是为了购买商品本身，而是希望能够通过这件商品去满足自己的某种实际需求，这也是永恒不变的商业逻辑之一。所以，主播运用FAB法则的前提是要充分了解直播间内用户的实际需求，因为用户的需求从某种程度来说，决定了FAB法则的整个走向。比如，如果用户的实际需求是价格便宜，但在直播卖货的过程中，主播一直在强调产品的特性，这就很难引起用户的共鸣；如果用户的实际需求是高品质的体验，但是在直播的过程中，主播一直在强调价格的低廉和实惠，那么客户也不会感兴趣。

由此可见，为了让FAB法则产生最大效用，在运用FAB法则前，主播一定要首先确认用户的实际需求。具体来说，主播可以从以下三方面去做。

a．直接提问。在直播的过程中，主播直接询问用户想买什么样的产品，是物美价廉的还是品质取胜的，是男装还是女装。或者直接给用户列出选项，让用户做出选择。

b．间接探知。在直播的过程中，主播要多和用户进行交流互动，并从互动中去探知客户的实际需求。比如，主播可以和用户聊一聊平时喜欢什么风格、什么类型的产品，并从用户的回答中寻找“蛛丝马迹”，然后对这些细微的线索进行分析，找到客户的实际需求。

c．制造需求。制造需求顾名思义是指引导用户的需求，为用户创造新的需求。比如，主播可以在卖货的过程中向用户介绍新产品、发放优惠券、开展秒杀活动等，让一些原本没有购买计划的用户在其他条件的刺激下，产生需求，做出购买举动。

② 进行产品销售。

在确定了用户的实际需求后，主播就可以用FAB法则进行产品销售了。作为一种常见的说服技巧，FAB法则的销售逻辑其实十分简单，用一句话概括就是：我们的产品是F，它的优点是A，让您使用时有B的益处。

产品是F，即告诉用户，直播间内销售的产品是什么。例如服装，要告诉用户产品的面料、版型、做工、水洗方式等信息。在描述产品的属性时，主播应尽量去描述那些客观存在的，区别于其他竞品的属性。它优点是A，阐述前面提到的产品特性会带来什么样的好处，发挥什么样的作用。例如，蚕丝质地的裙子在夏季穿着更凉爽。使用时有B的益处，主播站在用户的立场，去建立产品与用户实际需求之间的联系，告诉用户通过购买这件产品，他将得到什么益处，例如，这款连衣裙能够展现迷人的身材。

这里需要注意的是，FAB法则的运用顺序不是固定不变的，主播可以根据实际情况和实际需求调整顺序。比如，在实际运用中，主播也可以把FAB转换成BAF，先说产品能为客户带来的利益，然后再分析原因，最后介绍产品。不管主播最后采用什么顺序，最终目标都是吸引用户的注意力，让用户爽快下单。

FAB法则与一般语言相比有独特的魅力，详见表5-3。

表 5-3　一般语言和 FAB 语言的对比

一般语言	FBA 语言
这款相机很好用	这款相机拥有 1 200 万像素的单摄像头，它支持 OIS 光学防抖功能，拥有 f/1.8 的超大光圈，能为您带来专业相机的拍照体验
这件衣服穿了很舒服	这件衣服采用全棉面料，十分透气，不仅穿起来特别舒服，而且能够更好地呵护宝宝娇嫩的肌肤
这款衣服的版型很好	这件衣服采用贴身版型设计，可以充分展现您迷人的身材

我们可以预见，未来加入直播卖货阵营的商家和主播会越来越多，要想在激烈的竞争中立于不败之地，主播就必须勤于思考，采用技巧取胜。在撰写直播脚本的过程中语言是必须要设计的，FAB法则非常重要。当然FAB是法则，在具体语言中有不同的呈现形式，没有统一句式。

（2）5步销售语言

① 指出痛点或需求点。

指出痛点或需求点是指提出可能正困扰着用户的话题或指出用户可能关心、渴望得到解决的问题。指出痛点主要有两大目的：一是拉近与用户的距离，在直播中，主播指出的痛点或需求点应该是用户深受困扰的问题或者用户关心、渴望得到解决的问题，它会与用户产生千丝万缕的联系，这样能够让用户产生共鸣，从而拉近主播与屏幕对面的用户之间的关系。二是为产品做铺垫，在直播中，主播最重要的任务就是通过直播把产品销售出去，所以主播在直播中所做的事情、所说的话，都应该围绕这个任务去进行。这也就意味着，当主播在指出痛点或需求点的时候，这一动作一定要和接下来要推销的产品产生一定的联系。换言之，主播指出的痛点或需求点，一定要为直播的产品做铺垫。

在指出产品痛点或需求点时，主播如何更好地达到以上两大目的呢？这里必须要结合具体的消费场景。比如，主播即将推荐的产品是一款防晒霜，而直播的季节刚好在夏季。对用户尤其是女性用户来说，夏季最关心的问题就是防晒。因此，主播就可以把“防晒”作为一个很好的开场话题，点出在夏季大家可能会遇到的防晒问题和防晒困惑。

总之，在指出痛点或需求点的时候，主播一定要结合具体的消费场景，同时要注意主播指出的痛点或需求点不必太深入，能够在直播间引起话题和共鸣即可。

② 放大痛点或需求点。

在主播以轻松的方式指出了痛点或需求点，并通过这个痛点或需求点引起了直播观看用户的共鸣后，接下来主播就需要放大这个痛点或需求点了。在这个过程中，主播一定不要有所顾忌，而应该尽量全面地把痛点或需求点展现出来，把用户平时忽略的问题和隐患挖掘出来。

还是以上面的“防晒霜”为例，在主播提出了夏天需要防晒的需求点后，主播就要具体阐述不做防晒可能会带来的危害。例如，主播可以这样说：“真羡慕那些皮肤怎么晒也晒不黑的人，现在才刚刚入夏，想想还要晒好几个月的太阳，真的好心塞。而且，紫外线有很多危害，怎么办呢？”

③ 提出解决方案。

在放大痛点或需求点的过程中，主播其实已经把问题摆了出来，这个时候，用户在主播的带动下，也会发现这些问题确实是存在的。那么他们接下来会想这个问题该怎么避免或者怎么解决，这就到了提出解决方案的时刻了。也就是说，主播要让用户明确一个观点，那就是主播接下来要推荐的产品可以有效地帮助他们解决可能遇到的问题。比如，在第二步放大痛点或需求点中，主播强调了不防晒的危害，那么接下来，主播应该强调使用防晒霜可以有效地削减危害，即便用户在太阳底下暴晒，防晒霜也可以起到一定的作用。

在这一步需要注意的是，主播的主要任务是提出解决方案，即引入防晒霜可以帮助人们有效对抗紫外线的概念，而并不是推荐产品。推荐产品这一步要在主播引入了概念后再进行，因为只有通过这样的层层推进和层层铺垫，主播才能更好地说服用户，从而使其更愿意接受主播推荐的产品。

在具体的操作上，主播可以这样说：“不用我多说，大家也一定知道防晒是非常重要的。那么，在日常生活中，大家都是用什么方法防晒的呢？其实我自己的防晒方法还挺多的，比如，我出门会穿防晒衣，夏天如果没有特别的事情，我就会尽量待在室内，避免到室外。当然，最重要的防晒方式还是要抹防晒霜！这是我夏天护肤非常重要的一步，绝对不能忽略。”

④ 引入推荐的产品，详细介绍产品。

通过前面三步，主播已经用一个比较“软”的方式阐述了防晒霜的重要性，做好了售货铺垫，接下来，就到了售货的“硬核”部分——强势引入推荐的产品，详细介绍产品。

在这一步中，主播需要对自己推销的产品进行详细介绍，比如产品的品牌、产地、成分、优势、功效、原料、售后服务等。并且，在介绍的过程中，主播一定要突出产品特色，并从多个角度去增加产品本身的附加值，用价值去打动客户。主播也可以根据产品的实际情况和自己的风格进行产品介绍。比如：主播可以采用试吃、试穿、试用的方式，也可以将其他同类产品搬进直播间与自己推荐的产品进行对比等。在这个阶段考验的是主播对专业知识的掌握程度和产品推销技巧。

⑤ 降低用户的心理购买防线。

直播售货最大的一个优势就是它能够抓住直播间用户的消费“软肋”，为用户提供“物美价廉”的商品，这也是如今许多用户，尤其是女性用户爱看直播并且喜欢在直播间买东西的重要原因。在直播的过程中，主播总是会适时地推出一些优惠券，并讲解一些渠道的优势和其独家享有的优惠，这其实是主播在降低用户的心理购买防线。

掌握了这些语言，主播的带货能力必然会更上一层楼。但需要强调的是，主播销售的过程当中切忌虚假宣传，欺骗消费者，在直播脚本撰写过程中就要考虑到这些方面。而作为合格的主播则必须学习国家相关法律法规，同时守好职业道德底线。

2. 情感语言

对于主播来说，有一颗真诚的心才是最主要的，切勿投机取巧，挑战法律法规和道德底线。真诚，源于一个人心底的善念。真诚最简单也最珍贵，是人性最崇高的美德，是人与人心灵唯一靠得住的依赖，也是立身处世的根本。主播语言本质上是需要真诚的情感交流。

（1）开场白

直播的开场白会给用户留下深刻的印象。有统计数据表明，用户进入直播间的一分钟，是决定其是否继续留在直播间的重要时间段，而一个好的开场白就是一把打开用户观看欲望大门的钥匙，能够瞬间激发用户的观看欲望，让他们愿意留在直播间，并且好的开场白能够为主播接下来的卖货做好铺垫；相反，一个失败的开场白，则会为直播带来毁灭性的打击，让主播还未发力就满盘皆输。好的开场白一般具备以下两大要素：

① 开场要素。

a. 产生代入感。在一个直播间内，会有形形色色的用户，这些用户又会分别处于不同的观看场景。比如，有的用户可能在公交车或者出租车上看直播，有的用户可能在家里看直播，有的用户则是在室外看直播……不管用户在什么样的场景观看直播，对主播而言，在直播开始后，其首要任务就是要利用开场白，在第一时间内让这些在不同环境下观看直播的用户产生代入感。

b. 激发兴趣。直播开始后，进入直播间的用户又可以分为两类：一类是在看到了主播在直播前通过社群、微博、朋友圈、抖音等各个渠道发布的直播预告后进入到直播间的用户，这类用户也是相对固定的精准用户，他们一般在进入后，也不会轻易离开。另一类则是在直播平台浏览时随机点开了直播间的用户。要想留住这类用户，主播就必须通过有趣、有料的开场白，激发用户的观看兴趣，让他们产生继续观看下去的欲望。

c．引导用户推荐。有时候在直播开始后，进入直播间的用户较少，直播间会显得有些冷清。为了尽快炒热直播间气氛，主播就需要利用开场白去引导用户邀请自己的朋友加入直播间，让直播间的气氛持续火爆。

② 开场方式。

通常，根据主播风格的不同，直播开场的方式也会有所区别。比如：有的主播口若悬河、字字珠玑；有的主播幽默风趣、逗乐搞笑；有的主播吹拉弹唱、样样精通……无论采用怎样的开场方式，只要用户喜欢就好。开场方式虽然各式各样，但是其中也有规律可循。主播在设计开场白时，可以借鉴以下几类开场方式：

a．新人自我介绍。作为新手主播，开场存在缺陷与瑕疵不可避免，为了避免因失误导致粉丝流失，新手主播可以在开场时就给用户打好“预防针”，表达自己积极的态度。例如：“欢迎大家来到我的直播间，今天是我新手上路的第二天，我在努力前进，希望大家可以多多支持我！”。

b．气氛调动。直播开场的核心目标是调动用户情绪，点燃直播间气氛。在进行开场时，主播可以积极热情地与用户进行互动，引导用户参与到直播中来。例如：“在直播间人数达到1 000人时，我们来一波福利怎么样？”“让我看看进入直播间的是新朋友多，还是老朋友多？发表评论让我看到你们吧！”

c．引导关注。粉丝关注度是决定直播间推荐度的关键指标，也是衡量主播价值的重要因素。在成功调动用户的互动热情后，主播可以趁热打铁，引导用户关注自己。

（2）直播中交流语言

① 问答互动语言。

在销售直播的过程中，主播和用户最常做的互动是问答互动。用户向主播提出各种各样的问题，主播对这些问题进行解答。当然，针对不同类型的产品，用户提出的问题通常也不同。不过，这些问题归纳起来无外乎就是问价格、问是否适合自己等。以服装为例，据统计，用户最关心的问题主要有五类，针对这五类问题，以下是设计出的相应的回答语言，当然也可以有多种回答方式。

a.“主播多高，多重？”。在直播中，一般当用户这样提问的时候，这就说明了两个问题：第一，用户对这款产品是感兴趣的，有购买欲望；第二，用户没有看主播背后信息牌的习惯。

这时候，主播可以这样回答：“主播身高165 cm，体重50 kg，穿S码，小姐姐也可以看一下我身后的信息牌，感兴趣的话就下单吧，衣服上身效果真的不错，各种场合都能穿。”

b．“5号宝贝能试一下吗？”当用户提出这类问题的时候，他已经对产品产生了兴趣，但是内心还有一些挣扎，因此想看一下主播试穿的效果后再决定买不买。这时候，主播就需要耐心地对用户进行引导，可以这样回答：“小姐姐，5号宝贝是吗？别急，主播马上试穿。”

c．“6号宝贝多少钱？”当用户问出这样的问题时，说明他已经心动了，只是需要再确认一下价格。而他之所以要再确认一下价格，可能有两方面的原因：一是他确实没有记住价格；二是在报价格的时候，他可能还没来得及加入直播间，并没有听到主播报价格。

不管是上述哪种情况，主播在回答的时候，除了要告诉用户价格外，还要把优惠政策再强调一遍，比如，主播可以这样回答：“小姐姐如果看中了6号宝贝，可以直接找客服，6号宝贝原价100元，直播间今天特惠价88元，报主播名字可以再领取10元优惠券，优惠后的价格是78元，左右滑动屏幕也可以看到各个宝贝的优惠信息，喜欢的话赶快下单，价格真的非常划算，买到就是赚到。”主播之所以要再强调一遍优惠政策，是因为在这个阶段主播需要进一步打消用户的顾虑，给用户注入购买的“强心剂”，一般来说用户在听到这样的语言后都会选择购买。总之，提出这一类问题的用户都是最精准的购买用户，主播一定要认真对待。

d.“个子不高能穿吗？身体太胖能穿吗？”用户问这个问题的目的就是想确认自己能不能穿，但是，用户并没有给出自己实际的身高、体重信息。面对这种情况，主播首先应该引导用户给出具体信息，比如，主播可以这样说：“小姐姐，你具体的身高和体重是多少呢？主播要根据你的实际身高和体重帮你推荐。”

e.“主播怎么不理人，不回答我的问题？”在用户提出这样的问题后，代表他已经有情绪了，这时候主播一定要快速地捕捉用户的情绪，并尽快地安抚用户，否则，直播间就有可能永远失去这个用户。同时，用户的这种情绪还有可能“传染”给更多人，让更多的用户对主播产生不好的印象。面对这类问题，主播可以这样回答：“小姐姐，不要生气，信息太多看漏了，没有不理你的意思。各位小姐姐，如果我没有及时看到你们的问题，可以多刷几遍，千万不要生气哦。”

以上是主播在直播间里经常会被用户提问的五类问题，这些问题的答案，也是主播在进入直播间前应该掌握的语言。

② 追单语言。

在直播的过程中，主播和用户最常做的最后一种互动便是主播根据每一次优惠打折活动的时间和期限对用户进行“追单”。在观看直播的过程中，很多用户会犹豫，拿不定主意，想要下单又有很多顾虑，这样就可能错过打折的机会，这时就需要主播使用追单语言，促进用户下单。追单语言的核心是主播要向用户传递商品优惠力度大、商品数量少、商品供不应求等真实、有吸引力的信息。

a. 强调时间的紧迫。如：“只有今天这次机会。”“这种力度的折扣仅限本次，错过了就没有机会了。”“售完为止。”“线上购买人数太多，我们会以收到款项的时间为准，下单慢了就没了！”

b. 强调名额的有限。如：“额满为止。”“产品数量有限，如果看中了一定要及时下单，不然就抢不到啦！”

c. 主动打折，刺激消费。如:“因上新货，老货6折。”“超低折扣5折，物超所值，抢到就是赚到。”

d. 设置时间点，在集中的时间段制造声势。如：“优惠到8点结束。”“这款产品的秒杀优惠只有10 min，把握住机会哦。”

（3）直播结束语

在实际的直播卖货过程中，许多主播往往在开场和中间的互动交流部分都做得非常好，可到了结束的时候，如果主播只会用一句表示感谢的话结束直播，会让用户觉得有些潦草，这是因为主播没有意识到直播结束语的重要性导致的。其实，对一场直播而言，结束语不仅意味着直播的结束，它还可以传递以下四种信息：

① 对用户观看表示感谢。

② 预告下次直播时间，加深用户印象。

③ 透露下次直播福利，激发用户继续观看的欲望。

④ 设置悬念，埋下伏笔，为下次直播奠定基础。

直播脚本的撰写非常关键，安排直播语言，让主播提前进行训练，才能确保在直播过程中的良好状态，保证直播目标的达成。

（五）确定直播方案

在直播脚本撰写中要考虑到直播预案，比如预热引流预案，预计要为直播引流多少，用什么方法进行预热引流，采用文案预热还是短视频预热，多方案预热还是简单预热等，做到有备无患。

（六）确定直播人员分工和设备

直播需要主播、副播、场控等，根据直播性质和需求合理搭配直播人员，并分工合作。另外，直播间要准备哪些设备，直播间怎么布置等，也要提前进行设置，并在直播脚本中写清楚。

（七）控制好直播的预算

直播脚本撰写的过程中还需要考虑直播需要多少预算，直播中要发放多少优惠券的面额等计划，进行提前把控。

二、用户生产内容创作

（一）概念

用户生产内容创作（user generated content，UGC）概念最早起源于互联网领域，即用户将自己原创的内容通过互联网平台进行展示或者提供给其他用户，这也是增加读者共鸣的好办法。其优势是可以鼓励很多人来创作，数量大，基数大。劣势是质量差、干货少、爆款可能性低、创作频次低等。

（二）特征

① 以网络出版为前提。

② 内容具有一定的创新性。

③ 专业人员或非权威组织创作。

（三）主要类型

① 按照功能类型复杂度由轻到重：评论、动态、话题、问答、社区。

② 按照内容载体或生产成本由低到高：文字、图文、音乐、短视频、Vlog、直播。

当然，实际的操作中，UGC类型可能会有变体。比如单就评论来说，可以变体为商品评价、视频弹幕等各种展示形式，具体采用哪种要结合产品业务。广义的UGC，其实包括一切用户原创或参与创造的内容。

（四）脚本特征

UGC主播又被称为用户创造型主播。这类主播的直播内容主要以展示个人才艺和鲜明个性为主。相应地，这类主播在开播前撰写的直播脚本，应该以主播个人展示、直播商品以及与粉丝的互动内容为核心。

任务实施

F公司将要举办2022年秋冬装新品发布会。责成你撰写整场发布会直播内容提纲。完成这项工作需要做好以下几点：

一、确定主播语言风格

根据秋冬装新品发布会内容、产品特点等确定与发布会相适应的主播语言风格。语言风格：端庄、大气、亲和、自然、活泼。

二、确定道具

白板、新款服装、品牌标志。

三、设计直播内容提纲

2022年秋冬装新品发布会直播大纲

① 直播宣传：微博宣传、视频宣传此次秋冬装新品。

② 明确目标：成交额300万元。

③ 人员分工：小李负责副播，小王、小张负责展示货品等。

④ 产品梳理：秋冬新品包含羊毛大衣、羽绒服（质地、工艺）。

⑤ 开场预热：各位伙伴儿们晚上好，很高兴大家能够准时来到我们的直播间。今晚活动为全年活动力度最大的一场，同时会出现多款新品秒杀，大家不要离开，点点关注哦。

⑥ 品牌介绍：F公司简介。

⑦ 直播活动介绍：满300元减50元、满500元减100元、10元无门槛优惠券等。

⑧ 新款服装讲解：先讲解，然后模特展示上身效果。

⑨ 抽奖活动。

⑩ 开篇语：尊敬的各位领导，各位嘉宾，亲爱的新老经销商朋友们，以及现场和屏幕前支持我们的伙伴儿们，大家好！欢迎大家参与本届秋冬装新品发布会。

⑪ 结束语：感谢伙伴儿们的支持，明晚我们会推出春装促销款，价格非常划算，明晚8点准时见哦！

任务2　专业生产内容创作

任务解析

学生根据专业生产内容创作的概念、直播脚本流程设计和内容生产步骤等锻炼基于专业生产内容创作模式下的脚本创作能力，能按要求完成PGC单品脚本创作。

知识链接

一、概念

专业生产内容创作（professional generated content，PGC），相较于UGC，PGC作者则配备了专

业能力和专业技术设备，其原创内容质量较高，因此PGC短视频自媒体的进入门槛较高。相对应地，其获利能力也更高。短视频行业的头部内容创作者也大多是出自PGC。

二、PGC 直播脚本

UGC主播在发展到一定程度后，就会升级成为PGC主播。这也意味着，PGC主播一般要比UGC主播更专业、要求更高。当然，这类主播的直播脚本中包含的信息也会更多一些，包括主持人、嘉宾、商品、游戏、互动等，但脚本的核心内容还是商品信息和互动活动。比如天猫“双十一”晚会的脚本，有2万多字，核心信息除了商品，还有明星和游戏、广告植入信息，非常复杂。以下为天猫“双十一”晚会PGC直播脚本实例：

（一）直播目标

本场直播希望达到的目标，是数据上的具体要求，比如观看量多少，点赞量多少，进店率多少，转化卖货销售额多少等，这样更直观且目标性更强。

（二）直播人员

要注意各个人员的分工，以及职能上的相互配合。比如主播负责引导关注，介绍产品，解释活动规则，直播助理和运营负责互动、回复问题，发放优惠信息等，后台、客服负责修改产品价格，与粉丝沟通转化订单等。

（三）直播时间

定好直播的时间，并严格根据直播时间开展直播，直播时段也需要相对固定。到了下播时间建议不要恋战，及时预告下一场直播。

（四）直播主题

定下本场直播的主题，在正确的大方向下前进。切记不要闲聊，会显得直播间内容十分零碎且无营养。

（五）直播脚本流程细节

具体到分钟，比如8点开播，8：00—8：10进行直播间预热，和观众打招呼之类。包括产品的介绍，每一个产品介绍多久，尽可能把时间规划好并按照计划执行。

（六）梳理产品卖点

在产品卖点中写出产品的特点，包括产品功能卖点及产品价格卖点，帮助主播在介绍产品时给到粉丝的信息更为真实且准确。

（七）优惠信息和活动

在活动环节提示主播相关规则和用户参与方法以便更好地调动直播间气氛，引导粉丝消费。

在除了通用版的脚本的基础上，高级版的策划思路和参与方法如下：

大的直播节目和晚会，分为两条线，一条是节目和游戏线：明星与主持人负责表演和玩互动游戏，这个内容由节目制作方负责；另一条线是产品和福利线，什么时候发福利，给哪些粉丝和用户发福利，这个由平台和商家负责。

直播的兴起，在一定程度上激发了用户的购买欲望，但同时用户对于直播也越发挑剔。参与方式、方法是否新颖、活动力度是否够大，已然成为用户最在意的问题，而这些问题也值得直播团队进行思考，在撰写直播脚本的时候也需考虑。

三、PGC 短视频

（一）PGC短视频分类

从2015年开始，尤其是从某搞笑类PGC短视频自媒体大红之后，网络上有许多相似类型或搞笑娱乐，或接地气的短视频纷纷出现，同质化的内容让用户产生审美疲劳。因此，一些PGC作者开始关注垂直领域的原创内容短视频，其中美食类、美妆类和生活方式类的创作者最集中。另外，投资者继续保持着对垂直领域的短视频创作者的高度热情，也促使更多的PGC短视频自媒体向垂直领域转型。

深耕垂直领域更需要掌握相关专业知识，头部主播从事PGC模式创作，需要不断学习，精益求精。其视频脚本和直播脚本与UGC的显著区别就在于“专业”二字。

（二）PGC短视频的内容特征

1. 风格辨识度高

PGC短视频自媒体的高辨识度是在其IP化的过程中不断塑造起来的，以一种固定的风格生产并传播短视频，并在受众的心中留下印象。一般某一个PGC作者的原创短视频会分发在多个平台，但因为风格特征辨识度高并给受众留下了深刻印象，因此反而成为其积淀粉丝的重要方式。比如某位美食类博主的短视频，风格就是古风田园美食；某主播是用流行的方式传承传统技艺。这些PGC短视频自媒体的作品不论推送到哪个平台上，始终都具有很高的辨识度，并因此而聚拢更多的粉丝。

2. 内容赋予人格属性

某位现代营销大师曾指出：一个成功的人格化的品牌形象就是其最好的公关，品牌在消费者心中的形象，已经不仅仅是一个产品，而渐渐演变成了一个形象丰满的人，甚至拥有自己的形象、个性、气质、文化。通过对许多PGC短视频自媒体的内容观察来看，这种人格属性就很突出。这种突出一般是通过两种方式来达到，一种是通过给短视频主播打造“人设”（人物设定）的方式来赋予；另一种则是通过设定虚拟形象的方式来赋予。某MCN机构副总裁认为：打造人物设定时有“三不”原则，即不随波逐流、不与头部争赛道、不一样的表达方式。只有坚持这三个原则才能避免同质化，从而在正确的道路上健康地发展。除此之外，尤其在一些农人PGC短视频自媒体中可以看到，跨屏互动正在成为一种新的人格化方式。一些短视频主播会直接将镜头当作是自己的观众进行交流和互动，而用户在观看的时候也会无意识地忽略屏幕的存在，进入到“屏内”与作者形成交流的对接，这样的跨屏互动会起到直接塑造“人设”的作用。另外，设定虚拟形象在部分短视频IP当中也成为人格化的重要方式，比如某些主播就是通过头戴动漫类的头套完成这一过程的。

3. 构思的创意性

不同于传统的长视频，想要在短短几分钟甚至是几秒内制作出一个完整的视频，就需要在选题和创意上投入更多的精力。从选题、镜头的运用、叙事方式到后期包装都要仔细揣摩，PGC短视频在内容构思上具有较大的创新性。比如有些PGC短视频就是运用一镜到底的方式来拍摄短视频，这种拍摄方式更具真实性和代入感，容易让观众快速沉浸在视频场景之中，从而吸引粉丝成为受众。同时一镜到底的拍摄方式也更符合短视频形式，一般在长视频中较少用到。除了一镜到底的拍摄方式，声音和后期画面的创意处理也让一些PGC短视频自媒体收获不少的粉丝。

（三）PGC短视频的内容定位

撰写PGC短视频文案要充分考虑短视频的内容定位。靶向定位后，才能实现短视频吸粉的目的。

1. 根据生产主体定位

PGC短视频自媒体在进行内容定位之前首先应该要考虑的因素是生产主体，其中包括团队有多少人，有什么样的设备器材，能够利用的社会资源有哪些，有没有主播，主播会的才艺是什么。所有与生产主体相关的要素都值得仔细推敲，这些都将会影响到接下来内容创作过程中的每一步。比如有些PGC短视频自媒体配有自己的主播，那么根据主播本身具有的特质和才艺可以为该短视频打上自己的风格标签，从而在观众心中留下独特的风格印象。

每个PGC短视频自媒体都有自己的风格属性，实际上也可以称为是内容调性，而内容调性的树立起源于自媒体对于内容生产边界的把控，即什么样的内容是可以生产，什么样的内容是不能生产的，然后再给生产出来的内容打上风格化的标签。

2. 差异化的内容定位策略

自从PGC短视频自媒体大量出现之后，创作者们已经意识到内容同质化带来的致命打击。加上短视频制作的门槛降低，内容生产几乎成为任何一个网民都可以做到的事情。在这样的市场背景下，只有差异化的内容定位才能给PGC短视频自媒体带来生机。

（1）“空档”定位

所谓的“空档”定位就是找到目前市场上至今为止还没有出现的内容，然后按照这个方向生产内容。“在预期受众的大脑里‘找空子’是定位领域中的最佳策略之一”。在内容生产垂直化之后，PGC短视频自媒体在内容定位的时候可以寻找一些市场上还没有出现过的，或者是已经出现了但仍然还没有形成头部IP的内容方向。

如某主播的内容定位的方法就是运用了“空档”定位策略。在其视频中，有云南特色菜的制作过程，有整个村子里的风土人情。近两年，整个行业里面突然涌现出来大批的美食类PGC短视频自媒体，在卡思数据的榜单中也可以看到排名前五的自媒体中有三个基本都是做美食的，且有很多也都是做农村题材的。因此，在这个内容方向上想要获得成功有一定的难度。然而该主播利用自身优势，找到市场上的“空档”，也就是外省几乎看不到的云南特色菜，就和别的PGC短视频自媒体形成了明显的差异。

（2）“垂直”定位

时下的PGC短视频自媒体在内容定位的过程中不仅要做到清晰垂直化，而且要在垂直化的基础上再度垂直化，如果能够做到二度垂直甚至于三度垂直，就很容易形成差异化。以抖音平台上的美食类PGC短视频自媒体为例，数量多种类全，这时就需要以二度垂直的方式进行内容定位。比如某美食类PGC短视频自媒体在刚入驻抖音时发布的第一条视频的主要内容是：介绍该主播，宣布其入驻抖音并为大家分享关于煲仔饭的专业经验。视频内没有介绍任何实质性的内容，但是这条短视频在当天即获得近50万的点赞量和63万粉丝。其内容定位的垂直过程为：短视频——美食类短视频——专讲煲仔饭的美食类短视频。然而越是垂直化的短视频制作过程更加具有难度，因为垂直类的短视频需要生产主体具备相关垂直领域的知识和经验储备。比如这位主播就是一个专注煲仔饭研究十六年的专业人士，这是他比常人更加专业的地方，这样的定位策略值得借鉴。

3. 根据用户需求进行内容定位

“使用与满足理论”认为受众在大众传播的过程中具有能动性，他们接触和使用媒介是基于一定的目的，是为了满足他们的需求。而后一些学者在完善该理论的时候将大众在接触媒介时的动机和心理纳入调查的范围内。

（1）根据用户画像定位

一些PGC短视频自媒体在内容定位之前会按照内容的大致分类进行用户画像分析，从而明确自己将要服务的是哪一类人群，他们有怎样的用户习惯和用户特点，针对用户画像中呈现出来的规律进行有针对性的、个性化的内容再定位。用户画像的建立可以通过后台数据的抓取，也可以通过大数据分析的方式进行，或者直接向用户发出调查问卷并回收分析。如某PGC短视频自媒体的基本用户画像在卡思数据中表示为用户性别分布、年龄分布、地域分布以及用户标签。用户画像建立的目的是给用户打上相应的标签，因此每个用户数据综合搭建起来就是用户画像。可以将用户数据分类为静态数据和动态数据两类，给用户打上相应的标签，从而在内容定位的过程中明确用户的主要需求，针对该需求做出相应的调整，这必定可以在用户的心智上产生重要的影响。

扫一扫

专业生产内容短视频的内容特征

（2）链接用户情感定位

某机构创始人认为内容行业里的优质产品在表现手法、制作流程、团队，甚至商业模式都是完全不同的，但是它们背后都有一个共通之处——“这些作品最终都是通过触达人的情绪和情感去实现自己的产品价值。内容触达的人群范围越大，情感层次越多，程度越深，带来的价值越大。”

PGC短视频自媒体在进行内容定位的时候应该从用户的角度考虑，该方向的内容生产能和用户产生情感上的共鸣点，从而产生价值。根据马斯洛的需求层次理论，用户在观看短视频的时候可以产生以下情感需求：第一，与他人交往的需求；第二，娱乐、轻松的需求；第三，表达的需求。类似于影视作品一样，所有的内容往往都是通往人类的内心深处，只有深入挖掘人类深藏的内心情感的短视频才能引起用户的二次传播（转发、分享）。因此PGC短视频自媒体的内容定位也应该是链接用户情感的过程。

四、PGC 单篇内容脚本设计

PGC单篇内容生产，一般分以下四步：选题与策划；资料搜集与整理；内容的具体加工与生产；内容的组织与呈现。

（一）选题与策划

选题是内容生产的第一步，也是最重要的一步。选题选好了，就成功了一半。选题没策划好，要做到与前者同等的效果，在内容上则需要花费好几倍的努力。PGC内容选题主要有以下几类：

① 对经典案例或对象的专业深度分析。

② 颠覆认知式的观点或论点，如《为什么我们用两年时间只做了1 500个用户》。

③ 热点事件的差异化视角解读分析。

④ 数据、盘点预言类PGC单篇内容。

⑤ 共鸣性问题解读。

⑥ 与大众话题结合的娱乐类PGC单篇内容。

⑦ 精彩故事、消费娱乐PGC单篇内容。

（二）资料搜集与整理

在内容创作前，要考虑所需材料的搜集与整理。另外，为了确保信息的准确性，还需要对概念模糊的资料进行查阅，尽量避免传递错误信息。

（三）内容的具体加工与生产

选题、材料已经准备完毕，就是对内容进行创作。

① 记录写作灵感。

② 明确内容框架，再逐次填充。比如：归纳型内容要分论点、论据；演绎型内容要有情节、有转折、有起伏、有主线。

（四）内容的组织与呈现

如果是文章，则要进行排版。如果是音频或视频，则可能需要进行后期制作等。无论是文字、图片还是音视频，内容的呈现都要考虑用户的阅读或视听体验。

一个优秀的直播脚本一定要考虑到每一个细节，要让时间、场景、人员、道具、产品、品牌充分融合到一起，当然，优秀的直播脚本不是一成不变的，根据每场直播的主题不同，销售的产品不同，开展的活动也不同，要有针对性地来写。

任务实施

请在销售商品中选择某款手表并为该款手表撰写单品直播脚本。

一、了解商品信息

单品脚本，即以单个商品为对象撰写脚本，应包含商品解说、品牌介绍、功能展示等内容。在撰写脚本前需要对该商品进行调研，了解商品信息。

二、设计预热语言

预热语言设计的目的就是吸引用户注意力，激发用户对直播产生兴趣。预热文案可以采用以下三种方法：

① 设置悬念——激发用户对商品的好奇心。

② 运用数字——增强用户对商品卖点的直观感受。

③ 简洁明了——拉近距离，便于用户了解商品。

三、挖掘商品卖点

（一）商品特征

从商品属性中挖掘卖点，包括商品的产地、工艺、造型等。

（二）用户需求

从用户需求中挖掘卖点，包括商品的品牌、质量、用户反馈等。

四、设计优惠信息

设计优惠信息能够更好地吸引用户购买商品，提升商品销量，进而达成扩大流量和提升品牌知名度的目的。

五、撰写单品直播脚本

某品牌手表单品脚本见表5-4。

表 5-4　某品牌手表单品脚本

<table>
<tr><td>预热
（20：00-20：10）</td><td colspan="3">小伙伴们大家好！欢迎来到 ××× 的直播间，我是今天的主播 ×××，非常开心与大家相会在这里。××× 手表是 ××× 公司设计的高质量产品，深受各界时尚人士的青睐。
【优惠介绍】
1. 领取 50 元无门槛直播优惠券，可与店铺活动叠加使用。
2. 下单备注：直播专属（购买手表赠送套装礼盒）（向粉丝展示）。
3. 店铺活动：品类券满 500 元减 50 元，店铺优惠券满 800 减 150 元、满 1 500 减 300 元、满 2 000 减 400 元（重点：直播优惠券与品类券、店铺优惠券可叠加使用）</td></tr>
<tr><td>话题引入</td><td colspan="3">送自己一款手表你会选择哪种？（引发粉丝思考）
某明星同款（吸引明星粉丝的注意力）。
男友生日送什么礼物呢?
时间观念强的人需要什么?
（提醒引导粉丝，领券购买，促单转化）</td></tr>
<tr><td rowspan="2">商品讲解
（20：10-20：30）</td><td>产品名称</td><td>产品卖点</td><td>直播优惠</td></tr>
<tr><td>××× 品牌手表
（现场展示商品实物）</td><td>1. 知名公司产品。
2. 进口石英机芯。
3. 表带：316L 不锈钢，2 色。
4. 表盘：幻影黑 / 海天蓝 / 天水碧。
5. 推荐男士，商务人士</td><td>日常价 1 980 元
直播到手价 1 480 元</td></tr>
</table>

任务 3　职业生产内容创作

任务解析

学生根据职业生产内容创作的概念、特点、结构以及职业生产内容撰写技巧等，熟悉基于职业生产内容创作模式下的脚本创作流程，为参加职业生产内容创作团队积累经验，从而有效完成职业生产内容脚本创作。

知识链接

一、概述

（一）概念

职业生产内容创作（occupation generated content，OGC），也称为职业生产内容，是指从事于某个行业的职务所生产的内容，这个职务可以是医院的医生、学校的老师、律师事务所的律师，还可以是媒体平台的编辑、记者等。从事于这些职务的人员不仅有专业的学历背景，也有着长达多年的实操经验和工作经验，他们以职业为前提，凭借自己的经验来撰写跟职业相关的稿件就可以称为OGC职业相关内容。

有很多平台会专业生产OGC内容，在这些平台，无论是行业新手还是行业老手都可以在这个平台上查询职业相关问题，也可以在这个平台上分享自己的经验之谈，比如知乎、微博、百度等。

（二）OGC、PGC和UGC的区别

根据OGC、PGC和UGC的概念，我们可以理解三者的不同之处。便于从业者更好定位，在撰写直播脚本等工作中能够精准把控，有的放矢。PGC和OGC相对容易区分，生产内容的用户领取报酬的模式属于OGC，比如一个企业的官方网站，内容主要靠这个公司的职工进行采写，生产出来供用户浏览，这是典型的OGC。如果是具有专业背景的用户出于爱好在网站上分享自己的见解，这种分享完全是自发的，也不求回报，那么就是典型的PGC模式。

扫一扫

职业生产内容

UGC和PGC的区别是有无专业的学识、资质，在所共享内容的领域有无一定的知识背景和工作资历。PGC和OGC的区别，相对容易，以是否领取相应报酬作为分界，PGC往往是出于“爱好”，义务贡献自己的知识，形成内容。由此，我们看出关键的区别还是在于内容生产上。OGC更加强调专业能力和职业背景，三者关系详见图5-1。

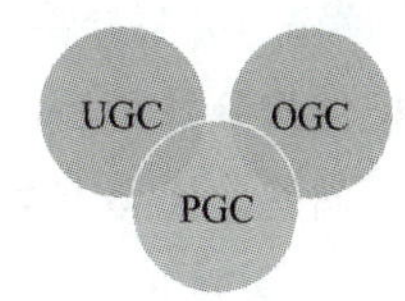

图5-1 UGC、PGC和OGC关系

二、OGC内容生产

专业能力和职业背景是产出优质内容的关键性原因。对于做内容的主播来说，只有两个办法：做熟悉的行业；熟悉正在做的行业。

（一）内容的考虑环节

1. 发现

这里的“发现”一般就是指文案的标题、海报广告语、活动的标题等，即在海量的阅读信息之中，能够快速地吸引用户的注意、抓住用户的东西。比如应该多使用一些提问、悬念、对比、数字化的文字技巧，同时尽可能地结合一些最新的热点等。

2. 初体验

据统计：一个用户开始读一篇内容后，如果10 s内没有吸引他，他基本就会放弃。所以留给主播的时间只有10 s，主播应该尽可能在10 s之内抛出一些亮点抓住用户，同时整体版面风格是否美观统一等，也是非常重要的。

3. 深层阅读

这一步关键是内容本身的核心价值，主播也需要掌握几个关键点：一是多结合场景，多和用户互动；二是如果不是一些专业学术类的内容，不能让用户的认知成本太高，这样会让用户产生疲劳感，容易中途放弃。

4. 感受

用户在内容获取之后的感受，这一点经常会被忽略，但其实这一点非常重要。因为用户的感受决定了用户扩散的动力。所以内容要尽可能让用户在深层阅读完成之后，产生各种感受，比如：喜

悦、兴奋、激动、愤怒、稀缺、与众不同的荣誉感、获得信息时的满足感等。将以上这些考虑周全之后，便把控住了好内容的接口。

（二）内容处理

内容处理这一步是撰写脚本的人进行有效内部管理的一个环节。当内容种类越来越多、量越来越大、投放越来越精细化的时候，如果不能对内容进行有效的管理，那么工作效率其实是非常低的，经常会手忙脚乱、忙中出错。那么怎样才能在海量的内容面前应付自如、游刃有余呢？就需要对内容进行分类处理。

1. 按结构分类

比如一家公司下有几个项目组，每个项目组下有几个产品，每个产品下有过几次主题活动，那么公司层面的介绍、宣传视频等内容就是第一层，项目的介绍等内容是第二层，产品的内容是第三层，而每次活动的介绍就是第四层。其实就是文件夹的层级搭建，当然也可以用一些第三方文件管理系统来满足共享、权限等需求。

2. 按内容类型分类

当把结构分好之后，可以根据内容实际的使用展现类型，如长图文、短图文、营销语言、软文、新闻稿、问答、优惠方案、小视频等进行分类。

3. 设定关键词

给每个文件设定关键词，有如下技巧：

① 根据所处的运营流程设定，比如在拉新阶段、促活阶段的关键词就是“拉新”“促活”。

② 根据所处的展现渠道设定，比如在微信上的、在媒体上的、在社群里的，关键词就是“微信”“媒体”“社群”。

③ 根据所处的特定时间设定，比如在国庆节、春节、新品发布，关键词就是“国庆节”“春节”“新品发布”。

（三）内容展现

内容生产的目的就是进入直接面向用户的环节——内容展现。内容展现需要从以下两个角度去考虑：

1. 展现节奏

展现节奏是一个运营策略的问题，很难用标准的套路，但在脚本撰写过程中也需要考虑。从广义上讲，展现节奏取决于公司的战略、产品的阶段、用户的属性、市场的环境、数据的驱动等方面。从狭义上讲，就四个字：“稳定输出”。

所谓“稳定输出”是指：频率上要稳定，质量上要稳定，渠道上要稳定。当然从产品的角度来说，产品的定位也要稳定。我们知道，一个人强化记忆最好的方法就是反复刺激，心理学家桑代克认为是刺激与反应的联结，常用S-R表示。同样，要让用户记住品牌和产品，成为忠实用户，也必须进行有效的反复刺激。

2. 展现渠道

展现渠道有三大类：自有产品渠道、外部免费渠道、外部收费渠道。

① 自有产品渠道。比如自己的App产品或者官微、官网、官方旗舰店等，而其展现的方式大体上有：推荐、消息、弹窗、红点等。

② 外部免费渠道。主要包括一些UGC型的产品媒体或平台，或者是一些工具产生的圈子或社群。

③ 外部收费渠道。主要包括一些PGC和OGC型渠道，如百度推广、腾讯社交广告等，也包括线下渠道等。人们经常会用一些推广工具，每一个成熟的推广工具，都会有其价值所在。每一个工具都有其自有的算法机制和运营策略。

以上所有的展现渠道，都有一个核心要点：根据到达用户的属性和数量，做出稳定的内容规划及推送策略。那么这么多的展现渠道，应该如何去选择呢？利用用户量与成本象限图选择，如图5-2所示。

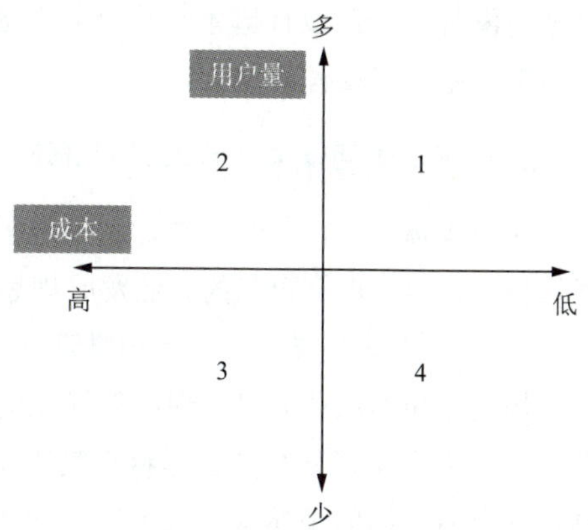

图 5-2　用户量与成本象限图

图5-2中分别有四个象限：第一象限成本低，用户多；第二象限成本高，用户多；第三象限成本高，用户少；第四象限成本低，用户少。显然，第一象限为最佳选择，第二和第四象限为次佳选择，第三象限为最后选择。把渠道全部放入图5-3的象限之中，再结合目标数据，就能选择当下最适合的展现渠道了。关于内容展现，关键点如下：

① 外部渠道，不管是免费的还是收费的，最终都要把它导入自有渠道。

② 事实上，产品进入发展期后，主要的发力点都是收费渠道。

③ 一定要有取舍、有优先级，有时候抓住一两个渠道足矣。

④ 除了一些战略合作之外的原因，渠道取舍判断的唯一标准就是数据。

（四）内容扩散

当把精心准备的内容展现给用户之后，需要考虑的就是下一个问题：如何才能让用户扩散出去呢？用户扩散除了传统的口口相传之外，移动互联网时代有个最强大的功能：转发。如何让用户愿意去转发、去扩散，是做内容扩散必须掌握的核心武器。要让用户进行扩散，主要还是要依靠内容本身，同时在内容基础上，也可以用一些技巧去引导用户进行扩散：

1. 暗度陈仓

一般情况下要结合产品来实现，即让转发的行为功能（比如触发站内通知好友等）变得非常隐蔽，让用户在无意当中便完成了一次转发。

2. 诱之以利

这个技巧的关键是设定规则的时候把转发行为的要求建立在用户获取利益之前。比如用户要拿到奖品、要得到答案、要获取知识等之前，要求他必须转发。

3. 动之以情

这个技巧一般是在内容的结尾部分，表现自己的弱势来获取用户的同情。比如老板要扣工资、自己加了通宵班之类的，在一般情况下也会有一定的效果。

（五）用户的落地

所有的运营工作最终都是围绕着客户的。所以前面做了这么多工作之后，最后一定要让用户到落地页去，比如产品的支付页、App的下载页、用户的注册页、信息的登记页、公众号关注页等，至少也要留下一个联系的二维码或联系方式等。这是基础也是最重要的一步，但事实上这一步很容易被遗漏掉，因此设计脚本时要充分考虑这个部分。比如：某主播朋友圈发了一张漂亮的海报，各方面都不错，但没有落地页！

三、OGC类自媒体从业人员的群体特征

在自媒体时代，信息爆炸，越来越需要OGC类的职业人才，了解目前OGC类自媒体从业人员的群体特征，尽早谋划自己的职业发展规划。

（一）从业人员年轻化，且思维活跃

相关公司的从业人员呈现出年轻化的特点，以“90后”为主，思维活跃、流动性强。OGC类自媒体从业人员年轻化与其工作特点是密不可分的。一是自媒体运营的时效性特点要求从业者对社会热点话题有较高的敏感度；二是在“内容为王”时代，自媒体运营需要借助多种手段进行，从业者需具备一定的技术能力。年轻人大多思想开放、思维活跃，善于认识和接受新事物，对网络上的热点话题有较高的敏感度，同时具备较强的网络运用能力和线上表达和交流能力，能够准确把握社会热点，充分了解用户需求，精准定位并进行营销，这也是此类传媒公司的优势所在。

（二）专业背景丰富，学历较高

自媒体运营是通过现代化移动互联网手段，在微信、微博、贴吧等新兴媒体平台进行产品宣传、推广、营销，这也对从业人员提出了不同的要求，如文案编辑能力、视频拍摄剪辑能力、内容策划和活动策划能力、主流社会化媒体运营能力等，因此需要不同专业背景的人才。

任务实施

根据F公司要求，为东北大米撰写直播宣传文案。

一、明确品牌需求

明确品牌需求是撰写宣传文案的第一步，包括以下几点：

（一）产品的核心卖点是品牌方想要传达给用户的核心内容。农产品的核心卖点是绿色、营养，是最能打动用户的地方。

（二）确定目标受众

用户分布广泛，不同平台用户画像不同，这就需要撰写文案时锁定目标受众。比如：一、二线城市经济基础好的用户比较注重农产品的安全性和营养性，下沉市场用户则更注重产品的性价比。撰写文案需要有针对性地设计。

（三）明确传播目的

传播目的主要包括两点，一是提升品牌影响力，二是促进产品销量。宣传文案要根据产品传播的不同目的进行设计。

二、确定文案类型

根据品牌方要求，结合产品特点和用户需求确定文案类型。

（一）叙述型文案

叙述型文案是常见文案类型，通常采用对话的语气和用户进行沟通，可以是疑问的、风趣的，也可以是走心的、犀利的、直戳痛点的。这样的文案会显得比较平易近人，比较容易让用户接受信息。

（二）故事型文案

鉴于人都喜欢听故事的共性，故事型的文案往往更容易引起用户的共鸣感，利用文案中所透露出的情绪引发用户的关注、参与以及传播。

（三）反转型文案

反转型文案是通过一些创意转折或者改编的形式制作完成的文案，这类文案要看到最后才发现文案的真实表达，容易激发用户兴趣。

（四）情感型文案

情感型文案一般采用抒情体，通过感情的渲染，让消费者产生情绪反应或心灵震撼，强烈共鸣，激发他们的购买欲望和行动。这类文案以情感人，追求情调的渲染和氛围的烘托，富有人情味，更容易打动消费者的心。

三、创作文案

洁白如米

在黑色的土地上，培育了洁白的米，
你用绿色的深情，回馈对黑土的挚爱！
这多彩的画卷常使人泪目。
这是感恩的泪，因为粒粒皆辛苦！
这是骄傲的泪，因为我吃的是白米，用的是筷子，我是中国人！

该文案为情感型文案。通过富有诗意的语言感染用户，引发用户思考。体现了东北大米绿色、营养的特点。同时赋予了浓厚的文化色彩和爱国主义情怀，阐述了中国人要将饭碗牢牢端在自己手里，碗里装着自己粮食的深刻道理。

项目总结

本项目围绕用户生产内容创作（UGC）、专业生产内容创作（PGC）、职业生产内容创作（OGC）三个类型由浅入深开展任务实施，使学生能够掌握不同类型的直播脚本特点。其次，通过对脚本的相关理论和实际案例的学习，掌握了相关类型的脚本设计和撰写技能。第三，通过脚本撰写熟悉不同类型的直播流程，并通过脚本设计中撰写文案的学习，理解了作为主播所应具备的社会责任和职业道德要求，为将来从事相关领域工作，积累了专业经验。

项目实训

一、实训目的

通过项目实训锻炼学生撰写各类直播脚本和整场策划方案的能力，培养深入思考、认真求知的研究精神和遵法、守法的职业法律素养。

二、实训准备

各类脚本参考文案、整场晚会策划方案参考文案、其他参考文案等。

三、实训要求及考核评价

根据项目实施与总结的全过程，团队撰写一场以产品销售为主题的综合晚会脚本，并进行复盘讨论。具体要求：

（1）6～8人为一个小组。

（2）以小组成员内部自荐（推荐）的方式，选举小组组长，由组长带领组员实施任务。

（3）作为组长如何根据岗位职责和工作流程安排脚本撰写工作。

（4）以小组合作的形式完成任务实施。

（5）组长负责完成填写任务评价单，见表5-5，教师根据任务完成情况给出评价。

（6）在任务完成后，每位成员从职业素养、专业知识、专业技能、工作方法等方面完成该项目的总结，填写任务总结单，见表5-6。

表 5-5　任务评价单

<table>
<tr><td>检查目的</td><td colspan="5">过程监控小组的任务完成情况</td></tr>
<tr><td>评价方式</td><td colspan="5">小组自评（满分 40 分），小组互评（满分 30），教师评价（满分 30 分）共三部分</td></tr>
<tr><td>序　号</td><td>评价项目</td><td>评价标准</td><td>小组自评</td><td>小组互评</td><td>教师评价</td></tr>
<tr><td>1</td><td>分工情况</td><td>安排合理、全面，分工明确</td><td></td><td></td><td></td></tr>
<tr><td>2</td><td>学习态度</td><td>小组工作积极主动、全员参与</td><td></td><td></td><td></td></tr>
<tr><td>3</td><td>纪律出勤</td><td>按时完成任务内容，遵守考勤与工作纪律</td><td></td><td></td><td></td></tr>
<tr><td>4</td><td>团队合作</td><td>相互协作、互相帮助、听从指挥</td><td></td><td></td><td></td></tr>
<tr><td>5</td><td>创新意识</td><td>看问题具有独到见解创新思维</td><td></td><td></td><td></td></tr>
<tr><td>6</td><td>完成质量</td><td>任务单记录完整，按照计划完成任务</td><td></td><td></td><td></td></tr>
<tr><td rowspan="2">检查评价</td><td>班　级</td><td></td><td colspan="3">第　　组</td></tr>
<tr><td colspan="5">评语：

检查人员签名：</td></tr>
</table>

表 5-6　任务总结单

<table>
<tr><td>项 目 5</td><td colspan="4">直播脚本创作</td></tr>
<tr><td>班 级</td><td></td><td>第 组</td><td>成员姓名</td><td></td></tr>
<tr><td>职业素养</td><td colspan="4">通过对任务的完成，你认为自己在社会主义核心价值观、职业素养、学习和工作态度等方面有哪些需要提高的部分？</td></tr>
<tr><td>专业知识</td><td colspan="4">通过对任务的完成，你掌握了哪些知识点？请画出思维导图</td></tr>
<tr><td>专业技能</td><td colspan="4">在完成任务的过程中，你主要掌握了哪些技能？</td></tr>
<tr><td>工作方法</td><td colspan="4">在完成任务的过程中，你主要掌握了哪些分析和解决问题的方法？</td></tr>
</table>

项目 6 直播活动策划

项目导入

F公司是一家知名电商企业，公司最近准备举办一场大型服装直播产品特卖会，责成你的团队负责直播活动策划项目。你需要通过确定直播内容、创新直播渠道、规划直播策略以掌握主题内容创意策划要点；通过互动策略分析与互动技巧的学习和训练，做好直播间互动策略的分析工作；在模拟直播演练后，通过掌握复盘的基本步骤、常用指标及核心方法等进行直播复盘与分析，提升策划与分析能力，从而完成整场产品特卖会的直播活动策划工作。

学习目标

知识目标：

（1）能说出直播创意策划的要点。

（2）能列举直播间的各种互动技巧。

（3）能总结直播复盘的指标与步骤。

能力目标：

（1）能根据内容运营策略，做出全媒体内容创意。

（2）能根据直播主题和相关热点话题，营造氛围，提升观众互动频次。

（3）能根据定期复盘结果，优化内容运营、活动运营、用户运营的策略。

素质目标：

（1）具备积极合作的团队意识和统筹安排能力。

（2）具备分析复杂问题的思维和应变能力。

（3）具备大数据思维、批判性思维。

项目实施

任务 1　主题内容创意策划

任务解析

通过直播内容确定、直播渠道创新、直播策略技术规划等工作为大型直播特卖会规划主题内容、提供创意策划。

知识链接

一、直播内容的确定

（一）直播主题的选择

扫一扫

直播主题的选择

做好直播的第一步，就是选好直播的主题。一个优秀主题是传播广泛的直播不可或缺的，因此如何确立直播主题，吸引用户观看是直播中最关键的一个步骤。定位直播目的、根据群体定位、利用优势资源、选择直播渠道是确立直播主题的重要方法。

1. 根据直播目的选择

直播目的有四种，可以根据以下四种目的，选择直播主题。

（1）品牌推广

除了线上投放广告，利用直播进行品牌推广扩大知名度，营销效果会更持久。直播主题突出品牌，可以在第一时间提升目标用户对品牌的认可度。

（2）提高销量

为达成提高销量的目的，直播主题要突出爆款产品和促销、优惠等活动信息，吸引用户注意，引导用户下单购买。

（3）拓展渠道

自媒体时代，直播带货为人们提供了更直观的购物体验，同样的产品可以同时选择多个直播渠道，如淘宝、抖音、快手、微信等。直播主题要考虑渠道信息，引导用户选择心仪的平台收看直播，完成下单。

（4）降低成本

选择合适的直播主题不仅可以快速获得客户，也能通过品牌推广直播来降低营销成本。除了用户资源之外，直播也能用于培训、活动等场景，可以为企业节省大量的物料成本、宣传成本以及时间成本。

2. 根据用户定位主题

在选择直播主题的过程中，一般模式的直播是主播决定主题，然后将内容呈现给用户。此外，也可以采用让用户自己投票选择主题的方式，即按照用户的意愿确定。这样的选择可以调动用户的参与热情，促进下单率，提高产品销售量。

（1）尊重用户选择的必要性

没有人气的直播是无法经营并维持下去的，因此直播主题的策划应以用户为主，从用户的角度切入，挖掘用户的潜在需求。了解用户究竟喜欢什么，对什么感兴趣。

（2）扩展直播用户群体

如果想让更多用户知道直播，就必须要扩大与用户的接触。独特的直播主题能够吸引大量用户的注意力，发挥短时间扩展用户群体的作用。在原始的电话沟通场景中，是用人与人之间最直接的语言来完成触点的建立的，对话越多，越能明白用户需要什么，也可以将用户引入自己的营销模式中，偶尔会获得用户的意外认可。但是电话沟通的效率较低，无法同时联系大批量的用户。直播则打破了固有的枷锁，以鲜明的主题吸引用户，在短时间内将大量的产品信息和使用感受传递给用户，同时也为用户提供了相互交流的平台，增加用户的参与热情，提升自我价值感。

（3）用户选择题的方法

用户参与直播的过程中，心理会根据直播主题而产生各种不同的情况，主播在进行直播的过程中，要根据主题并结合用户的不同心理来进行直播的设定与对话。

① 无聊，消磨时间。

直播间是动态而灵活的，屏幕里主播和粉丝进行即时的互动和交流，粉丝就会觉得时间过得很快，同时可以让粉丝能够在孤独、寂寞、无聊的社会生活中获得一种心灵上的寄托，达到消磨时间的作用。

② 孤独，寻求温暖。

主播和粉丝之间还可以通过对话，分享趣事趣闻或探索共同爱好，排解内心烦恼。直播中与主播的互动，能够让粉丝获得温暖，从而将主播当作是陪伴在自己身边的一个朋友，以获得极大真实性的心理获得感和心理满足感。

③ 自卑，寻求重视。

社会上，每个人地位层次不同会造成一定的自卑心理，但在网络中，主播和粉丝之间就像朋友一样聊天，每个人的地位是平等的。当粉丝提出一些合理要求时，主播会尽力满足他们，甚至还会给予粉丝更多关怀，使粉丝感到自己被重视。

④ 娱乐，寻求刺激。

在忙碌而迅速发展的时代，人们的娱乐时间很少，为了摆脱枯燥乏味的生活，会通过观看网络直播，获得听觉、视觉上的满足。网络直播的现场感比较强，主播与粉丝之间仿佛是一种近距离的面对面交流，这样能够充分满足粉丝对现场刺激感的需求。

⑤ 压抑，寻求解放。

现代社会各个行业就业竞争压力大，所以很多粉丝通过看直播来放松心情，主播会说一些贴心暖心的话让粉丝们觉得心情愉悦，放松满足。

⑥ 好奇，寻求窥探。

网络直播平台是近年来新兴出现的网络社交方式，面对这种新出现的社交方式，人们充满了强烈的探求欲望。对于主播的日常生活以及个人隐私，粉丝们有着强烈的探求欲。主播通过展示自己的日常生活，满足粉丝的好奇心，也加深了与粉丝的情感联系。

(4) 用户选择主题的方法

在选择直播主题时，主播需要做好的是在不同渠道结合利益点吸引观众。例如，公众号推送出一篇文章的时候，文章中需要带有“福利”，这里的福利不需要用户去参加复杂的游戏或者转发，点击领取即可，以最低的门槛刺激用户参与主题的选择，最好还能促使用户进行分享与转发。如果能在直播前促使用户投票，比如平台方可以在微信公众号、微博等社交软件发起活动，让用户选择自己喜爱的主题，这样在用户观看直播的过程中，就可能会产生消费行为，而用户作为利益共同体，在消费后必然认可所消费的产品，此时再让用户去做“裂变”消费以及主题推广的效果会更好。

3. 抓住热点，创造主题

在互联网时代，热点就代表了流量，因此，及时抓住时代热点创造主题是直播的不二选择。比如，一个服装设计师要设计出一款引领潮流的服装，就要有对时尚热点拥有敏锐眼光和洞察力。确立直播主题也是如此，一定要时刻注意市场趋势的变化，特别是社会的热点。

当然，抓住热点还远远不够，更重要的是如何利用热点快速创造主题。在策划主题阶段，要考虑到切入角度与发布渠道这两个方向，才有可能发展到下一步的实施阶段。在实施过程中要注意整场直播的布局，同时也需要考虑好直播文案，在一切准备就绪之后，就要抓住热点、时间点，还要抓住客户的心理，才能创作出一个优秀的直播主题。

4. 制造话题，带动主题

制造一个好的话题也是直播主题成功的法宝。制造话题也需要技巧，利用噱头打造话题会吸引更多用户的关注。所谓噱头，即看点和卖点。利用噱头打造话题主要有三种方法，即引用关键热点词汇做噱头，抛出与主播有关的噱头以及通过爆炸性新闻做噱头。打造噱头主题时借鉴热点确实是一个相当实用的技巧，既可成功地引起人们的情感共鸣，同时也能获得人气和收益。

5. 展现产品，突出优势

在制订直播主题的过程中，要将产品最大的优势展现出来。如果想让用户从头到尾地将直播看完，那么就一定要围绕产品特点进行直播主题策划。只有向用户全面展示产品的优势和特点，用户才会产生购买欲望。围绕产品特点的核心就是“让产品做主角”。有的主播在直播时，将产品放在一边，根本没有向客户详细介绍产品，一味讲一些无关紧要的东西；而有的主播一开始直播就滔滔不绝地介绍产品，丝毫没有对其他实用性技巧进行讲解。这两种直播方法都是不可取的，对产品的销售来说是不利的。总之，直播主题策划就应该以产品为主，大力宣传产品的优势、特点，只有这样，用户才会观看直播，从而购买产品。

(二) 优势内容的打造

一场优秀的直播，离不开优质的内容，提供优质内容才能吸引用户和流量。如今的直播扩散到了拥有“一技之长”的专业人士身上，直播内容也从单纯的歌舞表演演变成才艺、美妆、电子竞技、美食、旅行、脱口秀等细分种类更具价值的内容。因此，主播结合多个方面综合考虑，为创造优质内容打下良好基础。

自媒体时代，要获得成功并不简单，需要在以下几个方面重点打造优质内容：首先要生产传播内容，并得到一定粉丝的支持，其中前者是后者的基础。同时，直播内容还必须具有正确的社会主义核心价值观，在内容上要贴近用户的追求，这样才能引起共鸣，得到关注。

1. 直播内容的形式

（1）直播场景形式

① 门店直播。

很多对自家门店装修有自信的实体店商家喜欢用门店直播，除了能卖货之外，还能直接向用户展示自家门店，让用户对门店环境产生兴趣，从而引流到线下门店消费。同时，门店的存在也能增强用户对商家的信任度。

② 仓库直播。

仓库直播能够向用户展现商家产品供应链的实力，同时仓库干净舒适的环境也能给用户带来良好的感官感受，提升品牌形象。

③ 原产地直播。

原产地直播更适合于农产品或者生鲜类产品，用户直面原产地，对产品有更直观的了解，掌握了产品的品质和来源，用户更愿意下单购买，有利于提高产品成交量。

④ 搭建直播间直播。

打造主题直播时可以根据直播内容来搭建相匹配的直播间，这种方式可以减少外景成本，同时也避免受到恶劣天气影响，更可以根据直播内容变化转换场景。

（2）直播卖货形式

① 砍价式直播。

砍价式直播需要与产品商家打配合，通过向消费者展现各个产品的特征以及优缺点，征询消费者意愿，现场和商家砍价，最后以成交价卖给消费者，这种方式比较有趣味性，看着主播和商家“唇枪舌战”，更增强了消费者对主播的信任感，也提升了产品销售量。

② 限时秒杀式直播。

限时秒杀式直播应该是通过秒杀的形式给消费者创造一种紧张气氛，通过持续降低货物总数以及一些语言刺激促进消费者产生消费行为，提高货品销量。

③ 知名主播直播。

知名主播直播也是一种卖货方式，知名主播自带流量，可以使广告效应达到最大化，在平台引流方面也发挥着巨大作用，还具有很强的话题创造力和跨界能力，能有效促进直播目标的达成。

④ 私域流量直播。

随着直播平台的发展，公域流量越来越难以获取，商家纷纷打造自身的私域流量。私域流量精准对应钟情于自己产品的粉丝，不依赖主播亦可以提升产品销量。

2. 直播内容的创作

自媒体时代，有趣、独特、有用的直播内容更受欢迎。直播内容只有真正打动用户的心，才能够留住用户。直播内容并不能只用文字等形式堆砌，而是需要将平平淡淡的内容改编成一篇带有画面的故事，让观众能边看边可以想象出一个与生活息息相关的场景，才能更好地激发继续阅读的兴趣。或者把产品的功能用内容体现出来，不是告诉观众这是什么，而是要告诉观众产品是用来干什么的。

内容的互动性是联系用户和直播的关键，直播推送内容或举办活动的最终目的都是为了与用户交流，直播内容的寻找和筛选对用户的互动发挥着重要的作用。只有内容体现价值，才能引来更多粉丝的关注，而且内容的质量并非从粉丝数的多少来体现，和粉丝的互动情况才是更为关键的判断点。由此可见，主播做好内容策划非常重要，常用的方法如下：

① 打造自己的朋友圈，建立一个人设。主播可以经常发自己的照片和日常生活，也可以在朋友圈设置一些抽奖活动，奖品可以是自己的写真相册，也可以是一些实用的贴心小礼品。空闲时可以多刷朋友圈，回复粉丝在自己动态下的留言，并适当给粉丝的动态点赞或留言。

② 根据主播的兴趣和特长选择直播内容。未来的直播，内容将会更加多样化、差异化、专业化，因此主播要根据自己的兴趣、特长开展直播。

3. 直播内容的营销

直播营销是指在现场随着事件的发生、发展进程同时制作和播出节目的营销方式，是以直播平台为载体，以达到企业获得品牌提升或销量增长为目的的营销活动。在直播过程中，如果采用限时购与直播相结合的方式，能够最大限度地激发用户的购买热情，从而实现营销的最终目的（比如天猫、淘宝等平台的直播都可以边看边买，这样的平台更适合限时购与直播相结合的模式，为用户提供浸入式的购物体验）。加入限时购的模式也是需要技巧的，应根据用户心理来选择推出产品的时机与方法。如果用户在观看的同时关注了主播，主播可以派送一定的购物红包，增加用户的购买率，还会吸引大量潜在用户。

（1）口碑营销

在直播营销中很重要的一个环节就是口碑营销，所谓的口碑营销，就是一种基于企业品牌、产品信息在目标群体中建立口碑，从而形成“辐射状”扩散的营销方式。比如我国某著名手机品牌，其超高的性价比造就了高层次的口碑形象，再利用这种口碑形象使企业品牌在人群中快速传播开来。

（2）“病毒”营销

“病毒”营销是通过利用公众的积极性和人际网络，让营销信息像“病毒”一样传播和扩散，营销信息被快速复制传向数以万计、数以百万计的受众。这种营销方式可以使主播的产品在不经意中通过内容大范围传播到大量人群中，并形成“裂变式”“爆炸式”“病毒式”的传播状况。

（3）事件营销

直播中采用事件营销方式就是通过对具有新闻价值的事件进行操作和加工，使这一事件涂上宣传特色后继续得以传播，从而达到实际的广告目的。事件营销能够有效地提高主播或产品的知名度、美誉度等，从而进一步促成产品的销售。

（4）创意营销

创意不仅是直播营销发展的一个重要元素，同时也是必不可少的“营养剂”。一个拥有优秀创意的内容能够帮助主播吸引更多的用户，创意可以表现在实际生活、社会热点、科学技术、人文情怀等各方面。对于直播营销来说，如果内容缺乏创意，那么整个内容只会成为广告的附属品，沦为庸俗的产品，因此在进行内容策划时，一定要注重创意性。

（5）增值营销

很多优秀的主播在直播时并不是只谈产品，而是要让用户心甘情愿地购买产品，最好的方法是提供产品的增值内容。用户不仅获得了产品，还收获了与产品相关的知识或者技能，同时也会增加购买产品的概率。增值销售的过程是从深入了解客户的需求、想法和其他相关细节开始的。增值销售人员会花大量的时间在销售的开始阶段，这一阶段也是深入了解用户的需求阶段，他们总是想方设法创造有意义的价值并超越客户的预期。销售人员洞察用户的决策过程，深入挖掘用户的需求，从用户的角度定义价值，并且使用户相信主播的解决方案超出了自己的预期，就可以发生增值销售。与单纯为了获得订单相比，增值销售方法扩大了销售的时间范围，为销售的产品和销售人员本身提供了更多的增值机会。

扫一扫

优势内容的打造

如某大型健康生态平台的体验餐厅在直播中注重增值营销，一直保持了较高的销售业绩。该餐厅以海鲜为主打，他们拥有自己的渔船，经常深入太平洋等优质深海鱼的产地进行海钓、捕捞，并在App进行现场直播。蔚蓝的大海、激起的白浪、刚上钩活蹦乱跳的海鱼，不仅打消消费者关于食材安全的疑虑，每一帧画面都能深深刺激消费者感官。如果说海钓直播能满足消费者对海洋的幻想，那么大厨烹饪直播则满足吃货对美食的幻想。海钓船将店内招牌菜——柠檬酸菜大黄鱼、金枪鱼松等菜品的制作过程也进行视频直播，看着一堆鲜活的食材慢慢变成一盘诱人的美味，每一帧画面都在刺激消费者的味蕾，恨不得立马到店品尝一番。用户在观看直播的同时学习了海钓的相关知识、掌握了美食烹饪方法等，获得了超出预期的产品体验，于是纷纷下单预订，产品的销售额迅速提升。

二、直播渠道的创新

为了做好产品营销，在直播策划时创新传播渠道是必不可少的环节，比如发布会直播。

发布会直播的重点在于多平台同步直播，吸引更多的用户关注。使产品多渠道展现是向喜欢不同平台的用户提供讨论的专属空间，可以让他们在熟悉的互动氛围中进行自由交流。采用直播与发布会相结合更为有利，原因如下：一是直播之前，发布会的官方媒体就会大力宣传和预热，制造悬念吸引用户；二是此种模式比较新颖，将传统的商业发布会与直播结合起来，抓住了用户的好奇心理；三是给用户提供了互动渠道，对产品的不断改进和完善更有益处。

三、直播技术策略规划

扫一扫

直播技术策略规划

（一）活动推广策略

对于直播来说，没有用户就没有影响力，因此吸引用户流量是直播的生存之本。在进行直播内容传播时，创业者切不可只依赖单一的平台，直播平台可以围绕内容定位为核心，将内容向游戏、文学、音乐、影视等互联网产业延伸，以此来连接和聚合粉丝情感，实现高效引流。直播平台和主播可以借助各种新媒体平台，使内容与粉丝真正建立联系。

1. 借势推广

借势推广是借势与造势的联合推广，是抓住热点的一种推广方法。直播想要获得更多的浏览量，就需要借助热点事件的影响力，吸引客户观看，让客户通过看标题产生好奇心，从而对直播产生观看的欲望。造势推广也是主播需要学会的推广技巧，如果没有热点事件可以借势，就自己创造热点事件，引起用户注意。造势推广需要一个过程，首先在直播还没开始前营造气氛，让用户知道这件事情，以便直播开始时有一定基础的用户关注；其次是主题的确定，主播根据产品的特色设计直播的主题；最后通过透露消息吸引用户。直播造势推广的方法很多，最典型的是大企业经常利用自身品牌、代言人等造势。

2. 地面推广

地面推广又叫“地推”，作为营销推广方式的一种，主要是利用实际生活中的地推活动吸引更多用户关注并获取更大的网上流量。如为宣传某品牌而举办一场地面推广活动，主要采取发传单或做演讲的形式，这样的推广效果宣传范围窄，推广效果有限。但如果在举办活动的同时进行直播，就会有更多的人通过网络了解该活动，品牌在无形之中得到了推广。地面推广与网络直播相结合是未来的发展趋势。

（二）产品推广方式

选择产品推广方式要考虑产品质量、宣传途径、产品的感受点和影响面以及可持续传播空间大小等因素。目前市场上产品的推广方式主要如下：

1. 口碑推广

主播在推广产品时，可以利用口碑推广的方式进行宣传。以下是两种典型有效的推广方式：

（1）自有平台和自媒体推广

自媒体时代，平台众多，也可以利用子平台进行品牌推广。一些知名企业会在自己的官方网站推送直播消息，利用公司官网进行直播推广，能获得更大的浏览量，用户可以通过官网第一时间了解产品的直播动态。可以考虑微博、微信公众号等推广，进一步增加浏览量。此外，也可以运用口碑推广的方法，如一些大型企业的直播，都是自媒体大咖或知名产品创始人主持的，这样能吸引更多的用户。产品创始人能以自身的魅力获得用户的青睐，他们往往是推广直播的最佳自媒体。他们可以利用自身强大的影响力，在微信个人号、朋友圈、微博推广直播，效果更加明显。

（2）利用展览、会议等提升热度

主播可以通过举办展览、开会等方式进行品牌产品宣传，因为这些会议会吸引众多媒体参与，提升主播影响力。在此过程中，宣传主播自己的同时，也可以在直播时选择知名品牌，从而达到推广直播的目的。具体而言，可以通过发传单、用PPT展示以及利用宣传册与纪念品的方法来推广直播。总之，口碑推广是一种方便又高效的推广方式，运用恰当，会收获丰厚的成效。

2. 召开产品推介会

可以通过召开产品推介会的方式进行直播推广。可以邀请直播产品的用户、供应商以及终端用户参加产品推介会，同时在推介会上对产品的功能、价格、特点、特征、意义、开发过程、用材等信息进行发布，加深用户和供应商对产品的认识，增强用户和供应商对产品的信心。推广是为了形成销售单，会前准备好订单合同，如用户有意向，就可以立刻签订合同。

3. 网络推广

网络推广是现代常见的直播宣传方式，特点是成本比较低、覆盖面较广，且宣传的方式更加多样化，有利于直播产品口碑的建立和传播。

4. 纸媒推广

纸媒宣传包括杂志、报纸等，纸媒宣传给人的感觉相对权威，产品可信度更高，然而不一定适合所有的产品。

5. 活动宣传

有很多主播经常会在线下举办一些沙龙或其他一些粉丝活动，甚至邀请一些行业内的专家进行交流，一方面提升主播与活动的知名度，另一方面也是对产品更好的宣传。

6. 论坛传播

论坛营销是指通过网络论坛的发帖方式进行信息宣传、推广等，是利用论坛这种网络交流的平台，通过文字、图片、视频等方式发布产品和服务的信息，从而让目标用户更深刻了解直播的产品和服务。最终达到宣传产品品牌、加深市场认知度的目的。

7. 电台推广

对电台的选择要符合两个条件，一是电台类型与产品相关度较高；二是电台听众数量要多，影响力较大。选择好电台之后，就是在节目中植入直播产品广告。同时，还需要在节目中设置互动环节，设置互动奖品。一个好的电台能覆盖到几百万听众，其宣传效果是显而易见的。

（三）运营直播策略

随着互联网营销的不断发展，各种各样有助于营销的信息工具和直播平台应运而生。掌握运营策略，也是直播营销中不可或缺的一环。

1. 各大平台的运用

（1）微博运营

在微博平台中，用户只需用很短的文字就能反映自己的心情或者发布信息，这种便捷、快速的信息分享方式促使大多数企业、商家和直播平台开始抢占微博营销平台，利用微博"微营销"开启网络营销市场的新天地。在微博上引流主要有两种方式，分别是展示位展示相关信息，以及在微博内容中提及直播。更为常见的就是在微博内容中提及直播或者相关产品，增强宣传力度和知名度。目前很多直播平台都开通了自己的微博账号，而主播、明星、名人都可以在自己的微博里分享自己的直播链接，借此吸引更多粉丝。

（2）微信运营

微信与微博不同，微博是广布式，而微信是投递式的营销方式，引流效果更精准。微信好友与陌生人相比转化率更高，尤其在微信朋友圈，公众号运营者可以利用朋友圈的强大社交功能为自己的微信公众平台吸粉引流。比如主播可以通过将直播链接分享到朋友圈的方法进行宣传，朋友只要轻轻一点就可以直接观看直播。

（3）论坛运营

论坛是为用户提供发帖回帖进行讨论的平台，属于互联网的一种电子信息服务系统。在传统的互联网营销中，论坛社区始终是较为重要的一个推广宣传平台。一般情况下，早期的目标客户都是从论坛社区中找到的，再通过发掘、转化的方式，逐步提高用户的核心转化率并打造品牌。在论坛中进行直播推广，最重要的就是找准热门论坛，然后投放直播信息。比如搜狐社区、天涯社区、新浪论坛、贴吧等。投放直播信息的步骤可以分为：第一步，收录相关论坛；第二步，在收集的论坛里注册账号；第三步，撰写多篇包括直播推广内容的软文，保存好；第四步，每天在这些热门论坛有选择性地发帖，做好相关记录。

值得注意的是，如果想让用户关注帖子内容，并注意到所推广的直播信息，就需要多在论坛中与用户互动，从而可以让直播得到推广。在论坛社区推广中，重点要考虑一、二线城市中影响力较大的平台，学习论坛规则，持续参与论坛互动，再逐渐以成为论坛版主、小编的方式，为自身的软件推广迂回创造更多机会。

（4）软文推广

软文推广是由企业的市场策划人员或广告公司的文案人员来负责撰写的“文字广告”。与硬广告相比，软文精妙之处就在于“软”字，它追求的是一种春风化雨、润物无声的传播效果。使用户在不受强制广告宣传干扰的情况下，通过阅读与产品广告完美结合的文章加深对产品的印象，从而达成广告宣传效果。

软文推广主要针对一些拥有较高文化水平和欣赏能力的用户，对于他们而言，文字所承载的深刻文化内涵是很重要的。在直播营销中，如何掌握软文推广技巧至关重要，而且随着硬广渐渐退出舞台，软文推广的势头开始上涨，有逐渐占据主导地位的趋势。很多知名品牌都巧妙地通过软文推广的技巧达成宣传效果，有效提升了品牌的影响力，创造了惊人的销售业绩。

直播营销的软文推广技巧如下：

① 原创软文+关键词。

软文直播推广少不了原创，因为只有原创才能吸引人们的兴趣。在直播营销推广中，关键词的选取是软文写作的核心。选取关键词可用头脑风暴法列出关键词清单，列出清单后，再一一进行甄选。选择时要铭记以下两点：一要注意关键词与项目的相关性，选择关键词也要考虑关键词的文章融入度，即是否能自然融入文章中；二要站在用户的角度去考虑客户的搜索习惯，关键词符合用户的搜索习惯，才能使用户轻松找到推送的软文。

② 热门网站+总结经验。

当有了优秀的软文内容，接下来就需要找准平台发布软文，再推广直播信息。比如一些人气高的网站就是软文发布的好去处，而且发布之后还可在网站上与他人交流经验。进行软文推广时还要注意：标题要正中要点、正文要呈现直播内容与主播信息、要发送直播发布的网址。软文发布后还要总结经验，比如：客户喜欢哪一类软文、为什么有的软文没有获得预期效果、软文发布到哪个平台反响最好等。主播及时总结并积累经验，使软文推广效果更好，有助于推广直播信息，从而吸引更多用户观看。

2. 技术策略的实施

随着互联网的快速发展，网络直播平台也越来越多元化，人们以手机或计算机为媒介，通过网络直播平台进行及时的信息传播。掌握直播平台的技术策略，将更有利于主播的发展。

比如用人工智能的方式直播，能够极大地提高用户的直播体验。与机器人进行交流互动、观看机器人进行才艺表演是很新鲜的体验。通过技术提升用户体验，突破内容同质化，突出特色，更好地达成引流效果。直播平台如何做好引流，吸引更多用户的注意力呢？以下是几种吸引用户消费的技巧。

（1）选择优秀平台

当下优秀的直播带货平台有不少，比如，微商虽然做电商以及直播的时间较短，起步时间比较晚，但却取得了很好的成绩，其中很大一部分原因是微信庞大的客户量，商家只要有吸引用户的能力就会有无限的可能，商家想在微信上直播只需要一个微信小程序商城就可以开启直播之路，不过并不是所有拥有小程序商城的商家都可以直播，商家们还需要满足一些资质（比如说小程序在近九十天内有消费行为，同时也不存在重大的违规现象）后才可以开始直播；比如抖音直播带货以其日活量大，带货门槛低、年轻态的平台优势吸引了大量主播的使用。往往该直播平台被主播使用数量的多少也能看出平台的优质程度。

（2）吸引用户观看

主播在开启直播后需要做的第一件事便是吸引用户观看，主播可以采用微信的社交功能在群聊中转发和产品有关的信息，举办抽奖活动，设置高价值产品吸引用户进入直播间，加深新人的品牌印象等方法来吸引用户观看，从而帮助主播收获流量。

（3）提高与用户的互动频率

主播与用户互动是必须要做好的一件事情，主播在直播的时候可以聊一聊当下的热点新闻，吸引用户发送弹幕，还可以对用户开展产品使用培训，增强用户消费欲望，保持直播间活跃度。

① 打赏和广告策略。

很多直播平台通过与主播签订合约，从主播收取的粉丝打赏中进行分成来赚取利益。由于一般粉丝会通过为主播花钱购买礼物的方式完成自我满足。直播平台也常常会利用粉丝对主播的喜爱，在直播过程中植入一些产品广告进行宣传以获取良好的营销效果。同时广告商也可以利用直播平台来达到宣传目的，从而达成互利共赢的效果。

② 垂直策略。

垂直策略是指用户在直播的同时通过发弹幕等方式从主播或者商家了解更多商品信息，从而形成互动并进行直接的沟通和交流的过程。这种方式一方面激活了用户的体验需求，加强了主播与粉丝间的交流，同时又可以动态地向用户展示商品，形成更直观更全面的感官刺激。

③ 技术营销策略。

近几年，虚拟现实技术、人工智能、CDN技术正处于突飞猛进的发展态势，许多直播平台利用该技术，对网络直播进行了从视觉到听觉的一系列改进，使客户的体验效果提升，从而缩短了用户与平台之间的距离，在短时间内吸引大量用户流量的围观，为直播平台带来了更多的潜力和发展空间。但值得注意的是，在直播过程中更需要的是把关注的核心集中在粉丝的互动上，而非技术的视觉、听觉效果之上。

目前，直播平台还在不断地建设完善之中，大平台占领市场重要地位的同时，小平台也具有开展兴起的可能性。但不管是大平台或是小平台，若在直播平台技术策略上不采取具有创新性的改革，将很难继续发展，最终可能会被市场所抛弃。

任务实施

通过对直播内容确定、直播渠道创新、直播策略规划等工作的深入理解，掌握主题内容创意策划要点，通过统筹协调和科学规划，为大型服装直播特卖会规划主题内容、提供创意策划。

根据公司任务要求，为服装直播特卖会确定直播内容，提出创意创新点，并提交直播推广方案。

一、定位直播主题，规划直播内容，同时列出本场服装直播特卖会直播过程中的重难点

本次直播主题定位于服装直播，直播以对服装的营销为主，次生目的在于提升企业知名度和品牌影响力。

重点：确立直播目的，更准确地定位本场直播。

难点：利用热点带动本次服装直播特卖会的顺利进行。

二、按创意创新点撰写服装产品优缺点

1. 优势

① 中国服装行业拥有充足、廉价的劳动力资源，服装生产量大。

② 服装业国际竞争力居世界首位。

③ 虚拟经营已在部分服装企业盛行。

2. 劣势

① 产品档次不高，对外依赖性强。

② 缺少自主品牌、缺乏专业设计人才、设计能力弱。

③ 营销力度不够，营销渠道单一。

④ 缺乏大规模的产业集群。

⑤ 应对国际贸易保护主义的意识不强，对行业内相关规则不甚了解。

三、为服装直播特卖会设计直播推广方案

1. 活动目的

通过直播的形式，让商家与消费者之间直接建立互动通道，形成商家的私域流量；促进店铺流量的提升，带动店铺商品销售；形成直播带货、短视频、直播带品牌的一整套营销闭环。

2. 直播主题

F品牌服装专场直播。

3. 直播目标

明确活动目标，一场直播活动会牵涉到各个部门的配合，因此总体目标一定要有，具体目标再进行分解到各小组。

4. 直播准备

直播准备见表6-1。

表 6-1　直播准备表

准备工作	准　备	目　的
直播团队搭建	工作分配表	做好充足的准备和人员安排，人员具体分工落实到每个人身上，这样才能有计划地安排工作，提高执行效率
直播场景搭建	直播间基础物品：灯光、音乐、背景、光源等	做好搭建部分，选择合适产品提升转化
直播脚本	直播脚本的催单、带货语言等	完成直播前准备工作，更易实现既定目标

任务2 直播间互动策略分析

任务解析

通过运用增加直播间活跃度的方法、直播时的互动语言，在大型服装直播特卖会之前策划出合适的直播间互动策略，在特卖会中运用互动策略，灵活应对变化，完整流畅地举办好本次服装直播特卖会。

知识链接

一、互动策略分析

扫一扫

直播互动理论及策略

网络直播实现了视频信息的实时记录和传播，改变了人们的信息获取方式。但与此同时，网络直播市场的竞争也日趋激烈，诸多直播平台存在运维成本高、引流难度加大、内容同质化严重、主播素质整体偏低等问题，平台客户流失率增加、活跃客户减少、盈利能力下降等现象十分普遍。特别是作为直播平台重要收入来源的网络打赏，也逐渐从疯狂回归理性。互动贯穿了网络直播的全过程，是网络直播最为突出的一个特点。因此，在不同的网络直播场景下，如何采取合理、巧妙的互动策略打动观众是网络直播平台和主播面临的一个重要现实问题，也是直播活动策划中必须考虑的事项。

（一）直播互动相关理论

1. 劣势者效应理论

劣势者效应理论指某人或某群体在某竞争性任务中不被看好或处于劣或弱势地位，人们有时候会倾向于支持失败或处于劣势的一方。示弱营销就是劣势者效应在市场营销中的具体应用。一般情况下，企业在市场竞争中都不想成为弱势的一方，即好于示强、耻于示弱，但企业如果勇于承认和展示自己的弱势，有时反而更能赢得获胜机会。

2. 互动仪式链理论

互动仪式链理论认为互动的实质是一种仪式，并据此提出了互动仪式概念，将其界定为互动者通过符号资本和情感交换而进行的日常程序化活动。作为一种基于情境的理论，互动仪式链从“链”的角度将静态的互动仪式动态化，解释了互动仪式得以持续进行的过程机制，即互动者在有界的空间聚集，共同参与一个情感驱动的象征性活动，并由此产生或增强集体认同和情感能量，从而进一步增强彼此持续互动的意愿。在网络社群等虚拟空间也会发生互动仪式，并引发集体欢腾、群体认同和情感能量。其实，包括网络社交关系在内的大多数社会关系都是通过各种互动仪式来形成和维系的。

（二）直播互动相关概念

1. 互动类型

在市场营销领域，可以从直播的互动类型、互动事件、发生场景、接触形式、内容特征等多个研究视角进行分类，其中基于互动内容特征的分类相对较为常见。从互动内容特征视角，可以将网络直播场景下主播与观众的在线互动分为任务导向和关系导向两类。任务导向型互动即主播以完成某个特定任务为主要导向与观众开展互动，一般更注重观众的任务需求，如游戏直播场景等；关系导向型互动即主播以建立和维护双方亲密关系为主要导向与观众开展的互动，一般更注重观众的情感需求，如秀场直播场景等。

2. 互动策略

对互动策略的研究同时存在多种视角，其中包括在市场营销领域，企业品牌与消费者之间存在的各种互动策略研究。其中在对品牌传记的研究中，可以将互动策略分为示强策略和示弱策略两类，品牌传记中的“早期面对外部压力”和“对未来热情与决心”均高的属于示弱互动策略，两者均低的则属于示强互动策略。其中示弱互动策略通过传递初期的卑微弱小、发展的艰难及面对市场困境中的不懈奋斗等故事内容，满足观众对劣势者的身份认同并影响其行为。

3. 情感能量

情感能量带有明显的社会取向，将其界定为一种个体参与社会互动以获得成员身份的渴求，表现为群体归属和群体团结，且积极的情感能量是互动仪式的直接驱动力。在结合网络直播研究场景后，可以将情感能量界定为观众内心对参与在线互动以获得身份认同的一种渴求。在情感能量与社会互动状态之间的关系中，高情感能量会使个体对社会互动充满自信和热情；低情感能量则会使个体对社会互动缺乏积极性和主动性。

4. 主播认同

从身份认同视角来看，主播认同就是对主播的身份认同。身份认同是一种想象性的体验，在这种体验中，个体弱化了对自己的身份意识，并通过他人的观点来体验世界。身份认同是一种由叙述引起的心理状态，主要包括两个明显特征：一是共享角色的情感、观点和目标；二是自我身份意识的弱化。媒体观众的身份认同概念可以认为是一种媒体观众因受特定角色人物的吸引力诱导而暂时性改变其自我概念。身份认同发生后，媒体观众会通过特定角色人物的视角体验事件，并内化角色的目标和感情。

（三）直播互动策略

随着技术趋势发展，以客户为中心的整合运营模式才能把全渠道客户数据打通，实现数字化客户管理，为其提供更一致性的服务体验。在众多的渠道营销里面，主播只有提高与粉丝的互动率才能事半功倍，提升转化效果是掌握互动策略分析的关键。一般来说，主播在直播中愿意与高贡献价值客户保持更高频度的接触，与贡献价值较低的客户保持相对较低的接触，或者让低贡献客户自助完成服务。由此可以将直播互动中的接触分为三种类型：高接触、低接触和技术接触。而企业的业务模式差异，造就了跟客户互动方式、频率、互动渠道的类型选择区别。

1. 粉丝交互模式的类型

（1）高接触服务

销售服务人员在向高价值顾客提供服务时，保持较多的面对面的接触机会。相对于低接触服务的顾客而言，高接触服务需要更多的工作人员参与。对于主播来说，高接触方式是最佳的互动策略，如果客户需要支付的合同金额较高，即使客户数量非常庞大，也建议采用高接触服务。

（2）低接触服务

在主播向客户提供服务时，针对不同粉丝可以采取不同策略。对于面对面沟通价值较低的，高接触模式成本过高的客户来说，可以采用低接触服务的模式。低接触服务是指在向顾客提供服务时，保持较少的面对面的接触机会。通常通过自助系统完成顾客服务。

（3）技术接触服务

以数字化技术为主要特征的接触方式。比如关注微信公众号、参加网络在线研讨会、收到手机应用的提醒推送等，运营技术接触服务模式，接触的时间、方式、内容和渠道对于接触效果的成功与否显得非常重要。所以，利用技术手段获得精细化的客户画像与行为方式信息，可以用来改进数字化接触的策略，精准定位目标客户，提升数据接触效率。

2. 找准客户提升转化效果

伴随自媒体的发展，主播团队从关注渠道的力量，向更关注用户方面转变。在主播团队尚未与粉丝建立稳定关系的时候，需要让粉丝了解主播并且建立信任，方可促进订单转化。

如何判断观众对主播是否感兴趣呢？可以通过客户行为分析，捕捉客户对内容、触达渠道的喜好情况以及地理位置。比如：在收到产品推送和服务短信时，有点开浏览的粉丝、有已下载相关App的客户、直播间互动频繁的粉丝、日常关注主播账号内容的粉丝、已有历史订单记录的消费者、主动向主播提出改进建议的粉丝……运营人员对客户属性、行为、订单、设备属性等条件叠加、组合、分析后，再执行营销策略，便可以对目标客户进行精准化营销活动。

二、互动技巧

（一）直播间互动技巧

扫一扫

直播间互动技巧

目前所有的直播平台基本都有了单独的直播入口，短视频和直播平台都开放了卖货入口，直播带货成为所有商家的共识。然而，想要打造一场成功的带货直播，就要求在直播时，主播能够与观众、粉丝加强互动，使直播内容更加有趣，提高人气，提升订单转化率。有效掌握直播互动方式，开展技巧的互动，就能给观众留下深刻印象，使直播间快速火爆起来。

1. 直播间互动

（1）互动方式

① 弹幕互动。

弹幕是指一种在观看直播时，以字幕形式呈现的评论与直播同在一个画面的现象。弹幕会实时在直播页面呈现，用户在观看直播时能够看到其他用户和自己发送的弹幕。弹幕是针对内容进行的情感抒发与交流互动，比较短小，但是却能比较准确地表达意境，形成影响力和情感交流。好的弹幕还会使内容得到升华，并且快速传播，形成新的宣传阵地。因此，主播在直播时要多看弹幕，在弹幕中寻找互动话题。可以围绕某个观众的留言、评论、所提的问题进行讨论。

② 活动互动。

在直播过程中，大部分直播都会利用各种各样的直播活动来与粉丝互动，比如发红包、抽奖、发优惠券等活动。通过有效的互动，调动观众活跃度，吸引用户参加，刺激用户消费，达成引流的最终目的。

③“连麦”互动。

“连麦”是直播间有效的互动技巧之一，特别是跟大主播“连麦”，在一定程度上为自己带来人气。跟铁杆粉丝“连麦”也能调动粉丝的积极性。粉丝们能帮助主播塑造权威和专业性，并促使直播间的粉丝更加活跃。

直播“连麦”的主要作用就是通过互动提升直播间人气，增强粉丝参与度，增加粉丝黏性。如何“连麦”？比如以抖音为例：打开抖音APP，更新至最新版，进入到直播页面，找到辅助工具（包括“连麦”、邀请、玩游戏、贴纸、关闭直播等功能）。点击“PK”，即可进行主播连线PK。也可以随机邀请在线的主播“连麦”PK，进行直播比拼，在规定时间内，获取音浪多的一方获胜。

（2）互动方法

新手主播遇到最常见的问题就是由于互动不够直播间冷场，这就要求主播直播时要把握好分寸，掌握直播中的互动方法。

① 注意表情动作。

直播如果失去了表情肢体动作，就等于失去了一半的欣赏性。因此主播的语言表达可以加上动作表情同步输出，将自己的表情做到比现实中更夸张，这样观众在需要看到主播的互动反馈时才会增强接收到信息的印象，提高参与感受。比如收到主播礼物表现出的惊喜和期盼、剪刀手的卖萌、手比爱心的姿势。

② 使用说话技巧。

主播属于公众人物，在营销的同时还承担着引导社会新风尚，弘扬社会主义核心价值观的义务。因此主播要礼貌用语，在直播间传递正能量，提升产品销量的同时也对粉丝的价值观起到了引导作用。主播在直播间内说话要讲究技巧，切记说话要留有余地，说话时用疑问的话题或语气来结尾，勾起粉丝的聊天欲望，不要把话说得太满。同时也要适时感恩粉丝的付出，不管粉丝付出的是时间还是金钱，这些都是珍贵的，每一个粉丝都希望自己的付出能够有所回应。

③ 语言幽默风趣。

语言风趣幽默可以吸引观众的注意力。如果主播不具备这些天赋，就需要多做功课，直播中语言风趣幽默可以灵活地缓解尴尬局面，提升主播的个人魅力。

④ 分享生活经历。

新手主播如果不知道在直播间说什么，可以聊生活、聊日常。聊一聊主播的日常生活，或者分享自己的生活经历，甚至是一些生活琐事。这样粉丝更容易参与直播互动，引发粉丝兴趣，拉近主播与粉丝的心理距离。

⑤ 互动游戏。

在直播间内，可以通过互动小游戏的方式吸引粉丝注意。比如主播向粉丝抛出一些问题，通过粉丝户回答问题促进参与度。但需要注意的是，不要出太难的谜题，如果没有粉丝能够猜到答案，效果不会很好。主播还可以提前在评论区进行互动，调动粉丝热度；或者通过不定时发红包（例如进入直播间有红包、点关注有红包、弹幕截屏发红包）等方式吸引粉丝，使直播间活跃起来。

⑥ 自我控场。

自我控场式直播是新主播必须掌握的技能。初做主播时直播间里的人很少，没有忠实粉丝，主播就要能够活跃起气氛。主播掌握了自我欣赏、自我陶醉的技巧，能够自如地对着空气讲笑话的时候说明已经具备了较强的控场能力，会逐渐吸引更多的观众聚集到直播间。

⑦ 扬长避短。

人们对得到的东西超出心理预期都会产生浓厚的兴趣和好感，因为观众一般对新人的心理预期其实并不是很高，所以主播需要保留一些绝活，不轻易展示，通过慢慢学习逐渐增加粉丝的期望值，做到扬长避短，避免使粉丝失望。

⑧ 确立风格。

主播要确立属于自己的风格。无论什么样的风格总有喜欢和不喜欢的人，根据实际，发挥自身优势，挖掘自身潜能，准确进行自我定位，必会赢得认可自己的粉丝的关注与支持。

⑨ 反馈评论。

每个人都希望自己的交流能够有回应，所以主播一定要积极地对观众的评论给予正面的反馈。其中的核心关键就是要点出观众的昵称，并对其关注表示感谢，以此加深客户对主播的好感，从而增强其继续观看直播的动力。同时对评论区观众的评论和问题进行积极的反馈，增加客户的参与感，进一步活跃直播间氛围。

⑩ 请教粉丝。

在直播间里如果没有人说话，主播可以主动向粉丝提问或者请教。例如，大家想听什么歌？玩什么游戏？哪个游戏好玩？有没有朋友能够推荐？什么电影好看？有没有人建议等等。主播向粉丝请教问题，可以快速拉近彼此关系，同时激发粉丝的参与热情，并获得有益的建议，有利于更好地开展直播工作。

2. 直播间场控

在直播间里还有一个绝不能忽视的角色——场控，因为主播在做好一场直播的背后是场控的全局准备和配合。直播间冷场主播接不上话，有人进入直播间主播来不及欢迎，主播对产品不熟悉现场试用翻车……一系列问题都令主播头疼，如果有场控的配合就会避免以上尴尬问题出现。场控不仅是主播的亲密合作伙伴，更是整个直播间的导演，起到把控节奏、掌握统筹整场直播的作用。

什么是直播场控？场控这一角色，最早活跃于秀场直播，为主播提供灯光、音效等辅助，协助管理直播间的粉丝互动。直播场控大部分为运营或直播助理担任，目前直播场控已经逐渐演变成一种专业化的职业，重要性不断提升，甚至出现部分主播直播间销量的一半以上是场控创造的情况。

（1）场控需要的基本能力

① 熟悉主播。

一般情况下，直播间里只有场控和主播两个人，直播想要做得好，他们的配合必须要默契。而好的配合默契源于双方的了解，场控平时要多了解主播的个性、人设和带货风格等，这样才能形成与主播的良好互动，增加直播间的吸粉力度。

② 清楚自己的角色定位。

场控也需要树立人设，要尽量与主播人设配合，当然也可以适度“出圈”，增强粉丝对场控的记忆点。同时场控自己要树立导演意识，引导主播，把握直播节奏，更要适时地提醒主播运用语言和调节情绪。要时刻注意主播状态，当主播状态不佳时，需要主动替主播讲解内容。

③ 提前确认好直播流程。

场控需要和直播提前确定直播流程，例如什么时候抽奖、什么时候分享主题、什么时候分享干货、什么时候卖产品等都需要提前确认好。

④ 熟悉产品。

场控需要了解自己的产品，不仅要熟悉推广商品的性能、参数等，更要掌握操作，以验证商家宣传。在主播不熟悉的情况下可以代替主播在镜头面前讲解产品，避免粉丝流失。

⑤ 及时反馈数据给主播。

场控需要实时关注直播间粉丝反馈和直播产品的数据反馈，比如说某款产品卖得很好，则提醒主播继续播，相反的则需要主播马上播下一款，确保直播顺利开展。

⑥ 确认商品库存。

直播电商，始于直播，终于供应链。不论直播间多么花哨，主播口才多么惟妙惟肖，消费者最终还是看商品好不好，价格贵不贵，背后考验的仍是供应链能力。这时场控人员需要掌握商品库存，避免粉丝出现下单后不能发货的情况。

⑦ 分析数据。

场控要掌握数据获取渠道，能熟练操作APP程序，会处理直播前预售数据等，还要完成对粉丝人群的定向分析、匹配模块数据、做好直播复盘和直播优化改进的基础工作。

⑧ 调动气氛。

一场直播至少要进行两小时以上，场控要配合主播积极调动直播间气氛，不使直播间冷场。要做好直播间调动气氛的工作，场控不但要具备活跃气氛的能力，还要具备审时度势、与主播积极配合的能力。

⑨ 短板补充。

伴随着直播业态的发展壮大，更多的主播中途入局参与直播，大家都在不断摸索直播的方法，如果主播出现对产品缺乏了解、不能完整地执行脚本等情况，场控要立刻补足短板，帮助主播更好地完成直播工作。

（2）场控活跃直播间气氛的四大流程

① 提出问题。

场控可以结合消费场景提出的消费痛点以及需求点，给消费者一个理由。比如夏天很重要的一点就是防晒，那么不论讲防晒衣、防晒霜，前期最好都要铺垫感受，指出困扰，并让这些困扰成为直播间里瞬间活跃的话题，话题要从现实中来，比如可以从一句简单的抱怨开始。“今天又是一个暴晒天，真羡慕那些皮肤晒不黑的人，你看我这皮肤一晒就变黑，所以虽然很喜欢夏天，但是夏天的暴晒却让我非常痛苦。”指出问题，并不深入讲，也不立即引入产品，重点是要引起话题共鸣。

② 聚焦问题。

场控直播时需要聚焦问题，要把大家忽略的问题隐患尽可能地全部显现出来。比如结合上述的例子，把不做防晒的危害向观众表述出。可以这样说，“现在才刚刚进入初夏，到秋天还有好几个月时间，不管怎么躲，到那个时候，我皮肤也要晒黑了，其实我是不怕黑的，最怕的还是变丑，把晒黑上升到变丑的阶段，而且紫外线有多危害多可怕……”

③ 引入产品。

以解决问题为出发点引入产品，解决之前提出的问题。继续以上的例子，“所以防晒很重要，那通常都有哪几种防晒的方法呢？可以穿防晒衣啊，还有防晒霜，防晒喷雾，最新的防晒膏等”。然后逐一引入一些产品，但不需要详细讲解产品，场控要先把问题解决，将产品带来的好的结果愿景展现给观众。

④ 提升高度。

场控协助主播讲解产品时，可以详细介绍产品的品牌、原料、售后等信息，用来增加产品本身的附加值。场控与主播配合，利用雄厚的专业知识，提升产品高度，加深用户对产品的印象，提高用户购买产品的心理预期，促成下单。

3. 直播间快速成交技巧

（1）限时限量秒杀

限时秒杀是指在规定的时间内产品价格是最低价，更强调了时效性、低价格，通常倒计时从秒开始。参与限时秒杀的产品是比较热门的产品，数量少，更能引起用户的购买欲望。给用户“机不可失时不再来”的紧迫感，短时间内成交速度很快。限时折扣更突出的是折扣，活动时间会更长一点，有一个周期性，会给用户思考的时间。先到先得，售完即止，卖完就不会再有了，给用户以后即使想买的时候也不会有了的心理暗示，用这样的方式影响用户的购买决策，引发冲动消费；在直播间看产品的直播价格，往往低于平时的售价，也容易使消费者产生冲动消费，本质上都是利用低价、限量的手段吸引用户下单。限时秒杀的核心是通过对时间和产品数量的控制，营造出产品数量少、购买人数多的氛围，进而促进用户消费。

秒杀活动要做好时间、价格、消息颜色、选品等设置，达到突出时效，吸引用户的作用。要熟悉产品，懂得运营方式，抓住目标用户，秒杀活动才能事半功倍。以下为秒杀活动的设置技巧。

① 数字的设置。

消费者往往会将秒杀价格与日常价格进行比较，差额越大消费者购买欲望越强，大多数商家会采用尾数定价法，如原价229，秒杀价199，消费者在心理上是觉得划算的，同时商家也实现了利益。

② 颜色的设置。

一般线上线下能看到的打折促销信息标识都使用大红色。红色有强调突出的作用，通过醒目的颜色吸引消费者注意，同时由于习惯，人们看到红色标识的价格会下意识地认为更便宜，这也抓住了消费者的认知习惯。

③ 时间的运用。

秒杀活动可以分为长时秒杀和短时秒杀两种，最常见的长时秒杀是淘宝的聚划算，短时秒杀比较常见的是商家在做活动之前的一波特价秒杀。长时秒杀周期长，消费者可以考虑的时间久，这次买不到还可以等下一次，如不是必需品也许会考虑有没有购买的必要性，经过长时间的思考后放弃购买的概率较大，这种秒杀活动参与的消费者较少，活动结束也有产品库存，相比于同店铺的产品，活动产品有价格优势，但活动时间较长，消费者热情也容易随着时间拉长而消退。而短时秒杀强调的是快，拼的是消费者的手速，产品即使不是商铺爆款，也是大多数消费者愿意购买的产品。

（2）定时定点与限量

① 秒杀活动的时间。

提前通知消费者秒杀活动时间，邀请消费者准时参加。参加活动的产品数量不多，只是为了吸引消费者，消费者如果没有抢到秒杀产品，也会留在店铺内看看其他产品，带动其他正价产品的销售。

② 性价比对比。

消费者对价格非常敏感，不管是美妆、服装，还是各种日用品，各大平台如淘宝、天猫、京东、拼多多都有很多。主播除了介绍产品的成分、使用效果等，还要通过竞品、性价比对比体现价格优势。直播之前可以准备一些素材，直播中直接在网上店铺找同款，让消费者更直观地看到对比价格。

③ 营造抢购氛围。

直播带货并不能一蹴而就，要缩短消费者从陌生到熟悉到信任再到购买的过程，必然要营造抢购氛围，刺激消费。在做秒杀的时候，需要主播、助理、场控积极配合，轮番向消费者说明抢购产品的时限、数量等，烘托紧迫氛围，促进消费者下单。

（二）直播间互动语言

主播的语言在很大程度上决定了直播间的热度，而且不同的主播说话风格也不一样，甚至有些主播的口头禅恰恰变成了他个人最鲜明的标签。但是很多新手主播都存在一些问题，例如预热时间过长；在直播开始或者某个阶段出现冷场；用户想听的内容主播介绍得很少，用户不感兴趣的内容主播却讲了很多。直播核心的语言是介绍产品的卖点，主播要通过学习直播间互动语言理清产品卖点介绍的基本构成要素。

1. 直播间带货语言的要素

（1）讲明“这是什么”

比如对于食品来说，主播可以从色泽、口感、营养成分、生长环境对产品进行讲解，最好事先写好提示，以避免忘记描述或描述错误产品某个卖点。

（2）告诉用户如何购买

带货语言要简单、直接，要让用户知道主播想说什么，这是很多新手主播都容易忽视的问题。主播需要在直播间反复讲下单的方式，并且要直观地演示给用户看。如果主播有直播助理，直播助理可以拿着手机一步一步教用户如何领优惠券、如何下单、如何付款等。

（3）讲清产品的适用范围

主播在介绍产品时要讲清楚产品的适用范围，使用户更加了解该产品与其他同类产品的区别。如：直播售卖茶叶，有些茶叶适合自己饮用，有些茶叶适合做礼物，这些都要与观众讲清楚。

（4）告诉观众购买原因

主播在直播当中要清晰的告诉观众为什么要购买这款产品，也就是要讲明白购买的理由。此时的语言也是介绍产品的卖点和使用方式。

（5）讲清楚具体的价格

价格的变化能够刺激观众的购买欲，从而使观众产生购买行为。在直播中，主播要告诉观众什么时候有优惠券、如何领取、如何使用最划算、到手价是多少等信息。

2. 直播间互动语言类型

（1）宣传语言

主播要提前十分钟进入直播间进行暖场。欢迎粉丝时需要大声地说出来粉丝的ID和昵称，使粉丝感受到尊重。同时，对新客户表示欢迎，与老粉丝打招呼问好，对点赞的观众们表示感谢。也可以创造一些话题，使观众在评论区活跃起来。如：让观众们进行自我介绍或回答问题等。发布直播时间时可以说："非常感谢所有还停留在直播间的宝宝们，我每天的直播时间是晚上8点到10点，风雨不改，无论你来或不来，我都在这里等你，点个关注想起来时回来看看。"宣传直播间和带货产品时可以说："忙碌了一天，希望大家在直播间能获得短暂的快乐和实惠，买卖不成情意在，我们的故事、我们的产品将会不断出新，为您带来优惠……"

（2）互动语言

直播中需要主播通过语言互动完成对观众的转粉，一定的语言互动可以增加直播间的渲染力，直击观众痛点迅速完成转化。通过主播与观众实时的互动，让观众感知到切身服务，观众诉求可以较快得到回应；主播也能够很快得知观众的反馈。直播中观众提问比较频繁，当聊天窗口刷出大量信息的时候，如果一一回答比较辛苦，还可能会漏掉一些问题，导致观众不满。主播要有耐心，同一个问题会有很多人问，有时候可能会反复回答。比如：主播多大了？体重多少呀？主播衣服在哪里买的？主播哪里人？主播怎么不理人呀？我刚问的问题都没回答我？出现这样的情况，要及时安抚客户情绪。再比如有观众会问："这个面膜18岁的少年适合用吗？"，遇到这类涉及产品具体适用条件的问题，需要给予专业引导与回复。如："宝宝们可以说一下你们的皮肤是油性还是干性的，有没有长痘痘？主播给你们推荐合适的面膜"等。

① 提问式互动语言。

"刚刚给大家分享的小技巧大家学会了吗？""你们能听到我的声音吗？""这款口红大家以前用过吗"等。这类提问式直播语言，答案只能是肯定或否定，观众打一两个字就能发言，主播也能快速得到答案，不至于在等待答复时冷场。

② 选择性语言。

"想听《×××》的刷1，想听《×××》的刷2。""换左手这一套衣服的刷1，右手这一套的刷2。"等。选择性直播语言，就是给观众抛一个选择题，观众发言成本很低，能够迅速让观众参与到直播互动里。

③ 节奏型语言。

"觉得主播跳得好看、唱得好听的刷波666""刷波520让我感受一下你们的热情"等等这类语言。这类型的直播语言让新进来的观众看到直播间很活跃，很好奇为什么那么多人刷666，其实是主播带节奏来增加人气。

（3）带货语言

通过带货类直播语言的合理运用，可以无形中拉近主播与观众的距离，建立信任感，影响消费者购买决策，从而拉动产品销售。比如开场前简单介绍在售产品，除了主播基本的产品属性描述之外，加上一些自我使用的感受分享，跟朋友聊家常一样，不断地在直播间重复，照顾到后续进入直

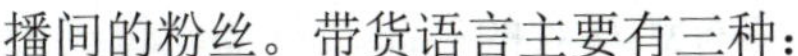

播间的粉丝。带货语言主要有三种：

① 展示型语言。

该语言是指主播在进行直播带货时，展示产品并描述产品质量和使用感受，让观众更加直观地了解产品。如果产品描述得好，观众下单的概率会更高。

② 信任型语言。

直播带货的弊端是观众不能触摸到真实产品，难以感受产品品质，只能通过主播的描述来认识产品。因此，主播要使用让观众对产品建立一定信任感的信任型语言。如：主播会用“我亲自吃过，口感非常不错”等语言来为产品做宣传。用“自用款”、“我也买了××”来为产品做担保。又或者“××我只推荐这一个品牌，其他品牌给我再多钱也不推”这一类语言来衬托产品，打消观众对产品的顾虑。需要强调的是，主播在使用信任型语言之前，一定要亲自体验产品，向观众说出使用产品的真实感受，切忌夸大对产品的描述。

③ 专业型语言。

在推荐产品时主播要能从专业的角度出发，针对一款产品与其同类产品做讲解和比对，并指导观众根据自己的情况选择适合的产品。例如：主播可以分析不同产地的大米品种和口感的区别，适合煮饭还是煮粥等，利用专业讲解语言吸引观众下单。

（4）活动语言

低价好物是大部分观众观看直播的主要动力，直播的优惠力度是影响观众在直播间购买产品的直接因素。要提高直播间销量，主播可多次在直播间中强调“低价”“买×送×”“优惠套餐”等一系列直播语言吸引观众下单。通常在直播到3～4 h的时候容易产生倦怠感，因此需要通过福袋、红包、福利等活动提升直播间的气氛，需要利用活动降低观众的流失，提升直播间的留存率。

（5）催单语言

催单语言的关键就是要营造抢购的气氛，使观众产生紧迫感，现在不买就没有机会了，然后快速下单。催单语言的关键是要调动观众“抢”的心态，采用“限量”“限时”“抢购”“过时不候”“数量有限”等词汇刺激观众，唤起人类大脑中关于安全的需求本能。主播催单有两个关键点：一是吊足客户胃口，找准时机宣布价格，使客户觉得“物超所值”；二是强调促销政策，包括限时折扣、现金返还、随机免单、抽奖免单等，使客户热情达到高潮，催促客户集中下单。

如果按30分钟设置催单语言，要实施如下步骤：0-5分钟，吸引观众眼球，勾起客户好奇心；5-7分钟，利用各种抽奖活动，利好政策留住观众和意向客户；7-12分钟，通过对产品解说以及亲身试用锁住客户；16-22分钟，与竞品进行对比，凸显自己产品优势；22-27分钟，再次强调促销政策，进一步催促客户下单；最后三分钟，反复提醒客户下单，并营造出抢购的氛围，促成客户下单。

（6）引导语言

主播要善于引导观众关注直播间，从而快速积累人气。比如说：“大家好，我是主播×××，喜欢唱歌，跳舞，喜欢的点点关注”“×××朋友，能不能点个关注”等。还要不定时给自己打广告，宣传自己，不断给粉丝传递自己直播间的定位。有些主播的直播间隔段时间就会弹出一个关注主播的窗口，等待粉丝关注。直到主播也可以口头提示，“还没关注主播的朋友们，请点下关注”这个优势在于给人一种亲切感，使粉丝感受到被尊重，粉丝也愿意在直播间停留下来。也可以说“喜欢我们产品的朋友可以多多关注我们的直播间，下次更容易找到我们还有您喜欢的产品，直播间每周都会有会员专属优惠日。”或者说：“来了先关注直播间，再来抽大奖”通过这样的语言，引导观众进行关注。

（7）感谢语言

无论是给主播送礼物的观众，还是默默观看直播的观众，哪怕是只看了十秒钟就退出直播间的观众，都有观看过主播直播。因此，主播在直播过程中和下播之前，一定要表达对观众的感谢，这不仅能够延续和观众的情感，也是给自己做一个简单的总结。感谢的话语抒发主播真实感情即可，语速要慢、态度要诚恳。比如“感谢今天的榜首×××榜二×××榜三×××，谢谢你们的礼物，特别开心。虽然×××没有陪到我下播的时候，但百忙之中抽时间过来实属难得。感谢所有送我礼物的朋友，×××，×××（榜单上的一一点名）。另外，很多人从开播就来了一直陪着我下播，比如×××、×××（点名）。陪伴是最长情的告白，你们的爱意我收到了”。主播也可以在结尾语言中提醒粉丝每天准时来直播间，使客户感觉到主播不是随意开直播，而是按照固定工作时间进行直播的专业主播。

3. 主播互动时不可忽视的细节

每位主播的风格和能力不一样，所售的产品类型也不一样，直播带货技巧应该灵活使用，不宜照搬。此外，主播带货也要避免出现以下问题：

① 直播镜头一直对着主播的脸，观众看不到或者看不全要展示的产品。

② 只介绍产品的外包装，很少讲述产品的特点和功能。

③ 介绍产品特点和功能时抓不住重点或只介绍部分重点。

④ 在带货的时候只讲产品不谈价格。

⑤ 不停催观众下单却不演示下单步骤。

⑥ 直播带货不主动与观众互动，有人提问才回答，无人提问不介绍。

任务实施

通过运用增加直播间活跃度的方法、直播时的互动语言，在大型服装直播特卖会之前策划出合适的直播间互动策略分析技术，在特卖会中运用互动策略，灵活应对变化，完整流畅地举办好本次服装直播特卖会。

通过完成以下任务，掌握直播间互动策略分析技术，熟练运用直播互动语言，设计直播特卖会粉丝见面活动策划书。

一、列举直播特卖会上可能用到的主要互动方式和互动技巧

互动方式：高接触服务、低接触服务、技术接触服务；弹幕互动、活动互动、“连麦”互动等。

互动技巧：表情动作互动、使用礼貌用语等。

二、结合自身优势，设计一次与粉丝见面活动，运用直播语言与粉丝进行互动对话（互动对话不少于五段）

① 来到我们直播间的小可爱们注意了，接下来我就要推出今天优惠力度最大的衣服了，错过了

要等一年哦！

② 客官请稍安毋躁，马上我们就来一波抽奖，抽中10位粉丝，我把手里的这件毛衣直接送给你！

③ 小伙伴们怎么都不吱声啦，看来是我给的红包还不够，接下来我们就来一波抽奖，扣666，我来截屏！

④ 欢迎刚刚进来的小伙伴，非常可惜，你错过了一波大福利，不过不用担心，我还剩最后六个，抽中了就免费送给你！

三、根据互动方式及互动对话，设计一篇直播特卖会的粉丝见面活动策划书

直播特卖会的粉丝见面活动策划表见表6-2。

表 6-2　直播特卖会的粉丝见面活动策划表

活动背景	正值 F 公司一周年店庆之际，抖音号粉丝已经超过了 100 000 人，为表达对粉丝的热爱和关注，策划此次粉丝回馈活动
活动目的	宣传公司、提升粉丝活跃度、宣传本公司的服装产品
活动策略	分享本次直播特卖会即有机会抽取 iPad；通过提前领取优惠券可以获得大额减免福利；直播期间适当进行抽奖活动
活动场地	下载抖音 App，关注“F 公司官方旗舰店”
活动时间	11 月 2 日—11 日 19：00—23：00

任务 3　直播数据复盘与分析

任务解析

针对大型服装直播特卖会活动后的相关需求，对直播后复盘的基本知识、复盘的意义和作用展开分析，按照直播数据分析的基本步骤和相应指标，通过对直播数据的复盘与分析，总结本次特卖会直播的经验和不足，为下一步直播活动做更详实的策划做准备。

知识链接

一、直播复盘的基本知识

“复盘”一词最早应用于股市，指的是股市收盘后利用静态数据再看一遍市场全貌，总结股市资金流向、大盘抛压、涨跌原因等，使下一步操作时更好地做出判断、更符合当前的市场情况。为了持续提升营销效果，企业营销活动结束后通常也需要进行复盘，总结经验教训，并作为下一次营销活动的参考，直播营销也不例外。对于超预期的直播活动，直播团队需要分析各环节的经验，将有效经验应用于下一次直播；对未达到预期的直播活动，团队也需要总结失误之处，并思考改善方式，避免在接下来的直播活动中反复出现相同的或类似的失误。没有进行直播复盘或没有提炼直播经验，对直播团队工作而言是一种巨大的损失。关注数据促成交易成交额是判断一场直播成功、失败的关

键，主播需要时刻关注直播间粉丝和直播产品的数据反馈。比如某款产品卖得很好，则需要留言考虑是否再播一次，相反，粉丝不感兴趣的反响一般，则会跳过翻下一款。时刻关注成交与反馈数据，才能使主播在直播中占据主导地位，以免粉丝流失。直播结束后，需要及时复盘数据，有助于及时找出问题，更好地开展下一场直播工作。

（一）基本概念

直播的结束，并不是直播活动的终点，直播团队还需要进行直播复盘。每一个直播团队都应养成定时复盘的习惯。通过直播复盘，直播团队可以找出直播过程中的不足之处，或提前发现一些未暴露出来的问题，从而查漏补缺，不断优化直播过程，提高直播成绩。

直播复盘的核心包括数据分析与经验总结两部分。数据分析主要是利用客观数据进行复盘分析，经验总结主要是在主观层面对直播过程进行剖析与总结。在直播的时候，主播利用一些技巧和方法，可以起到事半功倍的效果。方法并不是唯一的，也不是固定的，要根据自己的特点不断摸索最适合的方式，找到适合自己的直播风格。通过复盘将直播过程梳理一遍，总结经验和教训，是必要的工作流程和手段，对优化直播工作具有重要意义。

1. 数据分析

对一场直播活动进行复盘，首先需要从数据层面进行分析。直播间内所有的行为都会产生数据，复盘重点要看的数据包括客户停留时长、互动率、商品点击与转化率等。例如商品点击率就代表主播的引导能力与货品的吸引力，直播数据分析包括对品牌口碑数据、目标客户比例、销售情况数据等进行分析。单纯的直播数据分析只是片面地对结果进行总结，但直播营销还需要将结果与目的进行比较。

直播目的分析可以将直播结束后的数据与直播开始前的数据进行分别比较。首先将品牌口碑数据与直播目的中的产品进行比对，看直播是否有效地传递了产品理念，使观众对产品产生兴趣、对产品优势有了了解。第二是把目标客户比例与直播目的中的客户进行比对，看直播是否精准地覆盖客户，吸引目标客户进入直播间。直播营销目的中，直播间观众不是越多越好，而是精准观众越多越好。只追求观众数量而不追求精准率的直播，很有可能“叫好不叫座”，收获了大量人气但没有收获销量或提升品牌。第三是将效果数据与直播目的中的目标进行比对，看直播是否实现了新品销售目标、店铺利润目标或软件下载目标等。同时，对直播来说，观察同行也是一种很好的分析方式，通过分析同行的数据表现，结合自己的需求预期设置直播目标。

2. 经验总结

数据分析与总结只能体现直播的客观效果，而流程设置、团队协作、主播的台词等主观层面无法用数据获取，需要主播团队通过自我评价、团队讨论等方式进行总结，并记录总结结果，整理成经验手册，便于后续直播营销参考。下播后回顾流程，首先梳理出本场直播的优点和犯错点，找出问题，进行优化：优化方法包括：适当上架引流款、秒杀款商品；提升主播引导力、感染力、亲和力和颜值；匹配货品类目、消费人群等。要尽可能多地拓展反馈渠道，可以通过直播时的评论、私信以及客服收集的问题等进行分析总结，不仅有利于解决客户的问题，也提升了直播工作质量

（二）实现复盘

1. 回顾目标

回顾直播目标是评判一场直播成功与否的重要部分。将直播的实际结果与目标进行对比，直播

营销成绩一目了然。

① 展示目标。直播团队往往在直播前就已经根据实际情况制订了合适的目标。复盘时可以将既定目标清晰、明确地展示在复盘会议的显著位置，可以写在白板上，或者投影在屏幕上，使团队所有成员都能看清楚，实时回顾与对比，从而保证整个复盘过程围绕目标进行。

② 对比结果。即直播团队将直播的实际结果与希望实现的目标进行对比，发现差距，在后续的复盘过程中分析造成差距的原因，探究实现目标的有效方法。在直播复盘的过程中，结果与目标的对比往往会有三种情况：结果比目标好、结果与目标一致、结果不如目标。由于回顾目标的目的是发现存在的问题，为后续的分析提供方向，因此，直播团队在后续的分析中就需要重点分析：结果与目标不一致的地方在哪里，为什么会出现这样的差距。

2. 描述过程

找出哪些操作过程是有益于目标实现的，哪些操作过程是不利于目标实现的。描述过程是分析现实结果与希望目标差距的依据。因此，在描述过程时需要遵循以下三点原则：

① 真实、客观。直播团队需要对直播的整个工作过程真实、客观地进行记录，不能主观地美化，也不能进行有倾向性的筛选。

② 全面、完整。直播团队需要提供直播过程中各个方面的信息，而且每一个方面的信息都需要描述完整。

③ 细节丰富。直播团队需要描述在什么环节，谁用什么方式做了哪些工作，产生了什么结果。例如：在开播前，哪些人在什么时间、什么平台发布了什么引流内容，这些引流内容分别是什么类型，观看量有多少，反馈评论有多少，评论回复有多少等等。描述过程时，直播团队可以从直播策划开始说起，按照工作推进的过程，分阶段地进行文字记录，尽可能达到“情景再现”的程度。需要说明的是，文字记录虽然比口述的操作麻烦一些，却是最合适的描述过程的方法。通过文字记录，直播团队可以检查出遗漏的信息、不完善的信息或虚假的信息，为后续的复盘工作提供一个较为可靠的分析依据。

3. 分析原因

直播团队只有把原因分析到位，整个复盘才是有成效的。分析原因时，在通常情况下，直播团队可以从“与预期不一致”的地方入手，开启连续追问“为什么”的模式。经过多次追问后，往往能找到问题背后真正的原因，从而找出真正的解决办法。追问“为什么”，可以从三个角度展开。

① 从“导致结果”的角度，问“为什么会发生”。

② 从“检查问题”的角度，问“为什么没有发现”。

③ 直播团队从这三个角度，连续追问多次“为什么”，往往可以得出各自角度的结论。这些结论可能就是问题形成的根本原因。

4. 提炼经验

任何一个结论都还需要进行逻辑推演，看看是否符合因果关系，即是不是符合“因为做了哪些事情，所以出现了什么结果”。只有符合因果关系的结论，才是可参考的结论，归纳出来的经验和方法也才是有指导价值的。进行逻辑推演时，直播团队可以按照工作环节的“可控性”进行判断。其中，可控是指直播团队可以控制全部的工作环节和工作成果。半可控是指直播团队只能控制部分的工作环节和部分的工作成果，还有一些环节和成果是无法控制的。不可控是指直播团队的工作成果由直播团队之外的其他人或其他事物来决定，完全不由自己控制。“可控”及“半可控环节中的可控部分”，是直播团队可以在之后的工作中改进的部分，可以作为经验保存下来，并用来指导后续的直播工作。而对于“不可控”部分，由于直播团队无法预判结果，其相关结论在下次直播时可能就不会出现，因而就不具备指导意义，也就不能作为经验或方法。可见，直播复盘的核心，就是要从一场具体的直播中提炼出经验和方法，从而解决直播工作中出现的一个问题甚至一类问题，从而提升直播营销的成绩。

5. 编写文档

将直播复盘过程中发现的问题、原因，以及得出的经验和改善方法，以文字的形式固化下来，编写在册对直播团队的直播运营知识的提升有非常重要的作用。首先，编写文档可以为直播团队留下最真实、准确的记录，避免遗漏或遗忘。其次，编写文档将工作过程、工作经验变成具有一定逻辑结构的显性知识，可查阅，可传播，可以避免直播团队在同样的知识上再次支付学习成本。最后，文档方便存储，也方便提取。直播团队可以在后续工作需要时，快速拿来借鉴使用，提升工作效率。此外，文档还有利于直播团队进行对比学习。直播团队不断地将刚刚完成的直播与过去存储的经验文档进行对比，往往可以提升对事情本质的认识，甚至提炼出新的认识事物的方法。总之，编写文档虽然不是直播复盘过程的核心环节，却是直播团队学习的一个重要资料来源，是不可或缺的环节。

（三）口碑分析

在直播活动策划前，直播团队需要借助SWOT分析模型（即态势分析，将与研究对象密切相关的各种主要内部优势、劣势和外部的机会和威胁等，通过调查列举出来，并依照矩阵形式排列，然后用系统分析的思想，把各种因素相互匹配起来加以分析，从中得出一系列相应的结论，而结论通常带有一定的决策性。运用这种方法，可以对研究对象所处的情景进行全面、系统、准确的研究，从而根据研究结果制订相应的发展战略、计划以及对策等。SWOT分析法常常被用于制订发展战略和分析竞争对手情况，是最常用的战略分析方法之一），重点对产品优势与机会进行分析，提炼出直播中出现的产品特色与卖点。而在直播结束后，直播团队可以利用百度指数、大众点评星级等数据，检验直播的产品品牌与口碑的效果。

1. 百度指数

百度指数是以百度海量网民行为数据为基础的数据分享平台，借助百度指数可以研究关键词搜索趋势、洞察网民兴趣和需求、监测舆情动向、定位网民特征。百度指数主要体现的是网民的搜索数据，在针对某款产品的直播活动结束后，如果在百度指数曲线出现大幅上涨，说明本次直播活动对产品宣传是有效的。

2. 微博指数

微博指数是基于微博用户行为数据、采用科学计算方法统计得出的反映不同事件领域发展状况的指数。百度指数展示的是网民对于某事件或某品牌的搜索热度，而微博指数展示了网民对于某事件或某品牌的讨论热度。

3. 微信指数

微信指数需要在微信手机客户端查询。在微信最上方的搜索窗口输入“微信指数”并点击“搜索”按钮，即可在搜索结果页面中点击“微信指数”，进入指数首页。在微信指数搜索企业名称、创始人姓名、产品名称等，就可以查询相关指数情况。微信指数是微信官方提供的基于微信大数据分析的移动端指数，其计算范围不只包括微信搜索数据，还包含公众号文章及朋友圈公开转发的文章。因此，微信指数可以更综合地显示一家企业或一款产品的口碑情况。

4. 头条热度指数

头条热度指数是根据今日头条热度指数模型，将客户的阅读、分享、评论等行为的数量加权求和得出相应的事件、文章或关键词的热度值。最终以小时或天为单位绘制成趋势图，表现出热度随时间变化的情况。

5. 大众点评

线下服务行业（如饭店、美发店、酒店、电影院等）的品牌口碑情况，通常可以借助大众点评的星级数据进行分析，直播团队可以统计直播前后的大众点评星级分值，计算直播效果。需要强调的是，如果企业计划通过直播提升大众点评的口碑星级，那么就需要在直播过程中设计台词，引导网友前往对应的大众点评店铺，进行评价。

6. 问答数据

一场有效的直播在结束后，通常会继续吸引对产品感兴趣的网友在互联网中进行讨论。尤其是科技类新产品发布会结束后，网友会在百度知道、知乎、头条问答等渠道提问，了解关于产品的更多信息。因此，直播团队需要在问答类网站进行搜索，统计发布会后网友的提问数量等数据。

（四）客户分析

个人直播仅关注直播人气即可，参与直播的观众越多越好：而企业需要借助直播实现营销目的，需要关注的不仅是参与人数，更重要的是活跃用户数和下单率。主播团队可以通过自媒体互动数据分析、页面浏览数据分析、问卷抽查数据分析三种方法，综合计算直播渠道数据并分析渠道推广效果。

1. 自媒体互动数据分析

微博、微信等自媒体平台，在粉丝关注后可以直接推送一条自动回复的欢迎词。直播开始之前可以提前在“被添加自动回复”功能处设置关键词，友好地引导粉丝回复其来源渠道。在直播结束后24 h内统计后台回复数据，直播团队通过对这些数据进行分析精准筛选推广渠道。

2. 页面浏览数据分析

进入网站或网店后马上退出的客户，往往对企业产品不感兴趣，这类客户并不是企业的目标客户。而进入网站后浏览页面并翻看其他页面的客户，可以认定其对企业或对某一款产品感兴趣，这类客户就是企业营销活动所期望获取的目标客户。页面浏览数据可以在网站或网店后台通过“流量分析”功能获得。在进行页面浏览数据分析时，主要关注“访问时长”数据，访问时长大于5 s的数据属于有效数据，访问时长小于5 s的客户通常对产品或品牌不感兴趣。只有访问时长超过48 s的客户才算有意向流量的客户。某一时间段内所有访问时长大于5 s的访客数量除以访问总数，即可得出精准客户的大致比例。比例越大，说明访客有效性或精准度越高。

3. 问卷抽查数据分析

分析目标客户比例的第三种方法是借助问卷工具抽查调研。这种方法适用于直播结束后建立粉丝社群的企业。主播团队可以在问卷网、金数据、麦客网等网站设计问卷，对粉丝的来源渠道、最感兴趣的直播环节等进行调研。随后将问卷发在粉丝群，邀请粉丝填写问卷。为了提升粉丝填写比例，增强问卷调研的有效性，直播团队可以利用红包、积分或礼物等，鼓励更多粉丝参与。

（五）效果分析

直播营销需要与直播营销的整体目标相结合，而直播营销的整体目标又必须紧扣产品的市场营销总目标。因此在直播前直播团队需要准确地提炼出本次直播的营销目标，在直播后将转化情况与营销目标做比较，分析直播转化效果。直播转化情况根据行业特点及营销目标而定，可以是销售数量、咨询数量、下载数量等。

1. 销售数量

以提升网店销量为目的的直播，可以通过店铺后台的下单数量观察直播效果。一场有效的直播，在直播期间及直播后的发酵期，会有明显的销量提升。不过需要强调的是，除了销售数量本身外，主播也可以对下单比例、成交比例进行分析。下单比例指的是当日下单人数除以当日浏览人数，如果店铺浏览人数激增而下单人数很少，说明直播向网店引流的目的已经达到，但是由于页面吸引程度不够而导致下单人数少，后续需要重点提升的是网店页面的设计。成交比例指的是当日付款人数除以当日下单人数，如果下单人数多而成交比例少，说明店铺的支付功能可能存在问题，后续需要重点提升的是支付功能，或者更换销售平台。

2. 咨询数量

传统教育、工业设备行业等通常不通过线上直接成交，仅通过互联网咨询并达成初步意向，随后在线下实现销售。因此，这类行业的转化情况主要通过咨询数量分析。综合直播期间及直播后的QQ咨询数量、网站咨询数量、微信咨询数量等各渠道整体咨询数据，可以得出直播的咨询转化效果。

3. 下载/安装/注册数量

游戏、软件等行业的直播目标并不一定是销售情况，有时要看游戏下载数量、软件安装数量、新客户注册数量等。对这类数字进行直播前后对比，可以计算出直播对下载/安装/注册数量的贡献。

（六）经验总结

直播的客观结果，可以通过挖掘对应的数据并对照直播前的营销目标而得到。但台词、道具、协作等方面的经验，是无法通过数据获取的，只能通过直播团队的内部总结形成。直播过程中的管理属于现场管理，因此可以参考现场管理的“人、机、料、法、环”五个因素，进行全面总结。

首先是“人”，直播团队需要对直播过程中涉及人的因素进行总结，尤其是在团队协作过程中，不同性格的团队成员会呈现不同的做事风格。一支完整的团队需要充分发挥成员优势，避免劣势，在沟通环节尽量减少人为失误。总结过程中，除了对主播及直播团队各成员进行总结外，对嘉宾、观众等因素也需要进行总结。

其次是“机”，直播团队需要对直播硬件设施进行总结，对场地的布置、直播手机的性能、电池的耐用程度、道具的尺寸设计等进行讨论与总结。

再次是“料”，直播活动的“料”主要指直播台词、直播环节设置、直播互动方法、直播开场与收尾方式等提前设计好的内容。虽然这些内容已经提前设计好，但是需要总结出内容是否有效发挥、有无未考虑到的环节而导致现场混乱等。

第四是“法”，主播团队需要对直播前的方案正文、项目操盘表、项目跟进表等进行总结，尤其是重新评估项目操盘表是否具有实际指导价值、项目跟进表是否有效地引导团队成员进行直播相关的运作等。

第五是“环”，直播团队需要对直播环境进行总结。主要是针对现场声音清晰度、灯光亮度、现场屏幕流畅度等方面进行讨论与回顾。除此之外，还需要重新在直播网站进行环境评估，尤其是直播现场画面在网页及移动端的适配程度。

所以，如何将总结进行归类与整理是直播复盘中需要考虑的重要部分。

1. 经验

直播全程或直播过程中的某个环节达到预期甚至超预期，可以作为经验进行记录，便于下一次直播进行参照。

2. 教训

未达目标甚至影响最终效果的部分，需要总结为教训，后续直播尽量避免此类教训。

3. 问题

直播过程中遇到的新问题、在策划环节没有考虑到的问题，需要记录下来，后续直播策划必须将此环节考虑在内。

4. 方法

遇到问题后的解决方法，也需要记录下来。此类方法尤其对加入直播团队的新人具有指导意义。直播结束后进行复盘，只有不断总结、汲取经验，才能确保直播工作的不断优化与提升。

二、直播复盘的意义

复盘，来自围棋术语，即把下过棋的步骤重新演练一遍，分析下棋时的思考过程和优劣势。现在这个词语被应用到各领域。在工作中复盘，是一种有效地将工作的思考、总结、反思、提高整合于一身的工作方式。直播复盘能够提高直播效率，使直播成为更具功效的网络活动。

（一）复盘和总结的不同

复盘这一概念在工作、生活中被频繁使用，有以项目为单位的赢单复盘、产品复盘；也有以时间为单位的年度复盘、月度复盘；此外还包括竞赛复盘、投资股票复盘等。营销活动复盘重点考虑以下方面：从活动策划到执行整个过程回顾中，有哪些方面做得好的？原因是什么？做得好的下次哪些还能复制到其他活动中？有哪些做得不足的地方？原因是什么？如果重新做一次，可以怎样优化？相比于传统的总结，更强调“如果时光倒流，重新再来一次，哪些方面可以做得更好？”而不是通过一份报告把一段经历“封存”。所以，复盘不是终点，而是新的起点。

（二）复盘的效果

在直播领域，深入和客观的复盘会带来很多的收获：

1. 从多个角度思考

复盘可以站在第三方的角度重新思考整个项目。跳出自己的角色，看问题的角度会更多，也更容易发现问题。如果还能从客户的角度、竞争对手的角度、合作伙伴的角度进行复盘，收获会更大。

2. 深度客观地分析问题

通过对实际流程的回顾和真实数据的分析可发现问题的实质，找到提升的方法。

3. 更好地关注细节

好的复盘是对整个流程的回顾，不要漏掉每个环节。越是关注细节，越有机会找到差异，优化流程，更好地开展直播工作。

4. 团队竞争力提升，成员不断成长

在不断思考各种可能性时，团队的整体工作能力必然提升。这种讨论和思考如果能够提炼成方法论，也将提升未来的团队工作效率。从成员个体的角度看，复盘思维更是一种成长思维，有助于个人能力的提升。

5. 针对性提出落地计划，快速执行

复盘是一种共创的过程，大家在探讨中发现问题，并针对性地找出解决方法。更具有针对性和可操作性。

三、如何进行直播复盘

一场直播营销活动往往会产生很多数据，如直播时长、客户停留时长、客户互动数、客户增长数、商品点击率等。这些数据往往反映了一些问题。因此，在直播复盘环节，直播团队也需要对这些直播数据进行分析。

（一）基本步骤

直播团队进行数据分析有一套比较规范的操作步骤，即明确目标、采集数据、整理数据、分析数据及编制报告。直播团队需要遵循这个流程进行数据分析。

1. 明确目标

即确定数据分析的目标。一般情况下，直播团队进行数据分析有以下三个目标：

① 查找问题。即寻找直播间数据上下波动的原因。

② 优化内容。直播团队通过数据分析寻找直播内容的优化方法，从而提升直播活动的营销效果。

③ 优化运营。通过数据规律推测平台算法，从而提升直播间运营的效果。

2. 采集数据

对于当前的直播行业来说，直播团队可以通过直播平台账号后台来采集数据。各个直播平台的账号后台，一般都会有直播过程的实时数据和直播后的统计数据，直播团队可以在直播过程中或直播结束后通过账号后台获取直播数据。

3. 整理数据

对采集的数据进行核对修正、整理加工和统计计算，以方便后续的分析。

（1）数据的核对修正

直播团队不管通过什么方式获取的数据，都可能出现失误，因此，在正式进行数据分析之前，需要先对数据进行核对。如果发现数据异常，需要综合各方面情况进行修正，以保证数据的准确性、有效性和可参考性。

（2）数据的统计计算

直播团队完成数据的核对修正后，即可进行数据的统计计算。数据的统计计算包括数据求和、平均数计算、比例计算、趋势分析等。为了提高工作效率，直播团队可以使用Excel或相关软件的相关功能对数据进行统计计算。

4. 分析数据

直播团队对数据进行整理后，即可进入分析数据环节。目前，最常用的分析数据的方法是对比分析法和特殊事件分析法。

① 对比分析法，是指将实际数据与基数数据进行对比，通过分析实际数据与基数数据之间的差异，了解实际数据及查找影响实际数据因素的一种分析方法。根据对比基数的不同，对比分析法可以分为同比分析和环比分析。同比是指当前时间范围内的某个时间位置与上一个时间范围内的同样时间位置的对比。环比是指当前时间范围与上一个时间范围的数据对比。日环比是指“今天与昨天的对比”；周环比是指“本周与上周的对比”；月环比是指“本月与上月的对比”；年环比是指“今年与去年的对比”。

② 特殊事件分析法，通过对比分析，直播团队往往可以找出异常数据。异常数据是指偏离平均值较大的数据，不一定是表现差的数据。例如：主播在一段时间内，每场直播的新增客户数在100～200个，但刚刚完成的那场直播，新增客户数达到500个。本场直播的“新增客户数”与之前相比偏差较大，即属于异常数据。直播团队就需要采用特殊事件分析法来查找出现异常数据的原因。异常数据往往与某个特殊事件有关，如直播标签的更改、开播时间的更改、封面风格的更改等。因此，直播团队在记录日常数据时，也需要记录这些特殊事件，以便在直播数据出现异常时快速找到数据变化与特殊事件之间的关系。

5. 编制报告

数据分析的最终结果需要汇总成数据分析报告。由于直播团队在数据分析过程中使用了大量的图、表，因此，一般用PPT的形式来编制数据分析报告。数据分析报告一般可分为开篇、正文和结尾三个部分。

（1）开篇

开篇包括目录和前言两部分。其中，目录是数据分析报告的整体大纲，要求结构清晰、逻辑有序，以便让阅读者可以快速了解整个报告的内容。目录一般需要直播团队按照“总—分—总”的结构来策划三个部分的内容，即分析目的、分析要点、结论与建议。前言是对数据分析报告的分析目的、分析背景、分析思路、分析方法、数据结论等内容的基本概括。

（2）正文

正文的观点阐述和论证过程是数据分析报告的核心部分，直播团队需要先概括出清晰、明确的观点，再通过详细的数据图表和解说文字来论证观点。在此需要注意，在进行数据分析时，直播团队一般通过对一些数据进行分析，从而推导出结论。这些结论在数据分析报告的正文中就是“观点”，而数据分析过程中的数据图表就是观点的有力论据。正文的思路与数据分析的过程相反，编制正文需要先提出观点（结论），再论证观点。这也意味着，直播团队在编制正文时，需要先罗列观点，以厘清正文的编写思路。

（3）结尾

结尾部分的结论和建议是依据正文的观点而总结出的最终结论。结论的表述要求准确、简练、有价值。在结论准确的基础上，直播团队可以提出自己的见解和建议，以便为之后的直播决策提供参考依据。此外，为了提升数据分析报告的可读性，在确保数据分析报告内容质量的基础上，也可以在PPT中加入一些动态展示效果，以提升阅读者阅览报告的兴趣。

（二）常用指标

直播团队在数据采集的过程中，会看到很多数据指标。不同数据指标有不同的意义和价值，直播团队需要了解这些数据指标，分析这些数据指标，从而修正直播方案，进而优化这些数据指标。直播团队常用的四种数据指标是客户画像数据指标、人气数据指标、互动数据指标及转化数据指标。

1. 客户画像数据指标

客户画像数据指标包括客户的性别、年龄、地域、活跃时间（天/周）、来源等。

2. 人气数据指标

人气数据指标又称流量数据指标，包括观看人数、新增粉丝数、人气峰值、“转粉”率（新增粉丝数/观看人数）、平均在线人数、本场点赞、本场音浪、送礼人数等方面的数据。一般情况下，直播团队通过第三方数据分析工具可以采集到这些数据。根据人气数据的波动图，找到人气数据出现波动的时间节点分析数据波动的原因，进而优化直播间引流方案和互动方案。

3. 互动数据指标

互动数据指标是指客户在直播间的互动行为数据。互动行为主要包含点赞、评论、分享和关注等。互动客户数占直播间客户访问数的比例，即为本场直播的互动率。除了以上数据之外，直播团队还可以根据客户在直播间的评论内容，通过“词云生成器”制作“评论词云”。“评论词云”是将客户评论中出现次数最多的关键词突出显示，从而让直播团队能够直观地看到客户互动频率最高的内容，进而据此快速地调整直播运营方案。

4. 转化数据指标

转化数据指标是指引导成交的数据。转化数据指标主要包括两项内容，即商品点击次数和引导成交金额。其中，商品点击次数是指客户点击直播商品进入详情页及直接将直播商品加入购物车的总数据。引导成交金额是指客户通过直播间的引导把直播商品加入购物车并且支付成功的总金额。如果商品点击次数过少，直播团队可以初步判断，主播推荐商品的力度或商品本身的吸引力是不足的，需要找出不足之处，积极改善推荐方法。如果商品点击次数多，但引导成交金额少，很可能是商品口碑、商品详情页或商品定价存在问题，从而影响了客户的购买决定。直播团队需要优化选品环节，优化直播间的商品配置，或者优化商品的促销方式。

（三）复盘四步法

标准的复盘四步法应该包括四个流程：回顾目标、盘点事件、分析原因、总结规律。

1. 回顾目标

目标是对驱动组织朝期望方向前进的定性追求的一种简洁描述，主要回答的问题是“我们想做什么？”。

在行动过程中偏离初衷，是不少团队容易出现的问题，这一环节的核心在于，回溯初衷，让团队成员再次认清我们的出发点到底是什么，而实现初衷设定的目标是什么，我们的行动结果是否和初衷一致，是否有效达成了目标。

2. 盘点事件

盘点亮点和不足，如实再现成功与失败的完整过程，才能从中汲取经验和教训。“实事求是”是这一步骤的最大要求，要客观如实地重现关键事件的过程，做到不夸大成功，不回避失败。

盘点事件也是评估结果的过程。再进一步落到执行层面，这里有三个动作：

一是建立标准。关键事件成功的标准是什么？在多长时限内达成什么样的目标。比如做一个方案，需要设定的标准可以是“在一个星期之内完成，并一次性通过”。

二是深入探询整个过程：发现有哪些亮点、不足和变化，应对措施是什么，有无标杆的做法可以借鉴或启发。

三是根据自己设定的标准以及达成情况，给自己整体打分。

3. 分析原因

分析成功和失败首先要让团队认知到“揽功诿过”的这一天性对复盘的不利影响。要真正深入地分析，成功究竟是因为“做对了什么”还是“撞大运”？要对导致成功的“主观原因”进行审慎的质疑，要真正确保这些原因是能够站得住脚的。同样，对于失败原因也要做细致深入的分析，并对“客观原因”进行审慎的质疑，因为这很有可能是自觉或不自觉的借口。

4. 总结规律

复盘的核心是基于对成功和失败的反思找到规律，并用规律指导后续的行动，但是，对于复盘得出的规律要持谨慎态度，要通过质疑进行检验，不要轻易下结论，避免刻舟求剑。

四、直播复盘的核心方法

（一）记录基础数据和信息

首先，需要对基础数据和信息进行有效记录，需要将大量的基础数据和信息都记录到表格上，此时需要注意的是要用表格记录而不是文档，因为表格更利于后续的数据整理，数据化的记录方式会更直观。由于直播间很多数据是需要计算的，因此在开始记录之前，需要对基本计算公式有一定的了解。

核心数据的基本概念及计算公式汇总：

（1）流量数据

视频引流进入率＝（观看总人数×视频推荐占比）/ 短视频放量

（代表视频引导进直播间的效率）

（2）直播数据

① 平均停留时长＝客户观看总时长 / 观看总人数

② 互动率=评论人数/观看总人数

③ 转粉率＝新增粉丝数 / 观看总人数

（每一百人进入直播间有多少人关注）

（3）电商数据

① 购物车点击率=点击购物车人数 / 观看总人数

（顾客的潜在购买欲望）

② 转化率＝成交人数 / 观看总人数

（每一百个顾客能被成交的比例）

③ 客单价＝全场销售额/成交订单数

（每个顾客平均下单金额）

④ 客单件=成交订单数 / 成交人数

（每个顾客平均购买的件数）

⑤ 销售额＝流量×转化率×客单价

⑥ UV价值＝全场销售额 / 观看总人数

（每给进入直播间的客户平均贡献的销售金额）

⑦ 直播数据客单价＝全场销售额 / 成交订单数

⑧ 互动率＝评论人数 / 观看总人数

⑨ 净利润＝销售额-商品成本-退货金额-物流成本-投放成本

通常做复盘主要会用到两个表格：一个是直播基础数据记录表，另外一个是单场直播复盘表。直播基础数据记录表记录的目的是方便进行全局概览数据，虽然部分数据在后台都是能够看到的，但数据比较分散不够集中，需要通过表格的形式进行集中记录，从而监控数据的变化，来指导后续行动。

直播基础数据记录表分三个维度进行数据记录，分别是直播数据、电商数据、投放数据：

1. 直播数据

包含场次、日期、直播时长/小时，单场的直播间访问次数（PV）、直播间访问人数（UV）、粉丝流量占比、评论人数占比、在线人数峰值、平均在线人数、粉丝人均观看时长、新增粉丝数、粉丝团总人数、转粉率，详见表6-3。

表 6-3 直播数据表

场次	日期	直播时长 / 小时	直播数据										
			PV	UV	粉丝流量占比	评论人数占比	在线人数峰值	平均在线人数	粉丝人均观看时长 / 秒	平均停留时长 / 秒	新增粉丝数	粉丝团总人数	转粉率
1	2020/12/7	2.4	38 500	30 400	15.58%	7.46%	1 277	653	120	120	2 616	9 927	8.61%
2	2020/12/8	2.9	77 800	63 000	8.71%	29.20%	2 074	1 075	120	60	5 486	11 000	8.71%
3	2020/12/9	3.3	64 900	52 000	14.48%	18.79%	1 083	667	60	60	2 473	——	4.76%

2. 电商数据

包含成交人数、销售额、转化率、粉丝下单占比、UV价值、客单价，详见表6-4。

表6-4 电商数据表

电商数据					
成交人数	销售额	转化率	粉丝下单占比	UV价值	客单价
2 379	83 564	7.83%	78.90%	2.17	35.13
4 777	158 508.72	7.58%	80.00%	2.04	33.18
2 913	78 464.63	5.60%	80.50%	1.21	26.94
3 020	65 600.04	4.26%	75.80%	1.1	21.72

3. 投放数据

一般投放的数据是由投手单独记录，需要记录更细致的数据，这里的汇总数据主要是记录几个重点数据，包含消耗、订单数、交易总额（GMV）、流量、1 min停留数、投资回报率（ROI），详见表6-5。

表6-5 投放数据表

投放数据					
消耗	订单数	GMV	流量数	1 min停留数	ROI

（二）整理分析数据

当完成了第一步的数据记录，接下来需要用到另外一个表格。这时候上一步记录的数据就发挥作用了，需要把第一个表格记录的一些数据填写到这张表格，方便进一步分析。以抖音直播复盘为例，见表6-6。

表6-6 抖音直播复盘表

<table>
<tr><th colspan="9">抖音直播复盘表</th></tr>
<tr><td rowspan="2">数据浏览</td><td>账　　号</td><td></td><td>开播日期</td><td>2020.11.13</td><td>开播时长</td><td>5.4 h</td><td>直播时间段</td><td>下午一点</td></tr>
<tr><td>观众总数</td><td>13 000</td><td>付款总人数</td><td>92</td><td>付款订单数</td><td>159</td><td>销售额/元</td><td>773.58</td></tr>
<tr><td colspan="9">直播内容质量分析</td></tr>
<tr><td colspan="2">直播吸引力指表</td><td>关联因素</td><td colspan="2">问题记录</td><td colspan="4">复盘结论</td></tr>
<tr><td>最高在线人数</td><td>188</td><td rowspan="6">流量精准度
产品吸引力
产品展现力
营销活动力
主播引导力</td><td colspan="2" rowspan="6">1. 男性占比从35%降到25%
2. 早餐机还不错
3. 过款的节奏可以快点</td><td colspan="4" rowspan="6">1. 信息展示吸引人，直播商品展示充足
2. 目前产品以拖鞋和筷子置物架为主</td></tr>
<tr><td>平均停留时长</td><td>0.7分钟</td></tr>
<tr><td>新增粉丝数量</td><td>548</td></tr>
<tr><td>转粉率</td><td>4.22%</td></tr>
<tr><td>评论人数</td><td>571</td></tr>
<tr><td>互动率</td><td>4.39%</td></tr>
</table>

直播销售效率分析

销售效率招标		关联因素	问题记录	复盘结论
转化率	0.71%	流量精准 产品给力 关联销售 主播引导	UV价值太低，需要通过产品的选品和定价来设置过款顺序	
订单转化率	1.22%			
客单价	8.41			
客单件	1.73			
UV价值	0.06			

直播流量优势划分

流量来源	占比	人数	问题记录	复盘结论
视频推荐	10.30%	1 339	1. 开始200人在线留不住，留人的设计没做到位 2. 四频共振起来了，要重视短视频拍摄发布	通过计时器
直播推荐	85.60%	11 128		
其他	2.90%	377		
关注	1.00%	130		
同城	0.20%	26		
付费流量总数		73	Dou+暂时不投，后期冲粉100，投feed	
Dou+短视频		0		
Dou+直播间		73		
Feed直播间				
自然流量总数		12 927		

短视频内容优化分析

视频链接	完播率	播放率/获赞/评论/分享	总播放量	视频导流人数	视频点击进入率	分析与建议		
11.13 11：25调料罐：4秒/15秒	4.77 3星	1 415/4/0/0	65 576					
11.13 11：29爆款棉拖：2秒/23秒		8 172/8/0/0	65 576					
11.13 11：35爆款棉拖：2秒/10秒	3.13%	2 822/4/0/0						
11.13 11：43爆款棉拖：2秒/8秒	5.95 5星	51 382/61/0/0						
11.13 11：49爆款棉拖2秒/9秒	3.80% 3星	17 85/6/1/1						

单品销售数据分析								
品　名	购物车序号	直播间浏览量	直播间点击量	单品点击率（%）	支付订单数	单品转化率（%）	支付 GMV	单品 UV 价值
包跟拖鞋两双		7 216	522	7.23	15	2.87	298.5	0.57
棉拖鞋 2元秒		18 000	12 000	66.67	127	1.06	2 534	0.21
筷子篓置物架		3 710	146	3.94	10	6.85	108.9	0.75
早餐机		2 746	47	1.71	1	2.13	69	1.47
儿童刻度杯		6 078	63	1.04	1	1.59	9.9	0.16
垃圾袋		583	9	1.06	1	11.11	9.9	1.1
调料盒		2 963	67	2.26	1	1.49	9.9	0.15
鸡骨剪		2 274	20	0.88	1	5	9.9	0.5
自动开合油壶		263	4	1.52	1	25	9.9	2.48
油瓶		2 254	24	1.06	1	4.17	5.5	0.23
单品分析与建议： 1. 除了第一个留人链接，其他的链接操作一致，目的是不要引入变量，方便选品。 2. 垃圾袋和自动开合油壶没有讲解过，有自然成交，数据也不错，可以增加到选品中去。								

表6-6的作用主要是针对单场直播做复盘，需要对第一步记录的大量数据和信息进行分析。首先需要把第一个表格的一些数据，记录到这里，方便做这一场直播的数据概览，详见表6-7。

表 6-7　抖音直播数据概览表

抖音直播复盘表								
数据浏览	账号	××××	开播日期	2020.11.13	开播时长	54 h	直播时间段	下午一点
	观众总数	13 000	付款总人数	92	付款订单数	159	销售额/元	773.58

接下来分别从直播吸引力、直播销售力、直播流量、短视频、产品这几个维度来逐一分析：

1. 直播内容吸引力分析

直播的内容吸引力主要表现在：最高在线人数、平均停留时长、新增粉丝数量、转粉率、评论人数、互动率，这些数据都直接反映了直播间的内容吸引力，需要把各项数据都填到表6-8中。

表 6-8　直播内容质量分析表

直播内容质量分析				
直播吸引力指标		关联因素	问题记录	复盘结论
最高在线人数	188	流量精准度 产品吸引力 产品展现力 营销活动力 主播引导力	1. 男性占比从 35% 降到 25% 产品吸引力 2. 早餐机还不错产品展现力 3. 过款的节奏可以快递营销活动力 4. 直播时间出现在主播引导力	1. 信息展示吸引人，直播商品展示充足 2. 目前产品以拖鞋和筷子置物架为主
平均停留时长	0.7分钟			
新增粉丝数量	548			
转　粉　率	4.22%			
评 论 人 数	571			
互　动　率	4.39%			

表格中问题记录一栏，需要直播的场控或运营在直播的过程中进行实时记录，把存在的问题都记录到表格中。比如记录直播中哪一个款项介绍时，直播间的人气快速上涨了或者下跌了，记录下来是有助于指导下一场应该怎么去过款。这里除了记录一些缺点，同样也可以把表现得好的点都记录下来。复盘结论就是针对数据指标，以及存在的问题进行综合分析，相关人员进行商议后最终得出结论，数据好的点继续复制放大，将存在的问题改进和规避。

直播间内容吸引力不足可能存在的问题：

① 短视频内容与直播间内容不垂直导致高跳失率，阻断了反向加热机制。

② 短视频“种草”效果不佳，商品展示场景、卖点、表现等不突出。

③ 直播间的场景布置不当，视觉效果很差。

④ 主播不在状态，表现低迷不吸引人，没有感染力。

⑤ 选品组货有问题，货品留不住人。

⑥ 活动设计与互动执行有问题。

2. 直播销售力分析

直播间销售力主要表现在：转化率、订单转化率、客单价、客单件、UV价值，这些数据都直接反映了直播间的销售效率，而主播需要做的就是把各项数据都填到表格上去，详见表6-9。

表 6-9 直播销售率分析表

直播销售效率分析				
销售效率招标		关联因素	问题记录	复盘结论
转化率	0.71%	流量精准 产品给力 关联销售 主播引导	UV 价值太低，需要通过产品的选品和定价来设置过款顺序	
订单转化率	1.22%			
客单价	8.41			
客单件	1.73			
UV 价值	0.06			

与数据指标关联的因素有：流量精准、产品给力、关联销售、直播展示、主播引导。

同样，问题记录需要直播场控或运营在直播中以及直播后进行记录，数据基本上都是后置数据，也就是直播后才知道，所以直播后进行记录，直播中可以记录销售效率相关的问题。和内容吸引力一样，复盘结论就是针对数据指标，以及存在的问题进行综合分析。相关人员进行商议后最终得出结论，数据好的点继续复制放大，存在的问题改进和规避。

直播间销售力不足可能存在的问题：

① 内容不垂直导致流量不精准引起的转化率低（需要排查内容质量与垂直度）。

② 内容视觉调性差，无法支撑高客单产品。

③ 商品组合销售与搭配方案有问题导致客单价低。

④ 主播讲解能力与引导成交能力差。

⑤ 直播间陈列与商品展示效果差，导致转化率低、客单价低。

3. 直播流量优化分析

这里的流量分为免费流量和付费流量两部分，要分别记录。免费流量主要是直播间的流量入口来源，包括视频推荐、直播推荐、其他、关注、同城。在记录时可以记录得更精细化一些。直播推荐分为广场和自然推荐，可以单独记录，这样更利于做分析。

比如：这场数据我们是不是短视频的流量占比太高，导致主播一直在给短视频进来的观众做产品销售，而直播推荐进来的观众没留住。因此，可以让短视频进来的观众先互动报名，避免带偏原本的直播节奏。对于付费流量也是，一般投手需要单独记录，比如付费流量什么时间节点的介入撬动了自然流量，这个期间直播间做了哪些动作，投放期间做了哪些调整，都可以记录下来。针对数据指标，以及存在的问题进行综合分析，相关人员进行商议后最终得出结论，填写复盘结论栏。

4. 单品销售数据分析

单品销售数据分析很重要，因为需要把这一场直播间销售的产品数据都记录到表格中，包含了产品名称、购物车序号、直播间浏览量、直播间点击量、单品点击率、支付订单数、单品转化率、支付GMV、单品UV价值，详见表6-10。

表 6-10　单品销售数据分析表

单品销售数据分析								
品名	购物车序号	直播间浏览量	直播间点击量	单品点击率（%）	支付订单数	单品转化率（%）	支付 GMV	单品 UV 价值
包跟拖鞋两双		7 216	522	7.23	15	2.87	298.5	0.57
棉拖鞋 2元		18 000	12 000	66.67	127	1.06	2 534	0.21
筷子篓置物架		3 710	146	3.94	10	6.85	108.9	0.75
早餐机		2 746	47	1.71	1	2.13	69	1.47
儿童刻度杯		6 078	63	1.04	1	1.59	9.9	0.16
垃圾袋		583	9	1.06	1	11.11	9.9	1.1
调料盒		2 963	67	2.26	1	1.49	9.9	0.15
鸡骨剪		2 274	20	0.88	1	5	9.9	0.5
自动开合油壶		263	4	1.52	1	25	9.9	2.48
油瓶		2 254	24	1.06	1	4.17	5.5	0.23
单品分析与建议： 1. 除了第一个留人链接，其他的链接操作一致，目的是不要引入变量，方便选品。 2. 垃圾袋和自动开合油壶没有讲解过，有自然成交，数据也不错，可以增加到选品中去。								

通过数据的记录，可以得出很多反馈：如直播间这款自动开合油壶，主播一次都没讲解过，但自然成交的数据很好，说明这个商品是有成为爆品的潜力，可以在下一场直播中多讲解几次。完成了数据分析，把结论记录到最后一栏中，方便下一步的数据总结。

（三）形成执行清单

对以上大量基础数据进行记录和分析，集中复盘，形成具体的执行任务清单，然后进行明确分工，确保在下一场直播的时候把任务执行到位。

任务实施

根据直播推广方案及粉丝见面活动策划书，选择直播平台开启直播特卖会，收集直播中的数据，并根据直播复盘的分析步骤等知识，撰写直播复盘分析报告。

一、列举直播复盘需要考虑的指标和提取方法

指标：用户画像数据指标、人气数据指标、互动数据指标、转化数据指标。

提取方法：通过直播数据、电商数据、投放数据进行记录。

二、将直播复盘分析的基本步骤以流程图方式呈现

直播复盘分析流程图如图6-1所示。

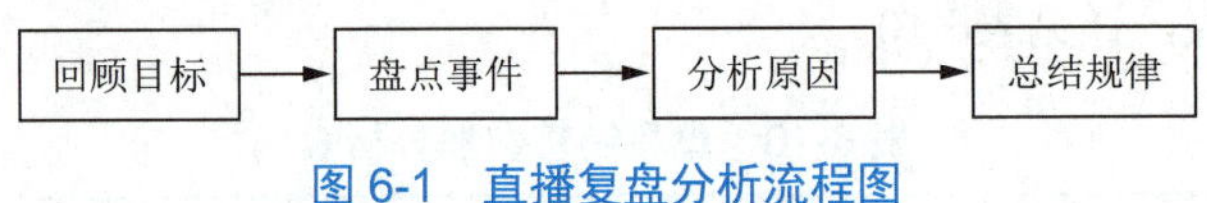

图6-1　直播复盘分析流程图

三、在活动后对直播相关数据进行复盘并撰写个人复盘总结报告

1. 项目回顾

项目简介：利用粉丝见面活动推广直播服装产品。

2. 工作内容

负责平台用户增长，通过各种方式拉新户、促复购、召回流，最终促进利润指标达成。

3. 工作目标

在资源、人力有限的情况下，保证粉丝数量的持续增长。

4. 工作现状

（1）业务上

①爆款产品供应不足，粉丝存在流失风险。

②新客户获取渠道有限。

③流失用户召回方式单一。

（2）人力上

①团队人手不够；

②人员梯队不齐。

5. 工作输出

①用户运营：分客群运营，包括新户的及时转化、流失用户的主动召回。

②活动运营：做了多场平台级的营销活动。

③渠道合作：跟进重点的渠道，获得新客户来源。

④工作汇报：活动后进行工作汇报，包括数据、分析与行动。

6. 经验教训

①工作优先级上：事务性工作太多，没有聚焦核心工作。

② 团队管理上：工作的分配和人员安排没有发挥充分。

③ 精细化运营上：重点活动仅做到维护、浅层次的分析，没深入思考扩大效果。

④ 工作技能上：PPT制作慢，数据分析耗时长。

7. 解决办法

① 抓大放小，合理分工：确认近期重点工作及目标；拆解出重点事项和执行层的操作。

② 提升效率：制作重点产品营销框架、重大活动营销框架、产品营销提醒日历、待办事项表、路径拆解图。

③ 办公技能提升：学习PPT、Excel技巧。

项目总结

本项目根据电商企业整体发展规划要求，围绕直播主题内容策划、直播间互动策略分析、直播数据复盘分析三个层面从浅入深开展任务实施，使学生能以整体的直播活动为核心，从直播开始前的策划创意内容入手，对直播活动进行整体策划设计，包括直播主题，直播中的基础架构和互动策略等以及直播结束后的后续工作开展全方位、全过程策划工作，掌握直播数据的复盘等技能，从而提高分析能力，提升统筹能力，为将来从事网络直播工作打下坚实的基础。

项目实训

一、实训目的

通过项目实训锻炼学生直播策划和数据复盘分析能力，培养学生大数据思维、批判性思维和透析复杂问题的思维与应变能力，以及积极合作的团队意识和统筹安排的职业能力。

二、实训准备

直播流程图、数据获取相关工具和网站、直播相关设备等。

三、实训要求及考核评价

根据项目实施与总结的全过程，每小组为一个团队，策划一次直播活动。

具体要求：

① 6～8人为一个小组。

② 以小组成员内部自荐（推荐）的方式，选取小组组长，由组长带领组员实施任务。

③ 作为组长可以对小组成员在整场直播活动中进行任务分工。

④ 以小组合作的形式完成任务实施。

⑤ 组长负责完成填写任务评价单见表6-11，教师根据任务完成情况给出评价。

⑥ 在任务完成后，每位成员从职业素养、专业知识、专业技能、工作方法等方面完成该项目的总结，填写任务总结单见表6-12。

表 6-11 任务评价单

<table>
<tr><td>检查目的</td><td colspan="5">过程监控小组的任务完成情况</td></tr>
<tr><td>评价方式</td><td colspan="5">小组自评（满分 40 分），小组互评（满分 30），教师评价（满分 30 分）共三部分</td></tr>
<tr><td>序号</td><td>评价项目</td><td>评价标准</td><td>小组自评</td><td>小组互评</td><td>教师评价</td></tr>
<tr><td>1</td><td>分工情况</td><td>安排合理、全面，分工明确</td><td></td><td></td><td></td></tr>
<tr><td>2</td><td>学习态度</td><td>小组工作积极主动、全员参与</td><td></td><td></td><td></td></tr>
<tr><td>3</td><td>纪律出勤</td><td>按时完成任务内容、遵守考勤与工作纪律</td><td></td><td></td><td></td></tr>
<tr><td>4</td><td>团队合作</td><td>相互协作、互相帮助、听从指挥</td><td></td><td></td><td></td></tr>
<tr><td>5</td><td>创新意识</td><td>看问题具有独到见解，创新思维</td><td></td><td></td><td></td></tr>
<tr><td>6</td><td>完成质量</td><td>任务单记录完整，按照计划完成任务</td><td></td><td></td><td></td></tr>
<tr><td rowspan="2">检查评价</td><td>班级</td><td></td><td colspan="3">第 组</td></tr>
<tr><td colspan="5">评语：

检查人员签名：</td></tr>
</table>

表 6-12 任务总结单

<table>
<tr><td>项目 6</td><td colspan="4">直播活动策划</td></tr>
<tr><td>班级</td><td></td><td>第 组</td><td>成员姓名</td><td></td></tr>
<tr><td>职业素养</td><td colspan="4">通过对任务的完成，你认为自己在社会主义核心价值观、职业素养、学习和工作态度等方面有哪些需要提高的部分？</td></tr>
<tr><td>专业知识</td><td colspan="4">通过对任务的完成，你掌握了哪些知识点？请画出思维导图</td></tr>
<tr><td>专业技能</td><td colspan="4">在完成任务的过程中，你主要掌握了哪些技能？</td></tr>
<tr><td>工作方法</td><td colspan="4">在完成任务的过程中，你主要掌握了哪些分析和解决问题的方法？</td></tr>
</table>

参考文献

[1] 孙振蒙.短视频:新闻报道的下一个“利器”[J].新闻研究导刊,2016(22):104.

[2] 李昕怡.短视频时代,来了[J].传播与版权，2016(2):112-113.

[3] 侯瑶.浅析小咖秀的火爆发展及余热维持[J].新闻研究导刊，2016(5):319-320.

[4] 甘恬,李戈辉.邱兵首谈梨视频:上个世纪的报人，要做下个世纪的产品[J].传媒评论，2016(10):10-13.

[5] 白旭，吴奇，靳志军．一种网络直播系统的设计与实现[J]．河北师范大学学报(自然科学版)，2010(4):401-405.

[6] 艳丽，张峻.基于流媒体技术的校园网络直播系统的构建[J]．中国现代教育装备，2010(3):19-21.

[7] 庄序达．可管可控网络视频直播系统关键技术研究与实现[D]．广州：华南理工大学，2016.

[8] 陈璐.情感劳动与收编: 关于百度贴吧 K-pop 粉丝集资应援的研究[J].文化研究, 2018(3): 123-134.

[9] 吴舫．“何以为家”？商业数字平台中的同人文写作实践研究[J].中国青年研究，2020(12): 30-37.

[10] 曾艳梅.电商直播下社群互动信息对用户购买意愿的影响 [J]. 商场现代化, 2021(22): 8-10.

[11] 孟宁. 互联网社群中“被框定”的多元自我的狂欢：以哔哩哔哩耽美社群为例 [J]. 东南传播, 2021(12): 93-95.

[12] 诸葛达维.游戏社群情感团结和文化认同的动力机制研究 [J].现代传播(中国传媒大学学报), 2019, 41 (2): 102-108.

[13] 李林.网络时代的真实社交:博物馆展览社交设计初探 [J].东南文化, 2018(3): 101-107.

[14] 胡鹏辉,余富强.网络主播与情感劳动:一项探索性研究[J].新闻与传播研究, 2019, 26 (2): 38-61,126.

[15] 宋京茜.社交媒体传播下“网红”的自我呈现分析[J].西部广播电视，2018(21):4-5.

[16] 王长潇，刘瑞一.网络视频分享中的“自我呈现”:基于戈夫曼拟剧理论与行为分析的观察与思考[J].当代传播，2013(3):10-12,16.

[17] 彭兰.场景:移动时代媒体的新要素[J].新闻记者, 2015(3): 20-27.

[18] 刘娜.网红盛行现象分析与网络媒介素养的提升[J].新媒体研究, 2016, 2 (9): 13-15.

[19] 郑文聪.“网红3.0”时代的特征及受众心理[J].新媒体研究, 2016, 2 (6): 14-15.

[20] 孟闻卓.使用与满足理论视角下用户观看带货直播动因的实证分析：以淘宝直播平台为例[J].中国传媒科技，2020(4):113-115.

[21] 蔡骐.大众传播中的明星崇拜和粉丝效应[J].湖南师范大学社会科学学报,2011(1): 131-134.

[22] 李文明，吕福玉.“粉丝经济”的发展趋势与应对策略[J].福建师范大学学报（哲学社会科学版），2014(6): 136-148.

[23] 李良强，廖觅燕,刘璐，等.视频UGC流行度影响因素研究：基于Bilibili网站数据[J]. 电子科技大学学报(社科版)，2022, 24 (1): 42-51.

[24] 杨洁. OGC类自媒体从业者群体特征和生存现状探究：基于山西相关自媒体公司及从业人员的调研[J].新闻研究导刊，2021，12 (23): 56-58.

[25] 王子宁.PGC短视频自媒体的内容生产研究[D].南京:南京师范大学，2019.

[26] 金燕，闫婧.基于用户信誉评级的UGC质量预判模型[J].情报理论与实践, 2016，39 (3): 10-14.

[27] 谢琦，邵晓峰.电商大型促销活动下商品销量的影响因素研究：基于天猫“双十一”的实证探究[J].上海管理科学，2018, 40 (3): 44-51.

[28] 陈楠江.浅析数字经济环境下网络直播与内容策划课程思政的有效构建[J].现代职业教育，2020(7): 216-217.

[29] 梁静，张雅静.从直播电商看电子商务的发展[J]. 中国市场，2021(35):2.

[30] 陆小华.激活发现力:重大庆典直播内容挖掘与创意提炼[J]. 新闻战线，2019(17):8.

[31] 陶然，付可.优质内容创意传播出爆款：南都40小时大直播展示的智媒核心能力建设[J]. 南方传媒研究，2020(5):5.

[32] 喻昕，许正良. 网络直播平台中弹幕用户信息参与行为研究：基于沉浸理论的视角[J].情报科学，2017，35(10):5.

[33] 贾雪帆，王祯. 全媒体时代视频购物话术分析(电视部分)[J].传媒论坛，2021，4(21):2.

[34] 徐冰.不拘一格图创新 极致融合促发展：湖南卫视的大商业直播复盘[J].传媒，2020(17):3.

[35] 朱颖，吴杨，姚远.出版业“直播+”营销模式下的复盘和提升[J].出版参考，2021(8):3.

[36] 范钧，陈婷婷，张情.不同互动类型直播场景下主播互动策略对受众打赏意愿的影响[J].南开管理评论，2021，24(6):10.